Couvertures supérieure et inférieure manquantes

ÉTUDES

SUR LE

SEIZIÈME SIÈCLE

DU MÊME AUTEUR

P. P. Prud'hon, sa vie et son œuvre, 1885. Un vol. in-4° illustré. (Ouvrage adopté par le ministère de l'Instruction publique et par la ville de Paris).

Les voix errantes, poésies, (1870-1885).

Les Herbes folles, poésies, (1885-1891).

SOUS PRESSE

Les Arts au XVIe siècle, d'après les lettres de Pierre Arétin. Un vol. in-8°.

Profils d'Artistes, doctrine esthétique. Un vol. in-12.

NOUVELLE BIBLIOTHÈQUE LITTÉRAIRE

PIERRE GAUTHIEZ

ÉTUDES

SUR LE

SEIZIÈME SIÈCLE

RABELAIS — MONTAIGNE
CALVIN

PARIS
LECÈNE, OUDIN ET Cie, ÉDITEURS
17, RUE BONAPARTE, 17

1893

Tout droit de reproduction et de traduction réservé.

A LA MÉMOIRE

DE MON PÈRE, LE DOCTEUR

J.-A. GAUTHIEZ

P. G.

AVANT-PROPOS

I

Les hommes d'aujourd'hui, qui furent écoliers, vers 1878, dans ce qu'on nommait et qu'on nomme peut-être encore « les classes supérieures », se souviennent sans doute, — au moins ceux qui lisaient leurs livres classiques, — de l'impression que leur donna le recueil des morceaux choisis du xvie siècle. Ce n'était, pourtant, que des bribes, tout écourtées, arrachées un peu çà et là par des mains plus ou moins expertes: mais, pour qui sortait de la prose où l'on promenait d'habitude les esprits pâturants, le choc était vif: on sentait la vie et la force, la sève et le feu. Même les contemporains, quand il fut permis de les lire, ne donnaient pas autant d'espace, autant d'ardeur à la pensée : je ne parle pas des poètes, hors de pair dans notre siècle, mais des écrivains en prose.

C'est que les lettres, en cet âge tourmenté, fécond, du xvie siècle, où le monde moderne sort du monde ancien, c'est que les génies humains, imprégnés par les souffles de cet équinoxe intellectuel et artistique, ont donné les œuvres savoureuses et profondes entre toutes. Aussi le présent livre est-il moins un commentaire qu'un hommage à ces pères de l'esprit français. L'histoire passe, l'art demeure ; c'est l'art qu'il faut étudier.

Ce que nous aimons dans les livres de cette époque-là, c'est l'homme, si vivant alors, si fort, si généreux, si mâle, infiniment puissant et divers. C'est la nature s'épanchant avec fougue dans tous les sens, depuis l'utopie de Rabelais jusqu'au sinistre Calvin éclairant l'esprit des incrédules par la flamme de ses bûchers. — L'idéologie de ce siècle, comme de tout autre, était caduque ; mais la matière éternelle, la vie des hommes qui créèrent les idées, et qui en sont morts ou qui en ont vécu, jamais ne fut plus abondante. Au sein de ce chaos où la France a jeté ses artistes, ses écrivains et ses guerriers, et que l'Allemagne avait préparé par ces trois prodiges, l'imprimerie, la poudre et Luther, une émancipation furieuse, une expansion sans limites dans tous les ordres et tous les sens, s'est produite.

L'autorité, rétablie, fera croyant le xvii° siècle; au xvi°, l'esprit est libre devant les pouvoirs affaiblis; la royauté se trouve ébranlée, la religion, divisée par les partis, annulée par les sciences, souillée par les excès. Le libre esprit revoit l'aurore, et son essor est formidable. D'autant plus terrible sera la réaction, et, pour la vaincre, le xviii° siècle devra mettre la haine où le xvi° ne montrait guère que l'indifférence inférieur en cela au xvi° siècle, le xviii° ne prend pas la vraie tradition française, il combat une foi tyrannique avec une autre foi de despotisme. Le xvi° siècle, plus hautain, plus vraiment sceptique, est plus grand. C'est à son école qu'il faut chercher l'âme de la patrie, la verve et la force gauloise, le don de voir clair, le génie de parler franc, l'indépendance de l'idée, la liberté du verbe.

Les hommes du xvi° siècle n'ont pas fait métier d'écrire. On ne choisit pas, dans leurs livres, les pages à couronner. Leurs écrits, c'est tout eux-mêmes, la somme d'une vie vécue. Ils n'auraient jamais inventé, Montaigne pas même, ce monstre de la philosophie et des lettres, le *moraliste*, l'étiqueteur de passions mises en bocaux, comme si les passions étaient un phénomène immuable, un composé toujours identique. Non : leurs livres, à eux, touffus, démesurés, étaient complexes, ondoyants, comme la vie, comme les hommes. L'esprit littéraire était large, dans ce siècle où tout s'agrandit, le ciel avec l'astronomie, la terre avec les Amériques, l'État avec les théories républicaines. La langue se renouvelait comme l'esprit, sous la main de ces hommes, au contact de ces événements. Et, de la matière à la forme, tout s'offrait nouveau devant eux. Ils n'avaient point à subir ce dégoût, de parler avec un idiome décrépit, sur des sujets déflorés, au milieu de la cohue. Ils n'avaient nulle théorie, pas de belles recettes pour justifier leurs défaillances. Ecrire naturellement, c'était leur loi, comme un pommier fait des pommes : ce qui est la seule manière connue pour produire des fruits.

L'un, le plus profond, le plus grand, prendra quelque vieux conte de nourrice, une fable errante parmi le peuple ; et de ce conte, sortira toute une géante épopée, où le burlesque le plus vif se mêle aux plus expressifs des symboles, où Cervantès est dépassé, Aristophane atteint, et même, par endroits, Shakespeare. Cet autre se laissera vivre et penser devant son papier et sa plume, en sa *librairie* silencieuse ; il ira, viendra, coudra toutes ses songeries en son livre : et ce sera les *Essais*, qui modèleront la pensée pour des siècles, pénétreront jusqu'au poète d'Ariel, feront, pour la moitié, Pascal. Guerriers, médecins, politiques ou potiers de terre, apôtres, cardinaux ou moines, jamais cette riche cohorte d'écrivains ne s'inquiète, que de vivre à pleins bords, de parler sur les choses vues, senties, charriées par la vie. Développer tout son génie, toute sa force originelle, et, si l'on veut absolument écrire, tourner tout événement au profit du livre, ce devait être le souci de l'écrivain, son travail incessant. Et voici que ceux de ce temps ont fait naturellement ce que d'autres, au siècle suivant, feront avec artifice, comme La Fontaine ou Molière, et par morceaux, et avec peine. Par là, par cette floraison, ce siècle est unique. Il est grand et plein de vie, parce que l'existence y fut troublée, les hommes divers, les faits orageux, et l'œuvre, par suite, féconde.

Un pareil temps devait subir avec un enthousiasme avide l'influence de la nature, et par là, de l'esprit païen : la renaissance antique fut incorporée par cette époque avec l'avidité que met la racine d'une jeune plante à sucer les sucs d'un vieux sol où sourd la sève qu'il lui faut. Pour le xvi° siècle, la nature est une bacchante : pour le nôtre, elle est un sphinx. Ils l'étreignirent en satyres : nous l'interrogeons en chercheurs; mais, de leurs ardentes amours, il nous demeure, étouffée d'abord au xvii° siècle, puis renaissante vers le crépuscule du xviii°, une passion pour la vie universelle, une filiale effusion devant les secrets qu'elle nous révèle : et cette passion fait de nous, non pas des savants froids, de morne et infertile science, mais des esprits vibrants et forts.

L'esprit grec et romain, la fable, est mêlée naturellement aux rêveries des écrivains. L'antiquité, qui modela l'esprit de tous, avait surtout donné la forme à la poésie. On sait l'origine que le bon abbé de Brantôme assignait aux Gaulois : « La belle Galatée, dit-il, lorsque Hercules l'espousa après sa conquête d'Espagne, ne dominoit-elle pas la Gaule ? du mariage desquels deux sont yssus nos braves Gaulois, vaillans et généreux, qui d'autrefois se sont tant faict vanter (1). » Nuls ne se sont mieux souvenus de cette illustre et galante origine que les poètes de la Pléiade, chers à la plus douce des reines (2). Les bons éditeurs de l'époque avaient raison de les figurer en costume romain, les tempes ceintes du vert laurier. Ils fuyaient ainsi, dans l'ivresse des œuvres anciennes, les fadeurs, les belles petites devises, les romans de chevalerie tombés dans la décrépitude la plus déshonorante. Ils ont pu dire, avec le Faust du vieux Marlowe : « Mon ombre sera en compagnie des anciens. » L'Italie aussi les conquit : du Bellay doit ses *Jeux rustiques* au Vénitien Navagero, Remi Belleau sa *Bergère* à Sannazar. Mais la grande force du siècle n'est pas là ; non plus, dans Marot, qui serait intermédiaire, par sa grâce

---
(1) *Dames illustres*, ed. élzévirienne, p. 233.
(2) Brantôme, *Vie de Marie Stuart*, p. 19, édition originale.

gauloise, entre la Pléiade et les prosateurs tels que Rabelais. Le grand fleuve est dans les livres immenses que les écrivains emplissent de leur prose. Le génie et l'invention, il faut les y aller chercher ; rien n'est plus incommunicable. A peine si l'on peut marquer combien fut originale leur action sur ce langage de France que leurs mains ont fait le verbe suprême de l'homme.

La fantaisie put s'introduire aussi largement dans la langue, parce qu'en réalité l'anarchie était partout. Plus tard, la turbulence des hommes, le chaos des événements, depuis les guerres de religion jusqu'à la Fronde, amenèrent le besoin d'autorité ; les voies séculaires du génie français seront fermées ou désertées pour un temps. Mais quelques esprits en conserveront l'avenue, et, les années coulant, la France s'y verra ramener.

Il y a trois grandes phases bien distinctes dans la vie des langues, aussitôt qu'elles sont sorties de l'enfance et du bégaîment: riches d'abord, adolescentes, elles foisonnent de termes neufs, toutes regorgeantes de vie. Puis, les mots brillants, et frappés à fleur de coin, s'usent, s'effacent, se ternissent, deviennent frustes ; encore solides, capables peut-être d'un plus ferme assemblage, mais déjà dénués de force. Puis, arrive la période où le mot semble s'épuiser, n'a plus d'éclat ni de son franc ; on revient avec joie, alors, à ces temps où chaque syllabe évoquait l'impression ou la pensée tout entière. Et jamais le verbe français n'eut cette qualité qu'il prend au xvi° siècle : pareil au métal de Corinthe formé par la guerre et la flamme, où sonnaient le bronze et l'argent, où l'or fulgurait, ce langage est fait par un incomparable alliage, qui coule des sources antiques, ruisselle des peuples voisins, se fond, s'amalgame, résonne, étincelle dans le mélange le plus sonore, le plus durable qui fût jamais. Simple encore, la phrase se rythme suivant les mélopées antiques. Assez libre pour refléter les plus légers mouvements d'une pensée alerte et jeune, elle ne tâtonnera plus comme au moyen âge. Mais elle reste assez déliée pour se prêter à la pensée sans la colorer d'une force souvent factice, ainsi qu'elle le saura faire au xvii° siècle, où l'allure du style soutient l'écrivain, souvent faible au fond. Le style, le souci du style, c'est le xvi° siècle qui vient l'inaugurer, sans le pousser jusqu'à l'outrance, fondant ainsi cette suprématie universelle dans les lettres, que la France prend sans conteste.

Trop habile pour négliger les peuples héritiers de l'esprit latin, la France alors a su passer les monts, par l'esprit comme avec ses armées. Elle a trouvé les fabliaux retravaillés par le talent italien, l'esprit antique se mêlant aux vieilles romances, la Renaissance préparée pour faire le fécond mélange avec la source gauloise. Il serait également erroné d'omettre les influences étrangères qui ont agi secondairement sur la France, et de mettre en jeu, pour expliquer notre littérature et notre langage, les origines étrangères comme prépondérantes : méthode aisée, mais stérile. A croire tels de nos critiques, on arriverait à se demander, — si les Français ont tant et toujours imité, — qui donc a bien pu faire leurs livres, et donner à ces éternels écoliers leur universelle maîtrise. En littérature, les grands hommes, ce sont les vrais fils de la terre et du pays qui les fit naître. Ils ont pu subir la lecture, et quelque trace, des ouvrages anciens ou étrangers ; ils sont aussi bien puissants et originaux, même par leurs emprunts qu'ils ont assimilés et retrempés dans le génie national. Une abeille trouve le miel dans la bruyère du talus ou sur la suie des cheminées.

Il n'est point ici question d'une je ne sais quelle image de « l'esprit français » façonnée par un scolare avec les éléments les plus antifrançais : l'étude du xvi° siècle doit remontrer le fond roman, celtique, le libre génie qui nous fit les maîtres du monde. Empoisonnée une première fois par l'Orient et le sémitisme, l'âme gauloise a failli l'être par le germanisme. S'il est un remède qui puisse épanouir à son vrai soleil une race longtemps courbée à l'ombre des églises, puis noyée dans les brumes lourdes du Nord et du Nord-Ouest, c'est bien le commerce assidu de ce xvi° siècle.

J'ai pris Rabelais, le porte-flambeau, Montaigne, le philosophe et le lettré savoureux, l'éducateur du xvii° siècle et du xviii° ; j'ai descendu jusqu'à l'étude du stérile, du terroriste Calvin, pour faire sentir les mouvements extrêmes d'une certaine partie de l'esprit public ; abandonnant d'ailleurs l'histoire privée du réformateur dès qu'il se montra complet, avec l'*Institution*; car la vie matérielle, chez un tel homme, a peu d'importance; il est formé de toutes pièces dès qu'il entre en lice. Il n'a d'autres passions que celles dont son livre porte partout la trace mordante.

On me reprochera, peut-être, d'avoir osé tant, et si tôt, au milieu de bien d'autres tâches; à cela, fort d'un travail de six années sur ces livres des maîtres, je pourrais répondre, pour moi-même par la pensée de Michelet : « ce sont là des entretiens qui fortifient » (1), et, pour les autres, par la maxime d'un critique hardi : « on ne ferait jamais rien, si l'on attendait toujours » (2).

PIERRE GAUTHIEZ.

(1) *Mon Journal*, 179.
(2) Brunetière, *l'Évolution des genres*, I, Avant-Propos, p. XI.

ÉTUDES
SUR LE
SEIZIÈME SIÈCLE
EN FRANCE

FRANÇOIS RABELAIS

L'HOMME ET SA VIE.

Rabelais marque le printemps du xvi° siècle français. Il en représente l'esprit, et l'agrandit, il en résume la science, il en reforge le langage. Cet écrivain d'une si puissante conception, ce philosophe qui créait son style et la langue de tous, est le maître de la Renaissance littéraire en France. On peut le croire né en 1483, l'année que Luther paraissait au monde pour l'Allemagne, et que, dans l'Italie,

Raphaël voyait la lumière, ou venu aux tous derniers temps du xv⁰ siècle : on n'en reste pas moins assuré que les âges laborieux de son adolescence et de sa jeunesse, et l'immense récolte de sa maturité s'accomplirent durant la première moitié de notre premier grand siècle dans l'ordre des lettres.

Les deux capitales vertus de Rabelais, j'entends dire son caractère profondément originel et français, et l'ample savoir aussi qui a nourri sans l'étouffer sa fantaisie et sa pensée, il les devait au lieu même de sa naissance et au moment de l'histoire humaine où la fortune l'avait fait naître.

Alors, en effet, tout s'unit pour produire, dans les faits et dans les idées, les changements qui ouvrirent l'univers moderne. Le ciel commence à révéler devant l'astronomie les lois des planètes ; la terre vient, non pas de rendre aux espérances de l'Europe l'Atlantide évanouie sous l'Océan, mais de lui livrer tout un nouveau monde ; les arts de la paix ont créé l'imprimerie ; le besoin des conquêtes et de la guerre a ramené d'outre-mont ce butin, le plus précieux : les humanités grecques. La foi dans l'esprit est sans bornes : n'a-t-il pas prouvé ses miracles ? L'ardeur de savoir, sans limites : la science ne semble-t-elle pas surgir partout, intarissable et magnifique ?

Tous les espoirs semblaient offerts à des hommes nés en ce temps, et nés en France, où la première phase du siècle fut féconde à ce point que la terre et les industries, s'il faut en croire les historiens économistos, atteignaient presque à la production de l'âge contemporain.

Mais il fallait, pour affirmer la loi du génie véritable, que l'écrivain destiné à conduire l'auguste bacchanale de cette Renaissance pût aussi réunir en lui les caractères des époques antérieures. Rabelais accomplit cette œuvre. S'il éprouve, comme Lucrèce, ivre des splendeurs naturelles et naïvement possédé par les joies de la raison, le généreux enthousiasme des initiés, pareil encore au chantre épique de la nature, l'ombre épaisse des âges qui viennent à peine de se terminer occupe toujours sa pensée, de même que leurs disciplines surannées et leurs lois barbares l'ont offusqué dès les premiers éveils dans la vie et la lutte.

Surgi sur les limites du moyen âge, qu'il combat, souvent dans son propre langage et par ses procédés même, il grandit justement à l'époque où la France accroît encore la puissance de son génie en repoussant de plus en plus la suprématie étrangère. C'est le temps où les grands artistes de l'Italie, abandonnant, comme Vinci, leur patrie incertaine et déchirée, passent les Alpes, et s'en viennent dans cette contrée plus jeune, plus unie, plus riche, qui, déjà, voyait fleurir de toutes parts des œuvres autrement savoureuses, exquises et fortes que maint travail italien. Pareils à la branche d'une rose trop cultivée que l'on grefferait à propos sur un vigoureux sauvageon, les arts subtils de l'Italie ont pris, par la sève de France, une plus piquante beauté, les charmes naïfs et profonds d'une grâce toute naturelle.

Le lieu de la naissance, pour François Rabelais, fut dans la province française où s'est le plus abondamment épanouie la Renaissance, dans cette Touraine choisie de préférence par les rois qui préparent l'ère moderne, et dont chaque canton recèle, demeure royale ou castels seigneuriaux, quelque merveilleuse retraite embellie par les ciselures de l'art, hantée par les maîtresses souveraines, et que chantèrent les trouvères du moyen âge, les aèdes de la Pléïade. Un poète de l'Italie a peint en un vers ces Champs Elyséens de la France, en les nommant la « terre d'allégresse et de mollesse et de délices, *la terra e lieta e molle et dilettosa* » (1), belle de toutes les œuvres d'une nature harmonieuse et tempérée, faite pour s'enrichir par les travaux d'une race heureuse et choisie.

Et pourtant, il ne naissait point dans la grasse vallée de l'Indre, ni dans les plaines où s'en vont doucement des eaux paresseuses parmi les foins et les moissons, au pied des vignobles au léger vin pétillant comme un rayon d'avril. Les confins de la Touraine, que ce soit le sombre Blésois, le tortueux Berry, la broussailleuse Vendée, montrent des sites plus farouches, un caractère, aussi, plus rude et plus attachant que la terre purement tourangelle, avec ses larges et parfois trop faciles attraits.

(1) Le Tasse.

Chinon, où Rabelais (1) venait, à la fin du xv° siècle, fermer dans une famille d'artisans ou de petits bourgeois la série de cinq enfants, Chinon, sans doute, a, pour adoucir le passage entre la terre joyeuse des vignobles et des guérets, et celle des landes et des forêts, les rives de la Vienne, avec leurs bosquets et les îles, le couvert de ses arbres anciens, et ce buissonnement de roses, d'acacias, de valérianes, de digitales, qui fleuronne, vers la Saint-Jean, ses ruines féodales. Mais on sent, à ces horizons noirs de forêts, à cette terre plus chargée de silex et de roche, au type plus accentué des paysans, que la contrée change : l'âpre Vendée n'est pas loin, la Gâtine ronceuse et montueuse est à deux pas. Et le sol a des énergies plus agrestes : ici, le vin d'un rouge sombre, presque noir, fleure fort un arome subtil de violette, un parfum unique de terroir. Rabelais n'oubliera jamais cette sève de son pays : comme tous les hommes de vaste et fécond génie, ses racines originelles sont profondes. Il y a, dans son esprit et dans son style, la saveur du crû, à jamais reconnaissable au milieu des flots de verve débridée et sous la fantaisie fougueuse. Il y a du Silvain aussi, de l'Œgipan agreste et libre dans son génie, dans sa nature, et, si les portraits plus qu'à

(1) Il signait Rabelæsus Chinonensis
V. Cougny, *Chinon et ses monuments*, 1874. — J. G. Regis Franz Rabelais. Leipsick, 1832-41, 3 vol. — et l'éd. Marty-Laveaux, Lemerre, 1868-81.

demi contestables qui nous demeurent nous laissaient entrevoir un trait caractéristique et commun, ce serait la face puissante et ambiguë du dieu sylvestre qu'ils nous feraient paraître : science, expérience, culture de la vie et de la pensée, tout aurait imprimé ce visage aux marques d'une destinée et d'un labeur supérieurs, sans effacer le fonds robuste, le masque gaulois et rustique fait par le pays et la gent.

Lorsque Rabelais voudra peindre l'ardeur que met son héros à conquérir le savoir, il montrera son esprit aussi vif comme est le feu parmi les brandes. Ces *brandes* du Bocage, ces déserts épineux et pierreux, où les reptiles et les spectres se glissaient entre les arbres creux et les Pierres-Levées, Rabelais les a connues ; toute une partie de son existence, la plus marquante, la première, celle où les impressions se forment tenaces et aiguës, il l'a passée dans les pays où la Mélusine celtique bâtissait jadis ses châteaux ; la Vienne même ne roulait-elle pas dans ses moires translucides, devant Chinon, les eaux recueillies par la Vonne sous les créneaux de Lusignan, et Pantagruel n'est-il pas expressément marqué comme un descendant de la fée aux yeux pers, puisque, « en après, lisant les belles chroniques de ses ancestres, trouva que Geoffroi de Lusignan » était « grand'père du beau cousin de la sœur aisnée de la tante du gendre de l'oncle de la bruz de sa belle-mère », et se mit en chemin un jour, par Lusignan même, et Legugé.

Celles, Collonges et Fontenay-le-Comte, jusqu'à Maillezais où gisait le très noble homme son ancêtre (1)?

L'enchanteresse des légendes celtiques semble toujours vivante en ces parages mystérieux. Cette vipère qui s'enfuit, svelte dans sa robe tigrée, l'œil oblique, dardant la langue du serpent symbolique, est-ce la fée, la magicienne ?

Rabelais a subi le charme. Son livre en est resté plus grand; il n'est point d'œuvre magistrale sans qu'elle contienne une impression de mystère et nous ouvre la vue troublée des espaces surnaturels. Le livre de maître François, plein de science et plein d'ambages, finit sur un oracle grave, après que tant d'autres autorités, prêtres ou sibylles, ont reçu l'affront de sa parodie et se sont dissipés devant la terrible clarté de son bon sens.

Rabelais n'aurait pas été l'initiateur de son siècle, le premier de nos créateurs, s'il lui eût manqué cet instinct de l'inconnu, ce sentiment des facultés et des puissances surhumaines dans la nature, que toutes les œuvres durables de la Renaissance exprimaient. Il dut à son pays, au territoire qui a nourri ses années d'enfance, la force de ce sentiment, l'intensité de cet instinct.

Il semble également que l'âme de la patrie fran-

---

(1) *Pantagruel* (II, v', p. 123 de l'édition Moland. Je cite cette édition, moins belle que celles de Jannet, par exemple, ou de Rathery, mais bien informée et complète, comme facile à trouver.

çaise lui ait été donnée, et la fierté de ce nom français encore nouveau, par l'ombre de la bastille guerrière de Chinon et de la tour du Coudray, où pria Jeanne d'Arc. Comme Villon, qu'il a uniquement loué et admiré, Rabelais garde, au milieu de toutes les facéties et à travers les plus énormes calembredaines, le culte de la patrie et le respect du roi pour qui mourut « la bonne Lorraine ». Personne, et d'un plus haut mépris, n'a dit son fait à l'éternel ennemi, à « l'Angloys », personne n'a mieux gardé cette juste foi dans le rang hors de pair et dans l'éternelle suprématie de son pays.

Pour les intimes influences qui forment l'âme malléable de l'enfant, elles lui furent en partie enviées par le sort, puisqu'il avait perdu sa mère dès en naissant. Son père, sans doute demi-bourgeois, demi-manant, portait un nom qui nous assure de l'antiquité de sa lignée tourangelle, et prouve assez que la famille était du crû et enracinée. Non seulement, en effet, le plus direct héritier de Rabelais en notre siècle, Balzac, cet autre Tourangeau, retrouvera, lorsqu'il voudra chercher un nom de métairie, celui de « la Rabelaise » (1) sur le chemin de Chinon, mais un témoignage historique du xviie siècle confirme que Rabelais était un nom répandu dans la province : « M. le cardinal (de Richelieu) étudiant en « philosophie (à Paris) l'an 1604 occupoit un corps

---

(1) Balzac, *Le Lys dans la vallée*.

« de logis en son particulier, qui avoit une entrée
« dans le jardin du collège de Saint-Jean-de-Latran,
« dont le jardinier était de Chinon, et nommé Rabe-
« lais » (1). L'évêque d'Avranches, Huet, marque
dans une note écrite de sa main sur un exemplaire
que « M. Toinard luy dist à Orléans qu'il avoit veu à
Benais, proche Bourgueil, une vieille femme de ce
nom-là » (2).

Que le père de Rabelais, Messire Thomas, ait
exercé dans sa petite ville l'emploi de cabaretier,
ou celui d'apothicaire, alors plus distincts l'un de
l'autre qu'ils ne le sont aujourd'hui, toujours est-il
qu'il avait du bien au soleil et pouvait élever sans
peine ses cinq enfants. On montre encore dans Chinon la maison de Rabelais ; quand de Thou la vit,
au XVII° siècle, elle était devenue l'auberge de la
Lamproie : servait-elle déjà d'asile banal aux buveurs et voyageurs à la fin du XV° ? il est permis d'en
douter ; mais, en tout état de cause, on buvait et
faisait chère lie non loin de là, dans cette « cave
paincte » demeurée chère, à travers toute l'odyssée
de la vie, au souvenir de l'enfant qui l'avait vue
pleine de joie et retentissant des propos qu'il notera
dans son épopée facétieuse (3). Au terme des péré-

---

(1) Cité par G. Hanotaux, dans *la Jeunesse de Richelieu*.
Rev. des Deux-Mondes, 1ᵉʳ juillet 1889, p. 102.

(2) Baudémont, *Les Rabelais de Huet*. Paris, Acad. des bi-
bliophiles, 1867, in-16.

(3) *Pantagruel*, V, xxxv, p. 559.

grinations qui amènent Pantagruel à l'oracle de la sagesse, c'est la mémoire de ce lieu natal que Rabelais éveille, en un de ces rares instants où il se met lui-même en scène : « Ceste entrée, dit-il, me révoque en souvenir la Cave peinte de la première ville du monde : car là sont peintures pareilles en pareille fraîcheur, comme icy. — Où est ? demanda Pantagruel ; qui est cette première ville que dictes ? — Chinon, dis-je, ou Caynon en Touraine. — Je sçay, respondit Pantagruel, où est Chinon et la cave peinte aussi, j'y ai beu maints verres de vin frais, et ne fais doute aucune que Chinon ne soit ville antique, son blason l'atteste, auquel est dit :

> Chinon, (deux ou trois fois) Chinon,
> Petite ville, grant renom,
> Assise sus pierre ancienne,
> Au haut le bois, au pied la Vienne (1). »

Et pour ne point perdre le fil de la raillerie et lancer un brocard ensemble à l'Ecriture et aux savants étymologistes, voici qu'une prestigieuse suite d'exemples vient prouver que l'antiquité de « Caynon ou Chinon » est en son nom même, et qu'elle est ville de Cayn ou Caïn, et bâtie par lui. Rabelais y put voir entrer, durant l'avant-dernière année du XV° siècle, le duc de Valentinois, César Borgia, dans un éclatant appareil (2).

(1) V. aussi l. IV, nouveau prologue, p. 353 ; il y parle d'un riche homme, « Maulevrier le boiteux. »
(2) Ferrato. — *Entrata del Valentino à Cinone, nel 1499.*

Jusqu'au siècle dernier resta debout, et nous voyons reproduite dans les éditions très amples qu'on donnait alors, la métairie campagnarde que le père de Rabelais possédait auprès de Chinon ; ce petit bien de la Devinière était surtout un clos de vignoble, célèbre, et cher au possesseur, par certain petit vin pineau. Dans ces temps où l'on vivait fort entre la maison de la ville et la maison des champs, il est à croire que l'enfant dut habiter la Devinière, y voir plusieurs fois ces vendanges dont son style et son génie semblent garder la capiteuse allégresse et la sève fumeuse.

La manière dont Rabelais fut élevé dans ses premières années permet peut-être de pénétrer la cause du défaut qui lui aliénera éternellement certains esprits, et pour lequel il est le plus difficile de l'excuser, bien qu'il lui soit commun avec presque tous les écrivains du temps : c'est, on le sent assez, l'absence de délicatesse et de charme, un cynisme souvent brutal dans les termes et dans l'esprit. L'absence d'une femme auprès de son premier éveil à la vie, cette éducation toujours incomplète, puisque la mère, la femme, en sa fonction divine par excellence, n'y est point présente, laisse comprendre comment la femme est presque tout à fait absente d'une œuvre forte et généreuse, et, même aux chapitres fameux où l'auteur forme un idéal d'institution morale, intellectuelle et physique, est oubliée complètement.

Ainsi qu'il soynait au cadet d'une lignée nombreuse, au fils d'un homme demeuré veuf et sans doute fort ennemi de tous les embarras que donne l'éducation d'un enfant, Rabelais fut mis assez tôt, vers la fin de sa première enfance, à neuf ou dix ans, dans l'abbaye voisine, en le village de Seuilly. Le futur ennemi des moines devenait moinillon (1); aussi n'est-il bonne haine que celle d'un marmot cloîtré contre ses maîtres, quand plus tard il se décloître. Ce fut la première période de l'éducation qu'il a flétrie dans le *Gargantua*, bonne à rendre « tant fat, niays et ignorant ». S'il « passoit son jeune aage » à cette école, il n'y apprenait rien. On l'en changea sans guère tarder; c'était le commencement de cette existence traversée et cahotée où les esprits armés et clairs comme était le sien savent gagner à chaque étape.

René d'Anjou, le bon roi trouvère et troubadour, roi de légende, de ballade et de gai savoir, poète, enlumineur et peintre, avait fondé non loin d'Angers, à la Baumette, une maison de cordeliers. Le petit grimaud de Seuilly devint novice dans ce couvent (2); l'ordre était turbulent, sordide, fait expres-

---

(1) ... « Rabelais portera la corde (sera cordelier). Monsieur son père ainsi le veut. » (*F. Rabelæsii Gesta*, dans le *Floretum philos.* d'Ant. Leroy. Paris, 1649, in-fol., et *Rabelæsina Elogia*. Bibl. nat. Mss. lat. 8704 in-fol. — Cf. Burgaud des Marets et Rathery, Œuvres de Rabelais, Didot, 1872, t. I, p. 3-4.)

(2) Cf. *Gargantua*, ch. XII, p. 26, et Bruneau de Tartifume, *Philandinopolis*, p. 82.

sément pour le prêche populaire et la pieuse mendicité. Ils joignaient à ces vertus mineures une merveilleuse aptitude à disputer dans les écoles et les réunions pédantes ; c'est là peut-être que Rabelais, sans d'ailleurs s'instruire grandement, a pris le tour, aisément scolastique, de son esprit; et c'est de là qu'il a gardé cette série de facétieuses matières à controverses si largement mise en usage dans son livre.

Déjà corrompus, dès le xii° siècle, au point de susciter l'austérité réformatrice d'un saint Bernard, les ordres monastiques plongeaient de plus en plus, à l'entrée du xvi°, dans cette basse décadence qui avait fait tenir au moine, durant le moyen âge, le personnage trop connu que montrèrent les fabliaux, la sculpture religieuse, ou l'imagerie populaire. Rabelais fut à bonne source, dans ce monastère angevin, pour recueillir les traits cruels dont son œuvre s'émaillera contre le froc et les frocards ; puisque « à la Baumette les religieux cordeliers furent (vers la fin du xvi° siècle) pour leur trop grande licence, mis dehors par les Recollez, religieux du même ordre » (1).

Si « oncques moyne moynant moyna de moynerie », ce ne fut pas sans doute le frère François. Il connut, à la Baumette, ses puissants amis de plus

---

(1) *Ibid.* p. 873, mss. bibl. d'Angers. Bruneau nous laisse ignorer si le remède réussit, ou qui remplaça, par la suite, « les Recollez ».

tard et de toujours, les du Bellay : ce fut le plus clair des profits qu'il remportait de l'abbaye, lorsque un autre de ses condisciples, Geoffroi d'Estissac, le futur évêque de Maillezais, l'eut attiré de la Baumette au monastère de Fontenay-le-Comte (1).

Il n'est pas indifférent de voir le plus grand prosateur du xvie siècle naître, s'élever et mûrir entre les marches angevines et le pays poitevin.

La poésie du même siècle n'aura-t-elle pas, avec les écrivains héroïques de la Pléiade, recruté dans l'Anjou tous ceux qui, rois ou feudataires, trôneront pour elle et par elle ? jusqu'aux jours où, les temps venus, les gentilshommes angevins céderont la suprématie aux hobereaux ou aux robins de Normandie.

La contrée, au reste, est marquée pour le bizarre et pour le rare. Il semble que les lois naturelles fléchissent dans ce pays-ci, qui, montrant, sur l'est, la ville de Loudun, fameuse dans les âges suivants par ses diableries mystiques, garde, au nord-est de Fontenay-le-Comte, ce bourg de Machecoul où le satanisme subtil de Gilles de Rais, ce prodigieux précurseur du « divin marquis », avait, à peine depuis quel-

---

(1) Voir sur les détails de cette période l'ouvrage de B. Fillon et O. de Rochebrune, *Poitou et Vendée*. Fontenay-le-Comte, 1861. On y retrouvera reproduit le sceau du Lusignan dont j'ai parlé plus haut d'après Rabelais, une médaille de A. Tiraqueau, etc. Rabelais y est traité, du reste, avec une rigueur toute calviniste et provinciale.

que cinquante années, fait flamber le plus infernal auto-dafé du moyen âge.

Les religieux de Fontenay-le-Comte n'étaient pas beaucoup plus que leurs confrères angevins en odeur de savoir et de travail : puisque Guillaume Colletet a pris le soin de nous les peindre expressément comme faisant « sans doute plustost encore proffession d'ignorance que de religion » (1).

Dans cette abbaye, Rabelais, quinze années durant qu'il passa par tous les degrés du sacerdoce, prit conscience de lui-même, connut le monde monacal dont son imagination fut toujours occupée, accumula surtout les premières récoltes du savoir encyclopédique où son génie puisa les sucs nourriciers, et quelquefois aussi trouva des entraves. C'est probablement vers l'année 1520 qu'il fut fait prêtre : son condisciple, son ami, Geoffroy d'Estissac, avait pris depuis deux années rang d'évêque, occupant le siège de Maillezais. Le nom du nouveau prélat doit revenir ici : car il se montre de plus en plus un patron bienveillant pour Rabelais, surtout il paraît avoir favorisé chez lui ce goût des humanités, cette ardeur vers les belles-lettres, les sciences, l'érudition, qui placèrent vite le frère cordelier au rang

---

(1) *François Rabelais*, par Guillaume Colletet. Mss. brûlé à la Bibl. du Louvre en 1871, publié en 1867, à 100 exemplaires, par Philomneste Junior (G. Brunet). Genève, Gay et fils, 1867, in-16, p. 5. Les citations latines y sont tronquées et défigurées à l'excès.

des doctes, et le mirent en relations avec le monde intellectuel. Geoffroy d'Estissac achetait des livres aux voyageurs de commerce qu'envoyait à travers la France Henri Estienne : une quittance est restée, et le choix des ouvrages atteste une passion, commune avec Rabelais, pour les lettres et la philosophie antique : *Aristoteles, Homerus, Cicero,* la *Querela Pacis,* d'Erasme, le plus antique des modernes, sont parmi les volumes que payèrent « sept écus au soleil ». Le faiseur d'almanachs et l'amoureux de chroniques dont Rabelais devait plus tard offrir les traits, put découvrir encore dans les achats de d'Estissac la *Chronique* (de Nuremberg) et la *Voye Céleste* (1).

Il avait apporté dans son nouveau cloître les impressions tenaces que lui avait laissées le monde où il avait grandi d'abord, rue de la Lamproie ou à Seuilly : c'était l'esprit du moyen âge, l'esprit provincial aussi ; ce goût de terroir qui sera partout dans son œuvre, lui fera commenter les jeux du populaire, recueillir les traditions et les traits de

---

(1) Benjamin Fillon, *Lettres écrites de la Vendée*. — La Bibliothèque nationale possède (Mss. grecs, n° 277) un excellent manuscrit grec du *Proclus in Hesiodum* avec le nom de Rabelais, son *ex-libris* en grec et la date de 1537. La bibliothèque d'Aimé Martin contenait une édition des *Opuscula Moralia* de Plutarque avec la signature de Rabelais (exemplaire mentionné sous le n° 846 dans le catalogue des livres du feu marquis de Queux. (Leroux, éditeur.) C'est un in-folio de Bâle publié par Froben en 1542.

mœurs, pénétrer sa prose féconde des patois de toutes contrées, mettre sur les pages de son livre un reflet et un souvenir des paysages traversés et des gens croisés au passage à travers la terre de France, dans les innombrables voyages où il se dédommagera d'une jeunesse sédentaire. A la Baumette enfin, et en dépit de l'ignorance trop voisine qui le gênait dans ses études, un cercle nouveau s'ouvrait à lui dans les sphères du savon. Pareil à son Gargantua, il allait recevoir une éducation nouvelle, sortir de la pénombre des antiques disciplines pour entrer sous les pleins rayons de la Renaissance, féconds et capiteux comme un soleil de mars.

Rabelais n'eut pour le guider dans ses études aucun précepteur humaniste : Ponocrates lui fit défaut. Peut-être faut-il nous en louer ; aux intelligences trempées pour les ouvrages du génie, il suffit de laisser la bride et de donner ample pâture. Les régents n'ont jamais servi, du moins dans les siècles passés, qu'à retarder l'heure où se forment les puissances originales (1). L'étudiant cordelier de Fonte-

---

(1) Clément Marot ne disait-il pas, en ce temps même :
    « En effet, c'estoient de grans bestes
    Que les régens du temps jadis :
    Jamais je n'entre en paradis
    S'ils ne m'ont perdu ma jeunesse ! »
                              Ep. 43.

Villon, il est vrai, regrettait de n'avoir point « estudié » ; qui sait s'il n'y eût point perdu ? car son œuvre de poésie franche n'avait pas à gagner, comme la prose de Rabelais, à se grossir de tous butins.

nay-le-Comte eut mieux que des pédagogues ; il trouva des livres, du temps et des amis. Outre Geoffroy, qui ne pouvait être le compagnon quotidien ni l'égal d'un moine, ce fut, dans l'ordre même et dans le couvent, Pierre Amy, ce cordelier lettré, correspondant d'Erasme ; plus tard, lorsque le sage, le trop sage épicurien de lettres, retiré à Bâle, apprenait la mort de ce religieux vendéen, un éloge sur l'ami défunt tombait de sa plume froide et compassée : « Je ne vis oncques mœurs plus pures que les siennes furent : nul givre ne les adulteroit » (1). Rabelais fut mis en relations avec le prudent érudit (2), que les partis religieux se disputaient sans l'entraîner.

Il correspondit avec Erasme (3). Son camarade studieux connaissait aussi, du moins par un commerce épistolaire, le docte Guillaume Budé, le savant favori de François Ier, maître de la librairie royale, maître des requêtes, prévôt des marchands, chef et pilier de l'hellénisme, celui qu'Erasme avait nommé « le prodige de France ». Rabelais dut cer-

---

(1) *Erasmi, Rot. epist. Basileæ*, 1540, p. 1001. (La lettre est adressée à Toussain.) — *Le givre* signifie, ici, cette légère couche opaque, ce brouillard qui voile l'éclat des gemmes imparfaites ; Erasme, amateur de pierres précieuses, empruntait un terme de joaillerie.

(2) Cf. *Epist. II Erasmi Rot. libri XXXI.* Londini, Flesher et Young, 1642, p. 1932 sqq.

(3) Cf. Th. Ziesing. *Erasme ou Salignac.* Zürich, in-8°, et Paris, Alcan, 1887.

tainement à l'amitié de Budé la particulière influence qu'exerça sur la formation de son génie la culture hellénique. Les lettres latines en effet, toujours prépondérantes, mais mieux comprises de jour en jour, et les lettres grecques, nouvellement restituées et riantes de leur éternelle jeunesse, se partageaient alors les humanistes. Il serait outré de prétendre que Rabelais ait négligé le latin, puisque Budé lui-même le félicitait de son habileté dans les deux parlers antiques, puisqu'on nous parle de son « immense érudition » (1). Mais l'on n'est pas longtemps à voir combien, à l'encontre de Montaigne, le fond de sa culture est grec, comment toutes ses préférences ont dirigé sa vaste lecture vers Lucien, vers Platon et vers Plutarque, et beaucoup moins vers Ovide, vers Apulée ou vers Sénèque.

On a soutenu que les auteurs de Rome, plus voisins de notre génie, étaient aussi des modèles et des maîtres préférables aux écrivains grecs. Fond et forme, l'assertion, qui est au demeurant la simple expression des préférences propres aux critiques dont elle émane, est un peu plus que contestable. Le choix de Rabelais fut fait dès qu'il put choisir : il alla droit à l'hellénisme. C'était, alors, le fruit nouveau, c'était aussi le fruit défendu. Le seul Aristote, grec cependant, et fort grec, mais dont bien vite la

---

(1) Le mot est de la Monnoye. Cf. Bibl. nat. fonds français. Mss. 12865, p. 335, et Budé qualifiant une lettre de Rabelais de « remarquable par la connaissance des deux langues. »

véritable substance avait été noyée dans les commentaires, n'était point suspect ; mais Platon, mais les moralistes, mais l'atticisme avec Lucien ou l'alexandrinisme avec ses auteurs, encore assez rares et mal connus, d'autant plus odieux à la routine, tout cela sentait l'hérésie, dans un siècle où les feux de joie s'allumaient pour Bonaventure Des Périers, valet de la chambre chez cette reine de Navarre plus tard si chère à Rabelais, ou pour Etienne Dolet, le futur patron, l'éditeur du cordelier défroqué. « Dans ces graves tempêtes d'opinions, écrit le biographe de Budé, une grande haine s'était gonflée contre la langue grecque, en ce qu'elle sembloyt racine de toutes hérésies et semence de tous maux (1). »

Non qu'il convienne de ressasser ici l'opinion surannée que se faisait naguère encore, sur le moyen âge, un trop ignorant dogmatisme. Mais il est certain qu'en France tout au moins, les sciences et les lettres ne furent jamais, même dans le XIIIe siècle, aussi miraculeusement épanouies que les arts plastiques. Avec le XVIe siècle, tout venait à marcher de pair ; et pour comprendre bien les joies intellectuelles des hommes qui se virent alors restituer l'antiquité, et ce qu'ils durent à ce renouveau, songeons à l'éveil d'esprit qui s'est produit dans le siècle présent, sous l'influence des méthodes et des vérités découvertes par les sciences de la nature, par l'orien-

---

(1) Leroy, *Vie de Budé.*

talisme encore et, pour une moindre partie, par la science des religions.

Réaction contre l'âge précédent, instinct d'une race idéaliste par nature, mais que l'influence latine entrée dans son sang avait faite encline au réalisme, respect ébloui devant l'antiquité comme subitement révélée, tout cela se réunissait pour enflammer les intelligences d'un enthousiasme presque sacré. Ce que fut le protestantisme pour les races septentrionales de l'Europe, la culture antique et les doctrines qui en découlèrent le furent pour notre pays, comme déjà elles l'étaient pour l'Italie depuis un siècle : les méthodes rationalistes naissaient des études nouvelles. C'était une part de leur charme pour les esprits audacieux; c'était, pour les puissances chargées de maintenir l'ancien ordre et intéressées à son maintien, leur péril et leur vice capital.

De toutes parts, l'esprit religieux, la foi catholique se sentait minée, submergée. Tandis que s'ouvrait brusquement un nouveau monde dans la sphère matérielle, un autre monde renaissait pour l'étude, et montrait d'une aperçue la splendeur des civilisations païennes. En même temps, une vénération d'autant plus forte s'attachait à cette jeune antiquité, un d'autant plus profond mystère, qu'elle semblait vraiment, aux hommes de cette époque, très ancienne, primitive et vénérable ; des sciences, récemment créées parmi nous, n'étaient pas encore venues reculer à l'infini la perspective des vieux âges, et la préface d'Amyot à son Plutarque montre bien qu'on tenait la Grèce et Rome pour les filles aînées du monde. Un certain vague, une ignorance relative rendent encore plus augustes l'histoire comme la science ; toutes deux profitaient alors de leur imperfection même ; ce qu'elles n'avaient point en profondeur et en clarté, elles le regagnaient, et bien au delà, par le culte presque sacré qu'elles inspiraient et par l'assurance dont elles masquaient leurs défauts et voilaient leurs tâtonnements.

On comprend dès lors la colère, les soupçons des autorités religieuses et les entraves que les pouvoirs conservateurs du dogme durent multiplier : un seul homme avait pu passer, à grand'peine et grâce au triste don qu'il eut de ramper, au travers des mailles serrées, c'était Erasme : diplomate de savoir, assez semblable à tel philosophe de notre temps, habile à feindre des croyances qu'il n'avait point, à remuer tout un ménage de réticences et d'intrigues, ce faux bonhomme de l'érudition caressait tout le monde et au fond n'était à personne qu'à lui-même, passé maître dans l'art des compromis, c'est-à-dire dans le secret de ne se jamais compromettre. La satire de celui-là n'agitait que timidement ses grelots, il se réservait, ne disait que les vérités innocentes pour son salut, insinuait à peine, en général, et à fleur de papier.

La grande satire, la force généreuse n'était pas là. Celui qui en était doué, c'était ce moine hellénisant que l'on jeta loin de ses livres suspects, dans l'in-pace, c'était Rabelais.

Il y a pour un homme fort et destiné à devenir un maître, des enseignements incomparables dans une première rencontre avec les rigueurs de la vie réelle. Dans le cachot où le mettait l'intolérance, Rabelais commençait à prendre cette conscience de soi-même que donne l'épreuve. Les murs étroits de la prison où l'avaient reclus les moines lui ôtèrent cette illusion qu'une liberté fût possible, dans le monde des hommes, pour les instincts même innocents, si l'on prétendait les déployer sans réserve et sans prudence. La confiscation des livres hébreux et grecs prouvait encore, à cet esprit toujours si prompt à déduire et à conclure, qu'il importait de s'entourer par mille défenses et par mainte précaution, si l'on voulait continuer sa voie, accroître le trésor, plus précieux que tout, aux yeux du jeune érudit, de cette ἐγκύκλιος παιδεία dont le complimenta Budé.

Il ne songeait qu'à se donner de plus en plus à cette découverte du savoir qui semble avoir possédé comme d'une ivresse sacrée les premiers hommes de ce siècle. L'étude des humanités anciennes fut, alors, pour les grands esprits de France, une religion véritable : et plus encore qu'on ne croit. Ce que devait exciter, en effet, le mouvement religieux qui fit naître la Réforme, dans les intelligences piétistes des nations septentrionales, le culte des lettres anciennes l'éveilla chez les races latines et gallo-romaines, moins aptes aux aspirations confuses, plus enclines aux séductions du savoir et de la beauté littéraire ou philosophique. Ce que fut ailleurs le protestantisme (1) sous ses formes aussi diverses et complexes que peuvent l'être les erreurs de l'humanité prise par le vertige religieux, le rationalisme le fut dans l'Italie et dans la France, les terres de riche culture intellectuelle, les pays du dilettantisme et de l'art.

Comme toujours, l'autorité religieuse était clairvoyante, en luttant, dès le principe, contre l'effort des lettrés. Car leur tentative n'allait à rien moins qu'à ranimer le paganisme, pour l'esprit et pour les méthodes, et la haine, avouée ou non, de la foi, se glissait dans toutes leurs âmes. Il y avait dans la résurrection de l'antiquité, telle que le xv° siècle italien l'avait comprise, un germe de mensonge, et qui devait rendre bien vite stériles les productions écloses sous le soleil factice de l'humanisme transalpin : pour détrôner la scolastique, les érudits, les écrivains usaient d'un esprit doctrinal et de principes aussi étroits dans leur genre et non moins fossiles que ceux de leurs adversaires.

Rabelais, qui devait si rudement rabrouer et poindre les faux docteurs, fut longtemps, et jusqu'à la fin peut-être, un peu dupe de la beauté trompeuse que faisaient miroiter les humanistes. Mais le génie,

---

(1) Le terme est de 1529, année où la Saxe, la Hesse, Anhalt, Lunebourg, quatorze villes impériales *protestèrent* contre un décret de la Diète de Spire.

que sa race avait mis en lui, le sauva de l'étroitesse desséchante de l'humanisme, comme, au xiiiᵉ siècle, Dante avait été sauvé de la routine barbare. La sève du terroir celtique était en Rabelais ; les vieilles fables et les fées, les romans et Merlin l'Enchanteur lui avaient enseigné cet art français, entre tous salutaire, parce que c'est un art d'oubli ; plus puissant que le rêve même ou que la seule fantaisie, l'art de l'allégresse virile, du beau conte, simple et profond.

Mais, ainsi que les choses fortes et facilement nées, cet art demandait une longue éducation, un savoir presque sans limites, et tel que la vie elle seule, observée dans le vaste monde, pouvait le révéler à l'homme en qui dormait le *Pantagruel*. Rabelais eut l'appoint d'amitiés tout à la fois efficaces pour la sûreté de sa personne et fécondes pour le développement de ses idées et de son savoir. A côté des amis anciens, des condisciples, qui parviennent avec lui à l'âge viril, de nouveaux compagnons, des protecteurs se placent auprès de lui.

Une fois tiré de prison, et hors de l'abbaye, Rabelais s'était mis sous la protection de l'évêque de Maillezais. Il avait passé quinze années à Fontenay-le-Comte : la vive empreinte que lui laissa le pays s'est marquée en lui par les mille traces locales, de noms, de mots, de dialecte (1), qui se retrouvent

---

(1) B. Fillon, *Poitou et Vendée*. — Poëy d'Avant, *De l'in-*

dans son livre. Tandis que Pierre Amy s'en allait à Bâle, où bientôt il devait mourir, Rabelais, né pour les longs espoirs et les vastes efforts, allait se mêler « au siècle », comme on disait déjà.

Ce rationalisme qu'il allait pouvoir si largement connaître après l'avoir comme découvert en cachette et à la dérobée, Rabelais s'y attachait, parce que c'était la seule doctrine où son instinct de savant, son horreur aussi du faux mysticisme, pût trouver à se satisfaire. Mais, ainsi que tous les esprits véritablement grands, ainsi que Shakespeare dans ce même siècle, il devait tourner de plus en plus à l'idéalisme, ou plutôt au mysticisme de la grande espèce, à mesure qu'avança sa vie et que se déroula son œuvre. La fin de Pantagruel n'est-elle pas, à sa manière, une cérémonie éleusinienne, d'initiation et de mystère ?

Le style parfois subira, mais si grossièrement que cela semble un placage, l'influence excessive de la phrase et des mots antiques, latins ou grecs. Les citations, la science, les pensers antiques, il les engouffre comme eût fait Gargantua d'un festin ou d'une vendange, et les absorbe tout entiers, tout crus, sans que la substance de son talent, que la moelle en soit altérée. Comme les organismes primitifs, essais prodigieux de la force vitale, son œuvre

---

fluence du langage poitevin sur le style de Rabelais. Paris, Techener, 1855, 1 br. in-8°.

aura des parties superflues, des formes débordantes :
et rien n'est plus vrai que de comparer le livre de
cet homme à une création naturelle : il en a la puissance d'expansion, la nécessité, la force féconde et
la faculté synthétique : il suffirait de comparer la
marqueterie laborieuse qui fut empruntée par Montaigne aux anciens, ces écrits de toutes parts étayés
par les livres antiques, pour saisir mieux encore la
puissance supérieure de Rabelais.

Seulement, l'étude des lettres renaissantes eut
cette première vertu, de le mêler à une société libérale qui fut la lumière de son génie et l'appui de sa
vie précaire.

L'ami qui sans doute eut dans sa délivrance un
rôle décisif, c'est un magistrat et un juriste, André
Tiraqueau, alors lieutenant général au bailliage de
Fontenay-le-Comte (1), après y avoir été juge.

Une médaille, modelée à Rome en 1552 (2), nous
montre la figure grave et nettement frappée du personnage ; il est coiffé, sur cette image, du chaperon
et du bonnet des doctes ; son profil, marqué de finesse
et d'énergie, ces maîtresses vertus du xvie siècle,
est saillant dans un contour qui dessine vigoureusement l'arête puissante du front et du nez, l'œil franc

---

(1) V. *Rabelais, by Walter Besant. London and Edinburgh,
Blackwood and Sons*, 1879, 1 vol. in-12, col. Oliphant, p. 18
s qq, et *Rabelais*. II. V, et prologue du l. IV.

(2) Coll. B. Fillon. Cf. *Gazette des Beaux-Arts*, 1re période,
t. XI, p. 470, et 2° pér. t. XIX, p. 369.

et profond, la bouche ferme et contenue et les joues creusées. La barbe, au dessin souple, achève, en retombant à plis sur le haut d'une ample simarre, le caractère de cette figure.

Rabelais pouvait apprendre, auprès de ce compagnon, mille choses qui n'allaient point avec le monde où, naguère encore, on prétendait le retenir. Ouvert à toutes les sciences, à toutes les choses de l'art, Tiraqueau entreprenait alors des collections qu'il continua durant toute sa vie; elles prirent place en 1545 dans la maison que lui avait bâtie Lucas Bienvenu, et lorsque Bernard Palissy visitait, quinze années plus tard, en février 1560, l'ami de tous les érudits et de tous les artistes, il pouvait voir, dans le logis, les antiquités, assemblées auprès des objets simplement curieux (1). Aucun préjugé n'arrêtait le libre esprit d'un tel homme; la science des lois l'amenait aussi loin que pouvait faire la médecine pour Ambroise Paré. Tiraqueau prétendait offrir au monde chaque année « un livre et un enfant ». Dans un de ses nombreux ouvrages (2), il donne avec une verdeur qui se montre sous le latin même, les avis les plus pratiques aux époux désireux de fuir le sort

---

(1) B. Fillon et O. de Rochebrune, *Poitou et Vendée*, t. I, II. *Gazette des Beaux-Arts* 1860 (où Tiraqueau est appelé par erreur *Michel* au lieu d'*André*), et A. de Montaiglon dans les *Archives de l'Art français*.

(2) *Andreæ Tiraquelli de legibus connubialibus...* Paris, Galliot du Pré, 1524, in-4°, sous la glose : « *Quicumque ab uxoribus...* »

qui préoccupera si fortement Panurge en mal de mariage. Il est possible que ce chapitre ait plus tard, par l'analogie mystérieuse des souvenirs, donné pour la consultation fameuse une première inspiration à Rabelais.

Le bienfaiteur et l'ami ne furent jamais oubliés; lorsque Pantagruel fut né, lorsqu'il eut grandi sous la main de son créateur, comme il traversait Fontenay-le-Comte, il s'en fut, avec sa suite, « saluer le docte Tiraqueau ».

Une épître dédicatoire, adressée à Tiraqueau en tête d'une édition des Epitres de G. Manardo, médecin de Ferrare, par François Rabelais, fait voir quels furent les sentiments du moine libéré. « D'où vient, s'écrie-t-il, d'où vient, très docte Tiraqueau, qu'en cette si grande lumiere de nostre siecle, où toutes les meilleures disciplines, par singulier don des dieux, ont été par nous receues à nouveau sous notre veüe et par juste reprise, vulgairement des gens se remontrent auxquels est échue certaine complexion ainsy formée, que hors de cette espoisse nuict du temps gothique — nuict bien plus que Cimmérienne ! — vers l'insigne flambeau du soleil les yeux attollir ou bien ils ne veuillent, ou bien ils ne puissent ?..... Seroit-ce pas que telle est la force des ténèbres de cette espèce, que ceux ès yeux desquels une fois elles sont entrées, ceux-là par suffusion irrémédiable en soyent ainsy désormais hallucinés et aveuglés, que par aucuns collyres dans la suitte, ou nuls observatoires ils ne puissent jà trouver ayde. »

Budé songeait à ce docte magistrat, lorsqu'il écrivait à Rabelais les compliments « des amis de la science », du « petit nombre des frères qui partageaient ses aspirations vers la science universelle », et célébrait la fin de ces « tribulations qui avaient cessé depuis que les persécuteurs avaient su qu'ils se mettaient en hostilité avec des gens en crédit et avec le roi lui-même ». Il devait songer en même temps à Geoffroy d'Estissac, et il ne pouvait oublier cette famille des du Bellay, qui se retrouvera désormais mêlée à l'existence entière de celui que l'on avait presque voulu faire martyr « pour l'amour du grec », ὅγε πολλὰ νῦν καὶ δεινὰ πεπόνθως ὑπὲρ τοῦ τῶν ἑλληνικῶν ἔρωτος (1) »

La libre opinion qui se formait alors dans le Tiers-État, et dont Rabelais sera le prophète, cette belle clarté gauloise de la doctrine et de la vie, réunissait dans une communion intellectuelle des hommes d'ordres divers et de naissances inégales. C'est ainsi que le premier asile fut offert à Rabelais dans le château de Ligugé, domaine épiscopal de Maillezais, sur les bords du Clain ; c'est là pour la première fois, en cette Thélème, qu'il put connaître pleinement le charme d'étudier et de penser, et qu'il lui fut permis, selon les vers que lui envoyait Marot,

« De librement vivre comme il faut vivre. »

(1) *Budæi, Ep. græcæ*, p. 139.

Il herborisait à sa guise dans ces vallées demi sauvages, sur les collines agrestes qui donnent au paysage poitevin un charme singulier, à la flore de la contrée une richesse et des couleurs rares. Paresseux de son corps, comme presque tous les hommes de forte étude, il s'est dépeint dans une épitre à Jean Bouchet, légiste et auteur de soties et moralités ; « c'est ainsi, lui dit-il, que je t'écrivais,

> « A Légugé, ce matin, de septembre
> Sixième jour, en ma petite chambre,
> Que de mon lict je me renouvellays,
> Ton serviteur et amy Rabelais. »

Cette fin d'une lettre familière, une ou deux lignes du grand roman qui sera composé plus tard, voilà les seules et les bien faibles traces qu'ait laissées dans l'œuvre Rabelaisienne la personne de l'auteur : il ne se met jamais en scène ; la maladie de ces auteurs au pauvre fond qui sont toujours occupés d'eux et de leur piètre existence lui est inconnue ; il sait qu'il peut intéresser avec des sujets moins restreints. Cette rage de soi-même, devenue manie de nos jours, elle est inconnue à ce fort esprit, elle lui est inférieure.

La vie facile et apaisée que l'on menait à Ligugé n'était point exceptionnelle en ce temps. Outre l'accoutumance et les mœurs invariables du fond humain, qui rendent à peu près pareille l'existence dans n'importe quelle époque, et presque indifférent le choix entre les prétendus siècles heureux et les autres, ces premières années du xvi° siècle étaient marquées par l'abondance intérieure et la prospérité. Dans la *Grand'Monarchie de France*, un écrivain de l'époque s'est porté garant du progrès, et de la richesse publique : « L'on veoid généralement, dit Claude de Seyssel, par tout le royaume bastir grands édifices tant publiques, que privez..., » — et les merveilles d'architecture léguées par ce temps suffisaient à nous l'attester : — « et si sont les maisons meublées de toutes choses, trop plus somptueusement que jamais ne feurent... » — Il n'est pas de riche demeure présentement qui ne s'enorgueillisse d'un ornement arraché à ces anciens trésors — « aussi sont les habillemens et la manière de vivre plus somptueux que jamais on ne les veid (1). »

Les âmes étaient aussi riches que les vêtements portés par les hommes et les maisons édifiées pour les laisser vivre et mourir : la famille des du Bellay, qui soutenait Rabelais dès lors, et dont il sera, quelque temps après, le familier et comme on disait alors dans la force latine du mot le « domestique », cette famille de prélats, de capitaines, d'ambassadeurs, d'historiens, était d'une sève puissante. Ce fut Jean,

---

(1) Claude de Seyssel, cité par Augustin Thierry, dans l'*Essai sur l'histoire du Tiers état*, p. 95-96. Voir les chapitres III à V.

depuis cardinal, qui joua pour Rabelais le rôle qu'un autre ambassadeur de France, Michel de Castelnau, devait tenir plus tard auprès de l'intempérant Giordano Bruno. Les mémoires du temps, des écrits laissés par les frères mêmes de Jean du Bellay, l'importante politique dont il fut l'agent, ont gardé la preuve que cet homme spirituel eut tous les genres d'esprit, celui qu'il fallait au mari de Madame de Châtillon, gouvernante de Marguerite, et cet autre qui peut conduire sur les sommets de la pensée ou dans les secrets des actions humaines. Un passage des mémoires qui font vivre Guillaume du Bellay, seigneur de Langey, et que Montaigne citait un jour de gentilhomme à gentilhomme (1), quelques lignes seulement de ce livre montrent comment on comprenait la France dans la lignée des du Bellay : « Si en France, écrivait Guillaume, nous eussions eu un Tite-Live, il n'y eust entre les histoyres romaines exemple ou vertueux faits, auquels n'eussions un respondant. Car ne desplaise aux autres nations, desquelles je ne veuil en rien diminuer la réputation, je n'en sçache aucune, en laquelle ou plus souvent, ou plus longtemps, se soit fortune monstrée amie ou ennemie alternativement : et proprement semble qu'en ceste seule nation françoise, elle ait voulu monstrer l'une et l'autre sienne puissance, pour à

---

(1) *Essais*, XVII. — V. Michelet (*La Réforme*), t. XV, p. 310, éd. Chamerot.

toutes donner exemple et mirouër, tant de supporter en magnanimité, et avecques force et constance les infortunes et adversitez, comme de soy gouverner en prospérité avecques modestie et attempérance (1). »

Le concours heureux des hasards, sans lequel avorte la plupart du temps toute destinée, et surtout celle d'un homme placé dans une condition moyenne, se préparait pour Rabelais. Mais la vie alors semble soumise à des changements plus nombreux qu'ils ne furent durant les siècles qui succédèrent ; les existences se déplacent sans relâche, mobiles comme les esprits et les événements. Après le stage des quinze années où le moyen âge l'avait imbu, où la Renaissance avait commencé de lui apparaître, et au sortir de la douce halte que l'amitié lui avait faite afin qu'il se pût rasseoir et reconnaître dans le monde, Rabelais allait commencer d'apprendre la vie au milieu des hommes, et, les voyant à l'œuvre, d'amasser pour le livre humain qu'il portait en lui, la matière diverse et forte.

Jamais il n'oublia les amis de la première heure, ni ne fut délaissé par eux. S'il se répétait à lui-même le vieux répons de la fête de l'Ane : « Quitte les vieilles choses, et va ! » si dans son esprit allègre chantait le refrain des sciences nouvelles :

---

(1) Guillaume du Bellay, seigneur de Langey, prologue des *Ogdoades*, 1 vol. in fol. Paris, Abel d'Angelier, 1588, p. 3.

« Vetustatem novitas,
Umbram fugat claritas,
Noctem lux eliminat » (1),

il gardait souvenir de tous ceux qui hâtèrent sa délivrance. Que le commerce de ces hommes avec l'écrivain ait été, même au point de vue de la langue et du style, intime et fertile, les mots qu'emploie pareillement la plume de Guillaume du Bellay et celle de Rabelais le prouveront : l'homme de guerre, parlant combat, et le romancier, dépeignant une bataille, emploient l'un et l'autre ces termes pittoresques, pour l'œil et l'ouïe :.... « poulsiz de picques, chocs d'hommes, d'armes, heurtiz de chevaux, coups d'espée, chapliz de masses, haches et halebardes. » Lors même que la main des protecteurs ne pourra plus rien en faveur de leur ami, étant désormais roidie par la mort, Rabelais retrouvera l'accent de Virgile pleurant César pour déplorer, vers la fin de son livre, le trépas des du Bellay : « On trespas dung chacun dyceulx... ordinairement oyons-nous par la forest grandes et pitoyables lamentations (2), et voyons en terre pestes, vimeres et afflictions, en leur tremblemens et ténèbres, en mer tempestes et fort mal. »

(1) Du Cange, verbo *Facetum*.
(2) « *Vox quoque per lucos vulgo exaudita silentes...* » Auquel d'ailleurs entre nos grands écrivains depuis Rabelais jusqu'à La Fontaine, et de Montaigne à Chateaubriand et à Michelet, la poésie virgilienne ne fut-elle pas familière et présente toujours ? — *Géorgiques*, 465 sqq.

Quand François Rabelais, léger de pécune, mais déjà lourd de savoir, et toujours riche d'espérance, entreprit, sans y songer presque, le voyage du vaste monde, il était plus qu'à la moitié de sa vie. Il allait, comme il l'écrivit dans sa première supplique au pape Paul III, « errer longtemps parmi le siècle, parmi tous les précipices d'un siècle (1) » qui n'était point fort aplani.

Qu'il ait entrepris la médecine par hasard ou par goût, le point essentiel est de la lui voir bientôt approfondir avec passion et exercer avec éclat. Nulle étude au reste n'était mieux faite pour meubler et nourrir l'esprit de Rabelais. Mêlée alors de toutes les doctrines, touchant à toutes les sciences, dont le départ était encore bien loin d'être fait, la médecine était la source même des enseignements naturels ; le médecin avait le titre de *physicien*, et Rabelais devenait prêtre de cette *physie* à laquelle il vouait un culte lyrique.

Comme Kepler et Tycho Brahé, tout ensemble astronomes et astrologues, comme Ambroise Paré lui-même, embarrassé, malgré son génie, dans les formulaires anciens, Rabelais connut une science mêlée de rêveries et de déraison : mais son esprit n'en tira peut-être qu'une plus forte provende. Qu'importe si les théories médicales de l'étudiant à Montpellier,

---

(1) « *Per sæculum diù vagatus fuit, per abrupta sæculi.* » Ibid.

du professeur à Lyon, à Metz, du praticien à Rome ou à Paris, furent exactes? Il suffit que les clartés d'une science aussi vaste qu'élémentaire soient venues vivifier l'intelligence profonde qui s'ouvrait à elle.

Les premiers voyages que fit Rabelais n'eurent pas d'autre cause apparente que son humeur curieuse, son désir de s'instruire, et la recherche d'une place honorable et lucrative. Il ne fut certainement point persécuté ni malheureux à ses débuts dans le « siècle ». Au reste, il ne faut point juger les périodes de l'histoire humaine par les troubles extérieurs que rapportent les annales ; il est fréquent de voir une suite d'années, en apparence pleines de troubles, n'offrir, en réalité, pour qui veut en approfondir les mœurs, qu'une douceur de vivre égale ou supérieure à celle des temps réputés plus heureux. Pour prendre un exemple voisin de notre âge, ne croirait-on pas, à lire dans l'histoire contemporaine la série d'émeutes qui agitèrent le règne de Louis-Philippe, que la France y fut déchirée et bouleversée? Cependant, du commun témoignage qu'apportent les hommes d'alors, rarement la vie fut, sinon plus digne d'être vécue, au moins plus facile à vivre. Les époques de factieuse agitation se peuvent comparer aux gens prompts à la colère : en ceux-ci comme en celles-là, ce trouble n'est le plus souvent ni profond ni grave, et la masse du peuple, chez les nations, comme le fond de l'âme, chez les hommes, demeure stable et calme, sous la tourmente de la surface.

Quand Rabelais se mit en route pour l'Université de Montpellier, reine de la science médicale (1), il y avait dix ans tout juste que le fils du mineur d'Eisleben, docteur à cette autre école de Wittemberg où Shakespeare devait envoyer *Hamlet*, venait de lancer par le monde ses invectives aux « aveugles évêques, prêtres et moines insensés, endurcis dans leur perversité (2) ». Mais la Réforme n'allait point au génie de Rabelais, fait pour les sens et la raison : ce christianisme dépouillé lui importait peu. Dans sa pleine virilité, pour préparer l'éclosion de la puissance littéraire, tardive chez lui comme elle fut pour tant de nos moralistes, l'étudiant et le professeur allait s'adresser aux connaissances expérimentales, connaître l'homme sur le vif. Les temps de la vie libérale au milieu de ces provinces voluptueuses qui furent, le douaire de Marie Stuart (3), la joie de l'existence dans le Poitou et dans la Touraine était finie ; la carrière agitée, féconde en luttes et en faits, devait commencer, sous le ciel âpre du Languedoc.

Personne n'était, mieux que Rabelais, apte à tirer des sciences de la nature tout le profit intellectuel

---

(1) « Ville médicale », disait Cabanis. Rousseau y consultait deux siècles plus tard. V. D' R. Gordon. *F. Rabelais à Montpellier*. Paris, Lemerre, 1876.

(2) Michelet. *Mém. de Luther*.

(3) Brantôme. *D. Illustres* III, 124, édit. de 1665.

qu'elles seules peuvent donner : car nul ne les eût abordées avec un esprit plus enclin à s'en laisser pénétrer. Il y a, au bout du pont qui joint la ville de Tours à sa plus opulente banlieue, et dont l'enjambement opprime la Loire torrentueuse, deux statues, l'une de François Rabelais, l'autre de René Descartes : en célébrant deux Tourangeaux, les habitants de la cité posaient les deux pôles extrêmes dans l'esprit français. Avec Rabelais, le sensualisme, si l'on veut, ou, pour le nommer de son vrai nom philosophique, un peu déshonoré depuis par des charlatans littéraires, le naturalisme trouvait sa plus expressive image : c'était l'homme vivant, divers, tout imprégné des origines naturelles et tout ouvert aux phénomènes extérieurs, l'homme « s'ajoutant à la nature » pour créer la science et l'art ; pour Descartes, c'est en lui-même, en lui seul, fermant toute vue sur l'univers qui l'enserre et qui le domine, et se dépouillant encore pour arriver à je ne sais quelle lumière intérieure qui n'est plus même le reflet d'un mirage, c'est par une quintessence d'abstraction, que l'homme parvient à connaître la vérité. Conflit éternel de deux tendances, toujours parallèles, toujours hostiles : la doctrine cartésienne triomphera, en apparence, elle guidera la plupart des esprits, au XVIIe siècle ; la littérature en adoptera la méthode pour se faire froide et guindée, la philosophie, les préceptes, pour rechercher un fonds humain général, former un patron réglementaire de l'homme auquel on tâchera d'ajuster l'infinie diversité : lit de Procuste intellectuel et social, roide chimère dont on sourirait si l'effet n'avait trop suivi l'utopie, car le monde tout entier, par les sophismes du xviii° siècle et les lois de la Révolution, a pu sentir combien l'erreur, quoique née dans la tête froide d'un abstracteur, est néanmoins viable, fertile et dangereusement armée pour l'empire et pour le triomphe matériel.

La vie même de Rabelais et les traces qu'elle a laissées, çà et là, dans ses écrits, le montre au contraire s'épanouissant à tout ce qu'il peut contempler. Celui-là n'a guère l'esprit à s'enfermer dans un « poesle » sous un ciel brumeux. Nomade dans la vaste France, il repaît ses yeux, en chemin, à tous les spectacles offerts. Le souvenir de tant de contrées, parcourues suivant la méthode ancienne, qui fut la bonne pour bien voir, apparaît en mille détails de son livre : la géographie à demi fabuleuse de Pantagruel est surtout gauloise et française, prise aux provinces, née du pays. En un seul chapitre, celui de l'enfance héroïque où se développe le prince, on lit que « pour luy faire un poeslon à cuyre sa bouillye, feurent occupez tous les pesliers de Saulmur en Anjou, de Villedieu en Normandye, de Bramon en Lorraine..... et lui bailloyt-on ladicte bouillye en ung grand tymbre qui est encore de present à Bourges, près du palays... ils le lyarent à groz cables, comme sont ceulx que l'on faict à Tain pour le voyage du sel à Lyon ; ou comme sont ceulx de la grand nauf françoise qui est en port (du Havre) de Grâce en Normandye.... les chaines de Pantagruel... en avez une à la Rochelle (1). »

Il n'est pas surprenant de voir Rabelais se diriger sur Montpellier plutôt que vers Paris ; en cette année 1530, Marot était poursuivi, Bonaventure des Périers était accusé de propos d'athéiste, tenus à la cour d'Alençon, chez cette reine de Navarre que l'auteur de *Pantagruel* louera si gracieusement dans le prologue de son livre V ; Berquin, le 17 avril, venait d'être brûlé en Grève, malgré les amis mêmes de Rabelais. L'éloignement dans les provinces méridionales convenait mieux au libre esprit, comme la Faculté de médecine, alors souveraine dans la doctrine, attirait le savant.

Deux tendances se disputèrent l'empire sur l'esprit de Rabelais, et la plus forte n'effaça jamais tout à fait l'autre : c'était l'amour de l'érudition et la verve d'écrivain. A l'heure où l'étudiant arrive à Montpellier, l'érudition prédomine sans conteste et sans partage. D'abord disputeur émérite, et souple dans toutes les voies de la science, il s'adonne bientôt au commentaire verbal des auteurs anciens ; il brille dans les leçons publiques. Entre temps, avec des camarades qui deviendront célèbres et dont l'un sera le modèle du très sage Rondibilis (Rondelet), il a le loisir de jouer des farces demeurées illustres : une entre autres, celle de la *Femme Mute*, donnera

---

(1) II, IV, *passim.*

plus tard à Molière la meilleure scène du *Médecin malgré lui*.

De Rabelais on a voulu faire aussi un médecin malgré lui ; mais tout dément cette invention : son ardeur et ses succès, l'estime de ses confrères qui le députèrent auprès du chancelier Duprat, dans une ambassade où il jouait au naturel le rôle qu'il prête à Panurge dans la première entrevue avec Pantagruel.

La nature languedocienne et provençale, riche en animaux et en plantes, simples ou toxiques, « *animantia, plantas,* φάρμακα », comme l'on disait à l'école, le laissait butiner à son gré. Le cercle des excursions que poussaient autour de Montpellier les médecins, était large : il comprenait les îles d'Hyères, joyau de la mer provençale, l'Eden de ces côtes divines. Qui s'est perdu dans les bruyères arborescentes à Porquerolles, parmi les anémones de Giens, dans les chênes-verts, les lentisques et les pins du Bois-des-Oiseaux, tout bruissants de rossignols, comprend certes comment Rabelais découvrant, même après la Touraine, ce sauvage bouquet de fleurs trempant dans les vagues nacrées, dut conserver un tel amour pour les îles d'or qu'il signa ses lettres intimes par le titre de « calloier (bon, beau patriarche, κάλοι γέρων) (1) des îles d'Hyères », et sur la première feuille de son *Gargantua* voulut inscrire encore le surnom qui lui rappelait des jours lumineux.

(1) Ambroise Paré aimait aussi à se nommer « le bon vieillard. » V. *Traité de la Mumie, des Venins, de la Licorne et de la Peste*

Mainte légende s'est formée sur le séjour de Rabelais à Montpellier. Le bibelotage historique est d'ancienne invention, puisqu'il y eut durant deux siècles une robe de Rabelais à Montpellier, comme il existe à Ferney la canne de Voltaire. Cette défroque hasardeuse servait aux plaisanteries périodiques où se plaît la vieillotte jeunesse des écoles. Aucune fable d'ailleurs ne prévaudra désormais contre l'étude du génie rabelaisien ; il y a belle lune qu'est répudiée la tradition qui voyait dans Rabelais une manière de Membre du Caveau ou de pédant en goguette. Que Rabelais ait pris à sa guise dans *Merlin Coccaie* et *Noël du Fail*, dans *Le Maire* ou dans *Collerye* pour alimenter sa verve, il a fait en ceci comme feront Shakespeare ou Molière ; mais si, de son vivant même, les portraits conventionnels dont on ornait les chambres d'étude (1) lui donnent la face égrillarde, cynique et lippue d'un satyre, le témoignage des rimeurs doctes qui le louent de « son élégante doctrine et de ses plaisanteries fines »,

« Doctrinam elegantem,
... atque sales acutos (2) »,

(1) Le plus beau fut reproduit, à ma connaissance, en trois répliques ; l'une est au Musée de Versailles, l'autre était au château de Chenonceaux en 1886, la troisième appartient à un ancien fonctionnaire de l'Enseignement supérieur français.

(2) Salomon Macrin, *Odes*. Lyon, 1537, l. II. — Colletet, *Vie de Rabelais*, p. 19, 20. — De Thou, *Hist. de France*.

et la hauteur de ses amitiés démentiraient ce masque de truand bouffon ; si d'autres autorités d'un plus grand poids n'y conspiraient encore : c'est Messire Charles Faye d'Epesse, conseiller du roi et son ambassadeur en Hollande, qui attestait à Colletet le grand sens et la gravité de l'écrivain, d'après les dires formels du président d'Epesse, son père ; c'est Gui Patin, médiocrement suspect de bienveillance, même envers celui qui était son maître à double titre ; c'est le cardinal du Perron, évêque d'Evreux, lorsqu'il parlait de Rabelais devant Henri IV ; c'est, enfin, l'austère de Thou, qui le qualifie de « médecin célèbre, savant dans les langues grecque et latine, et fort habile en sa profession. »

Cette habileté une fois acquise, Rabelais dut chercher à la mettre en œuvre dans une ville où les robes des médecins concurrents foisonneraient moins qu'à Montpellier. Lyon devait l'appeler, par la renommée de science et l'éclat que lui valait une société formée autour de savants éditeurs comme Gryphe et comme Dolet. La vie qu'il menait à Lyon prouve une fois de plus combien étrange était le préjugé régnant naguère à son égard, préjugé qui faisait écrire, à la fin du siècle dernier, par un de ses admirateurs : « Qui pourrait parler sérieusement de Rabelais ? Qui ? moi, peut-être » (1). Au reste,

---

(1) Ginguené, *De l'autorité de Rabelais dans la Révolution présente*, éd. 1791, réimpr. par Jouaust, IV, in-12, 1879. Introd. p. 1.

quel est l'écrivain dont la renommée s'est faite populaire sans que le véritable caractère de son génie ait été dénaturé dans ce passage aux sphères inférieures (1)?

Le grand éditeur Gryphe, rival lyonnais des Estienne, préparait, lorsque Rabelais parut à Lyon pour s'y fixer, l'édition de cette Bible latine qui devait être suivie par une autre énorme entreprise, les Commentaires de la Langue latine écrits par Etienne Dolet. Libéral et savant, il avait formé autour de lui une société d'érudits et d'écrivains, la *Société angélique*, comme elle s'intitulait par ironie; c'était là un de ces petits cénacles où se concentrait et se développait dans une fraternité d'esprit et d'études ce que le XVII_e siècle appelait le « libertinage », ce que le temps présent nommerait la libre pensée. Dans ces assemblées intimes, qui formulaient les théories d'un panthéisme encore vague ou d'un déisme assez chancelant, une franc-maçonnerie se formait, et la destinée d'un Théophile de Viau ou celle d'un Saint-Evremont s'expliquerait mal si l'on ne tenait compte de ces associations secrètes de la doctrine et de la philosophie. Rien ne pouvait mieux convenir au génie de Rabelais, encore latent, qu'une telle réunion : il y trouva Etienne Dolet, le trop au-

(1) La bourgeoise conception qui fait de Rabelais un « moine ivre », Sainte-Beuve même, maître en finesse, mais qui semble ennemi juré de toute grandeur, l'a reprise en la complétant, en l'aggravant. XVIe s. 1re éd., p. 341.

dacieux humaniste (1) ; Bonaventure des Périers, maître dans l'art du bon conte, aussi brillant dans son style qu'ingénieux dans sa pensée et gaulois de verve, le mieux fait pour révéler Rabelais à lui-même et pour le maintenir dans la tradition française.

La Réforme ne tentait guère la pensée de ces chercheurs fougueux ; ils sentaient obscurément à quel pédantisme sec (2) devait aboutir une doctrine qui restaurait la foi ancienne sans songer que la force même du christianisme avait été l'absolue rénovation dont il apportait la promesse ; en route vers l'esprit nouveau, impatients de vérités à découvrir, les membres de la Société angélique ne pouvaient qu'affermir chez Rabelais, avec l'éloignement pour la foi, l'aversion pour cette autre révolution bâtarde et hybride, destinée à se décrépir plus vite encore que les dogmes dont elle convoitait l'héritage (3). Au XVIe siècle, le grand nombre croyait à tout, le petit nombre ne croyait à presque rien. Rabelais possédait, avec l'esprit de scepticisme et la science de l'élite, la puissance personnelle, de verve et de satire, qui allait porter, tout armées, les idées du cénacle restreint dans la foule et dans la

---

(1) Avec lequel il se brouilla, contre lequel il devait écrire une acerbe préface. (Cf. *Christie, Etienne Dolet.*)

(2) V. infra, *Calvin.*

(3) Rabelais fut traité d'athée par les réformés sans distinction d'opinion. V. F. Buisson, *Sébastien Castellion*, t. I, p. 45-47 (Paris, Hachette, 1892).

lumière. C'est à Lyon, en effet, que parut le commencement de l'épopée satirique où Rabelais amalgama dans un prodigieux alliage le fond du moyen âge français et les fables de la race, avec l'esprit de l'antiquité renouvelée. Il avait trouvé, dans sa résidence nouvelle, des travaux chez les libraires et le poste de médecin au Grand Hôpital. Il pouvait vivre copieusement, et n'avait point ce sort, entre tous funeste au talent, d'être comme feu son compère François Villon, au nombre de ceux qui

« Pain ne voyent qu'aux fenestres ».

Dans les premiers temps, l'érudition le tourmentait encore, et la damnable foi dans les textes vermoulus l'incitait à publier, outre les *Epistolæ medicinales* de Manardo, les *Aphorismes* d'Hippocrate. Par bonheur, la publication d'un certain testament de Lucius Cuspidius, qui l'enchantait, se trouva la plus lourde erreur, et Rabelais dut reconnaître qu'il avait donné dans le piège tendu par la supercherie d'un contrefacteur. Il revint à la médecine pratique et aux almanachs, qui l'amenaient plus directement à sa véritable carrière.

Il y a, dans une de ces publications populaires à la Mathieu Laensberg, telles qu'on les accueillait, alors surtout, avec avidité, les premières traces de l'esprit qui fera naître la lignée immortelle de Gargantua. Et *la pantagruéline prognostication* pourrait bien avoir précédé le grand œuvre, le premier livre du roman, du moins le premier qui ait paru. Nombre d'années, Rabelais continua cette série des almanachs où s'amusait sa fantaisie ; il la commençait alors, tout en corrigeant les épreuves de ces belles éditions où Sébastien Gryphe mettait le cube, la sphère et le griffon, rivaux de l'ancre aldine, du figuier des Estienne et du compas de Christophe Plantin.

Il ne vécut pas fort longtemps dans cette cité de Lyon « où était le siège de ses études (1) », sans que son génie l'y vînt trouver, puisque, dès 1532, première année de son séjour, le *Pantagruel* a vu la lumière. Grâces mille fois soient rendues au destin qui nous épargne et nous épargnera toujours de rechercher lequel des livres rabelaisiens a surgi le premier en librairie, comme aussi d'éplucher, sans nulle certitude, ce que le dernier peut offrir d'apocryphe. Une œuvre pareille se suffit, et se passe autant de commentaire que de critiques. Il est assez de l'étudier ainsi qu'un être naturel, dont elle a la force et la sève.

L'un de ses caractères, sur lequel il est nécessaire de passer condamnation avant d'aborder le vrai fond de l'ouvrage, c'est la verdeur, souvent la crudité, d'une facétie volontairement obscène. Il serait puéril de discuter ceci, tout aussi bien que d'en

---

(1) « *Ubi est sedes studiorum meorum* », dit-il lui-même. Cf. *Documents sur le séjour de Rabelais à Lyon*, par M. de Valous. Lyon, 1873, in-8°.

disculper Rabelais. Cette effronterie de la verve, on pourrait dire, s'il convenait de le défendre, qu'elle lui est commune avec tous les écrivains de son temps, avec les femmes même et les reines comme Marguerite, et que rien n'est chez lui de « plus haulte gresse » que les devis et que les propos à la mode ; mais il vaut mieux en marquer la saveur spéciale, et comment la licence va, dans ses écrits, forte d'une précision et d'une allure particulièrement directe et brutale qui lui enlève toute équivoque ; cette manière dont il garde le secret, cette âpreté dans la farce inférieure, Rabelais la devait très certainement à son état de médecin. Les réalités du corps, — et l'on sait qu'il soignait spécialement les moins nobles (1), — n'admettent qu'assez mal les réticences ; l'homme qui traitait certains maux jusque sous la tiare du pape, avait coutume de parler net et de ne rien éviter. De là cette façon de pousser jusqu'au fond et d'appuyer autant que se peut.

Mais la médecine donnait une éducation plus importante à Rabelais ; il empruntait certainement à son art ces observations sur l'homme qui font de lui le premier de nos moralistes, le prince des auteurs comiques, dans un siècle où vivra Shakespeare et dont s'inspirera Molière. On peut cacher certains replis de son âme au prêtre ; on ne cache

---

(1) Celles qu'a versifiées Fracastor.

rien au médecin ; car la peur, toute-puissante sur les hommes, fait l'énergie et la sincérité des aveux : il y a mainte chance pour que l'âme se découvre en même temps que la chair, sous le regard d'un médecin, surtout lorsqu'il est Rabelais. Aussi l'écrivain, s'il excelle dans la description détaillée de la complexion physique, n'est pas moins pénétrant quand il touche l'être moral et diagnostique un caractère ; dans leurs sentiments comme dans les attitudes de leurs corps, par le sang qu'il sait faire couler d'une blessure, et les images qu'il en donne, aussi bien que dans les expressions de leurs pensées et les causes de leurs actions, les personnages de Rabelais ont ce don qui domine et contient tous les autres dans la création littéraire : ils sont vivants.

Ils sont, aussi, des types d'homme, des figures où l'on verra se résumer mille linéaments, épars dans la nature, et réunis, pour une forme supérieure, par le miracle propre de l'invention artistique. Il y a dans les héros de Rabelais une allégresse et une allure qui dépassent la moyenne au point d'être pour la plupart des gens un des secrets motifs qui feraient leur aversion, s'ils lisaient : ne l'a-t-on pas dit : « être médiocre ne nuit pas. » Or, rien n'est médiocre ici, rien ne peut l'être. Car l'auteur s'est choisi, pour y donner champ à une imagination libre entre toutes, un genre littéraire entre tous propice à la fantaisie, où nulle règle ne le peut gêner, et qu'il va d'ailleurs faire sien et pétrir à sa guise, en l'agrandissant et en le transformant avec une audace souveraine.

Pendant que Rabelais faisait des almanachs, il avait pu retrouver chez les libraires quelques-unes de ces brochures sur papier gris, imprimées à Troyes en Champagne, et qui formaient la *Bibliothèque bleue* : c'était, cette bibliothèque, butin de colporteurs, et pâture de menu peuple. Au siècle dernier encore, avec le Messager boiteux et le paroissien, c'était tous les livres des chaumières où l'on savait lire, et la joie des cuisinières lettrées. Ces livres en valaient bien d'autres. Ils étaient fabuleux et fous. Ils étaient courts, et ne parlaient, en peu de pages, que de rois, de chevaliers et d'enchanteurs, de princesses et de géants. Un des plus répandus, qu'on trouve maintenant encore, gras et corné, dans les provinces, c'était une vie du fameux Gargantuas (1), qui du reste est un lourd ramas d'inepties et de pauvretés. Ce Gargantuas avait, sur la terre gauloise, éparpillé dans maint endroit son mobilier, chaise ou marmite, sa garde-robe, chapeaux ou bottes, sous la forme de grandes pierres, d'aspect féerique on ne peut plus. On nous a révélé dans ces temps derniers comment c'est un mythe, solaire ou approchant, de même qu'Arlequin et le Roi des Aulnes sont un seul et même homme : ces calembredaines savantes auraient peut-être réjoui Rabe-

(1) A Troyes, chez la veuve Garnier, 1728.

lais. Il ne les connut point. Il aimait les contes de ma mère l'Oye, les histoires à dormir debout : comme firent, bien après lui, deux autres de nos plus précieux génies, La Fontaine et Perrault, comme allait faire un Shakespeare, il ne chercha point malice aux très antiques fables qui flottaient autour de lui : c'était là du bien populaire, et commun, qu'il vînt des Hindous ou des Grecs ; il le tenait, lui, de quelque vieille servante qui l'avait endormi le soir, à Chinon ou à la Devinière ; ses auteurs, ils brinqueballaient dans la hotte d'un ambulant. Il n'en fallait pas davantage pour créer les lettres françaises dans l'âge nouveau, pour peu seulement que l'on eût le don.

La manière dont Rabelais composa fut la plus propre à concentrer dans son ouvrage tout ce qu'avait de précieux et d'expressif le fablel ou fabliau qui se mourait, et la nouvelle, le roman qui en recueillait l'héritage.

Qu'il ait commencé par vouloir faire avant tout un plaisant conte où l'on prendrait joie et soulas, rien n'est plus certain ; comme la vieille histoire rimée qu'il a pu lire, il compte bien que son roman,

« Si lor fait-il grant alegance
Et oublier duel et pesance (1). »

(1) Recueil général des fabliaux des XIIIe et XIVe siècles, par MM. de Montaiglon et Raynaud, VI, 68.

N'eût-il fait que cela seulement, il serait grand : n'est-ce pas une gloire humaine entre toutes, que de distraire et d'éjouir la masse des êtres ? Mais il a fait bien autre chose.

Il a pris, avec cette intuition vaste et vive qui est l'instinct même du génie, l'ancien genre défaillant du fabliau français, et il en a fondu la matière, dans le moule qu'il s'était choisi ; matière infiniment diverse, moule malléable à plaisir. Dans ces anciennes fables, qui expriment, sous la forme de narration familière aimée par les peuples latins, l'état de la société et les sentiments satiriques que cet état inspire, il se trouve que la mise en scène dépasse en intérêt l'intrigue même, et l'efface ; les événements sont peu de chose, se réduisent à l'anecdote, au jeu de mots : les personnages et les détails occupent tout ; c'est justement la manière de Rabelais ; la traîne lâche et la composition flottante de son ouvrage forment à peine le fond, très vague, où se meuvent les acteurs, animés d'une forte existence, dessinés en traits précis, doués d'un langage frappant et d'idées vigoureuses. Comme La Fontaine, son plus direct héritier pour l'esprit, a fait de l'apologue, aride avant lui, Rabelais touche, avec sa plume magique, le vieux fablel ; et le genre suranné revit, il s'épanouit, s'élargit, enfante les lettres modernes.

Puissance invincible du fonds humain et personnel, bien faite pour déconcerter les théories qui veulent attacher uniquement l'homme à la glèbe et le faire serf du milieu qu'il a subi, des influences qui le façonnent! Voici un écrivain que tout semblait destiner, son penchant premier l'emportant et l'influence de l'école aidant encore, à s'enfoncer dans les broussailles d'une érudition pédante. Or, ne gardant du pédantisme que de légers accès dans la forme de sa pensée, dans la surface de son style, secouant toutes les entraves qui le gênaient, cet homme vient créer le genre le plus populaire, et donner à ce gouvernail du langage un tel coup de barre que, seul, Dante aura fait, trois siècles auparavant pour l'Italie, une révolution comparable.

Car la langue de Rabelais sortit armée de son cerveau, dès la première ligne du *Pantagruel*, adaptée par miracle au fond complexe des pensées, des descriptions, franche, puissante infiniment, comme l'esprit qu'elle exprimait. Simple surtout, malgré l'apprêt extérieur qu'elle doit parfois à l'influence savante, et vive, et précise en dépit de l'état flottant et embarrassé qu'offrait encore à cette époque un parler mal fixé dans sa règle, lent, analytique à l'excès.

Rabelais partage avec les enfants le don de trouver dans la langue commune le terme original, et de l'extraire. Mais n'est-on pas grand dans la mesure où l'on conserve, sous l'apport de l'expérience et les alluvions infinies de la virilité, les sens exquis et les fraîches conceptions du premier âge?

Puis, sa fougue se débridant, et comme devant lui

se trouve une langue flexible, indécise, Rabelais accumule, avec la joie de l'érudit, qui persiste, sur le mot neuf, mille autres termes rebrassés à gauche et à droite. Seulement, le premier demeure, comme une première touche de peinture, sous des repeints. L'allure de son style, aussi, la manière dont il entre dans son sujet, agence sa fable, est proprement agreste, naïve et populaire : c'est la façon de la poésie paysanne, peu soucieuse de rigoureux enchaînement ; l'idée jaillit comme d'une source, bondissant, allant çà et là, virant et sautillant à l'aise ; ce grand art nouveau touche, par ces points essentiels, à la « poésie populaire et purement naturelle », aux « naïvetez et aux graces » chères à Montaigne : une autre méthode fut celle de « la poésie médiocre qui s'arreste entre les deux, est desdaignée, sans honneur et sans prix » ; cette poésie-là enferme la pensée, lorsque par aventure elle en contient une quelconque, dans un long canal rectiligne où elle dort, perd le courant et l'imprévu ; l'invention « parfaite selon l'art », Rabelais l'a prise aux courants du génie national, des traditions éternelles et véritables ; celles-là, depuis l'enfance du genre humain, ont charrié dans leur flot le trésor des légendes, le breuvage magique des enchantements ; charme salutaire à tous, et dont, seuls, les plus glorieux inventeurs peuvent être les échansons.

S'il est vrai que Rabelais ait fait son livre « au goût du jour », pour compenser près du libraire la faible vente de ses premiers opuscules, le dédommagement fut ample. Il dit lui-même qu'il s'en vendit en deux mois plus qu'il ne sera acheté de Bibles en neuf ans ; et il n'exagérait guère, puisque son libraire lui-même le remercie, et que le livre a de primesaut tous les honneurs, même celui d'être censuré par la Sorbonne; c'est Calvin qui nous l'apprend, avec allégresse, en traitant le livre « d'obscène »: tant les cagots de toute robe s'accordent au fond (1). On contrefit aussi l'ouvrage, autre marque de son succès; et de piètres rapsodies, qui n'ont du vrai *Gargantua* que le nom, parurent alors. Il suffit de les parcourir pour sentir la contrefaçon, à moins d'être bibliomane.

La vogue du livre allait apporter, comme il sied, une bonne fortune à l'auteur. L'évêque de Paris, Jean du Bellay, au commencement de l'année 1534, passait par Lyon, se rendant à Rome, pour une première ambassade : l'ancien ami de Rabelais avait déjà, huit ans auparavant, accompagné près d'Henri VIII, en Angleterre, le grand-maître Anne de Montmorency, pour réclamer l'exécution du traité d'Amiens (2). Il partait cette fois comme ambassadeur en titre, auprès de Clément VII ; il s'agissait encore d'Henri VIII, ce monarque plus qu'à demi rabelai

---

(1) Lettre d'octobre 1533.
(2) Mignet, *Rivalité de François Ier et de Charles-Quint*, t. II, p. 367, in-8°.

sien, mixture bizarre de Picrochole et de Falstaff, voire de Barbe-Bleue. François Ier dépêchait au Pape l'un des plus hauts fonctionnaires de l'Eglise française, à cette fin d'obtenir que Rome ne consommât point la rupture avec le roi d'Angleterre, qui venait, violant les canons ecclésiastiques, d'épouser Anne de Boleyn, en répudiant Catherine d'Aragon. La renommée que Rabelais venait de s'acquérir ravivait encore l'estime du cardinal, « qui faisoit grand cas des hommes savants, dit Colletet, et l'estoit extrêmement lui-mesme ; ayant gousté la doctrine et suffisance profonde de Rabelais, d'ailleurs l'ayant reconnu de belle humeur et d'un entretien capable de divertir la plus noire mélancholie, il le retint toujours auprès de sa personne en qualité de son médecin ordinaire et de toute sa famille, et l'eut toujours depuis en grande considération ». Grâce à l'offre du cardinal, qui lui fit laisser l'emploi dont l'avait chargé la ville de Lyon, Rabelais allait voir dans sa capitale cité cette Italie, si vivante encore, et prépondérante dans les arts et les lettres, et qui, déjà, l'avait imprégné de son souffle.

Rome avait exercé, dès longtemps, sur l'esprit de Rabelais, cette fascination qu'elle doit à son passé. Ce vieux creuset du monde ancien et moderne a sur bien des intelligences un attrait presque magique. Rabelais s'était préparé de longue main à ce voyage, alors même qu'il ne savait point l'accomplir dans ces conditions rares. Le démon des paperasses et des parchemins ne l'avait point encore lâché, même après le *Pantagruel* : lui-même avoue qu'il emportait « un fatras de notes cueillies en divers auteurs des deux langues » (1). Il voulait faire, d'après ses méthodes particulières, car il avait là-dessus tout un système, une description de Rome antique.

Mais il se trouva qu'un antiquaire milanais, Marliani, tenait sous presse une Topographie de Rome antique. On avait, suivant la formule désespérée des érudits, « pris son sujet » à Rabelais ; il dut se contenter de revoir et de corriger l'italien, dans l'édition qu'il donna de son ouvrage. Car il avait connu bien vite les mille dédales de Rome, il se vante que pas une rue ni ruelle ne lui avait échappé. Le crédit de l'ambassadeur lui ouvrait toutes les portes, l'autorisait même à protéger les autres voyageurs français (2). Il mangeait chez du Bellay, il y jouait le rôle éminemment chirurgical d'écuyer tranchant. En même temps, il n'oubliait point son autre ami Geoffroy d'Estissac, et pour lui plaire, pour embellir ces jardins de Ligugé qui avaient été son asile, c'était l'emploi du page Rhizotome auquel il se vouait (3) ;

---

(1) « Farraginem adnotationum ex variis utriusque linguæ auctoribus collectam mecum ipse detuleram. » Epistola nuncupatoria topographie antiquæ Romæ.

(2) Cf. Thevet, *Cosmographie*, p. 732 du t. II.

(3) (V. *Gargantua*, ch. XXIII) « visitoient les arbres et plantes et en emportoient leurs pleines mains au logis... desquelles avoit la charge un jeune paige nommé Rhizotome... à bien arborizer. »

il ne choisissait pas moins bien les graines que les mots, puisque' la France lui a dû (1) les œillets, la laitue romaine, les artichauts et le melon. Les plants ou les semences « des meilleures de Naples, et desquelles le Saint Père faisoit semer en son jardin secret du Belvédère », partaient pour le jardin de France avec « mille petites mirolifiques à bon marché » pour l'usage de Madame d'Estissac. Etienne Dolet recevait aussi son présent ; c'était un flacon de garum antique, le condiment de Dioscoride et de Pline, retrouvé par le médecin et l'amateur de franche lippée : Rabelais joignait à la sauce précieuse une épigramme latine où sont célébrées les vertus apéritives de sa drogue (2).

Au milieu de ces passe-temps, il voyait de près les affaires. Du Bellay le faisait admettre aux audiences diplomatiques (3) ; il y gagnait cette science, réelle et pratique, des hommes, que nulle étude ne remplace (4).

Du Bellay ne réussit point à conserver l'union fra-

---

(1) Drouyn de Lhuys, Société d'acclimatation, 10 février 1860.

(2) *Doleti Carmina*, Lugduni, 1538, p. 75.

(3) Lettres de François Rabelais écrites pendant son voyage en Italie, Bruxelles, 1710, in-12, p. 30 et p. 42. « J'estois présent ». Il avait logé à *l'albergo dell'orso*, comme plus tard Montaigne.

(4) Cf. Cl. Chappuys. *Discours de la Court*. Paris 1543, in-8°.

« Et Rabelais a nul qu'a soy semblable,
Par son sçavoir partout recommandable. »

gile de l'Angleterre et du catholicisme. Après quelques mois, il revint, « rappelé hautement par son prince et sa patrie ». Rabelais le suivit jusqu'à Lyon ; il y reprit encore son poste au grand hôpital. Mais des confrères, désirant l'évincer, avaient fait valoir l'inconvénient de son absence ; un Canape et un Ducastel, uniquement connus par cette intrigue, convoitaient sa charge, et le plus nomade des hommes leur donna de nouvelles armes en quittant deux fois son office, dans un court délai, pour voir le Dauphiné, sans dire quand il reviendrait. Le 5 mars, les conseillers recteurs nommaient « Pierre Ducastel médecin pour le service du grand hôpital du Pont-du-Rhône, au lieu de Maistre François Rabellays, médecin qui s'est absenté de la ville et dudict hôpital sans congé prendre pour la deuxième fois ». On prenait le successeur au rabais : Ducastel n'avait que trente livres tournois au lieu de quarante, salaire de l'irrégulier Tourangeau.

Une bibliothèque de province, celle de la ville où « Pantagruel ne demeura guères quand il vit qu'ilz faisoient bruler leurs regens tous vifs comme harans soretz » (1), a livré, parmi le fatras d'un vieux manuscrit, les preuves que Rabelais eut un fils, et, durant les deux années que vécut l'enfant, le fit élever auprès de lui, à Lyon et sans doute à Rome. Ce fils s'appelait Théodule, du même nom presque que le

---

(1) Toulouse, *Pantagruel*, I, v.

médecin qui purgea « canonicquement Gargantua avec elebore de Antycire » (1).

Il revit par les épitaphes et par les poésies latines consignées dans les papiers privés d'un savant et d'un magistrat ; c'est Jean de Boyssonné, professeur à l'Université de Toulouse, puis membre du Conseil de Chambéry, « le docte et vertueux Boyssonné,... l'un des plus suffisans qui soit huys en son estat » (2), dont les grimoires inédits ont embaumé jusqu'à ce temps le souvenir de Théodule Rabelais (3). « Lyon est sa patrie et Rabelais son père ; qui ne connaît point l'un et l'autre, ignore deux des plus grandes choses qui soient en ce monde. » « Grand par son père », le petit enfant partageait sa croissante fortune et sa faveur, puisque le poète ami de Rabelais l'a figuré disant « moi que tu vois gisant sous tant étroit sépulchre, des Pontifes Romains furent mes serviteurs ».

Que Rabelais ait vécu, avec l'assentiment des cardinaux et des pontifes, dans une de ces liaisons qui, pour certains esprits libres, étaient presque le mariage, tout semble le prouver. Il connut du moins jusqu'au fond, sinon dans leur perfection que donne le seul mariage, les sentiments et les instincts de l'homme : et c'est là qu'est tout l'intérêt de la décou-

---

(1) *Gargantua*, XXIII.
(2) *Pantagruel*, III, xxix.
(3) Cf. C. Guibal, de J. Boyssonæi vitâ. Toulouse, 1863, in-8°. et mss. de Boyssonné, bibl. de Toulouse, f°s 31, 35, 63.

verte récente. La chronique privée a trop défrayé dans notre siècle la critique et l'histoire ; mais il est dans la vie d'un écrivain, et d'un moraliste surtout, des faits assez graves pour laisser naître les plus fortes inductions. On se plaît à croire que la date un peu flottante où l'on a le droit de placer la courte paternité de Rabelais est justement celle-là même où, se sentant maître de son génie, délivré de ses entraves, il aspirait à se survivre de toutes les manières ; et l'on aime à se figurer aussi le même homme écrivant les lettres de Gargantua pour son fils Pantagruel, traçant le programme de l'éducation, tandis qu'il voyait naître et croître son propre enfant, ou qu'il souffrait de sa perte récente encore. Quant à la mère de Théodule, au XVI° siècle et dans le monde où vivait Rabelais ou Montaigne, la femme restait fort dans l'ombre : personne n'a parlé d'elle. Fut-elle pareille, autant que pouvait l'être une femme de cette condition équivoque, au portrait idéal que Rabelais esquisse, au milieu des consultations fantasques dont il entoure les préliminaires au mariage de Panurge? L'a-t-il pleurée comme Gargantua Badebec, bien qu'avec des noms plus choisis ou de moins amples détails? Aucun écrit ne nous conserve les moindres traces de ceci : comme la bouffonne épopée, le fils de l'écrivain pourrait sembler, suivant l'exergue fameuse :

« Enfant créé sans mère *prolem sine matre creatam.* »

Au Pape Clément VII, mort peu de temps après le premier voyage de Rabelais à Rome, avait succédé Paul III, non moins favorable à Jean du Bellay; le cardinalat fut conféré à l'évêque de Paris, par le nouveau Pontife, dès la première année de son règne; et le patron de François Rabelais passa une seconde fois à Lyon, afin d'emmener à sa suite, et pour un plus long temps, celui qui, dans le précédent séjour, avait su se montrer digne de son entière confiance. L'année qui revoyait Rabelais dans la Ville Eternelle était entre toutes chargée d'événements, et le destin favorisait l'infatigable observateur. Charles-Quint, ce Picrochole aux appétits de Gargantua, remuait l'Europe et occupait l'Italie : « Proprement sembloit, dit Martin du Bellay en ses Mémoires, à lire tout ce qu'on espandoit çà et là, que ledit seigneur Empereur fut en ce monde nay pour imperer et commander à la Fortune » (1). Rabelais n'eut peut-être point à suivre une seconde fois la route des Alpes au milieu des frimas que son maître lui avait fait affronter l'autre année, « encores qu'il fut Noël, et que l'hyver feut autant extrême que jamais » (2).

Les peines, du reste, qu'il dut porter allègrement, étaient compensées par le plaisir de revoir « la vieille Chimère italienne » (3).

A côté des spectacles politiques, Rabelais pouvait

(1) Mém, l. V, p. 248.
(2) Ibid. p. 233.
(3) Carlyle.

s'éjouir aux comédies ; il observait à son loisir « ces petits Romipètes vendens le leur, empruntans l'aultruy, pour achapter mandatz à tas dung pape nouvellement créé » (1). Pour sa part, il n'acheta rien du « pape nouvellement créé »; mais il sut adroitement se faire octroyer un indult, les pièces en sont conservées, qui lui conférait pleine et entière absolution, le mettait en règle sur tous les cas litigieux d'une situation qui pouvait devenir périlleuse ; enfin le droit d'exercer la médecine suivant les facultés de son grade de docteur lui était donné par ce bref, daté du 17 janvier 1536 (2). Ces précautions n'étaient point inutiles; tous les prélats, en dehors même de la Sorbonne, n'avaient point, envers Rabelais, les sentiments de du Bellay. Et cette année 1536 est celle où le cardinal de Tournon, de Lyon même faisait tenir au chancelier du Bourg une lettre qui mettait Rabelais pêle-mêle avec Guillaume Farel, et ne se faisait pas faute de le désigner comme « un des plus mauvais paillards qui soient à Rome,... lequel il eût faict mectre en prison pour donner exemples à ces escripveurs de nouvelles ». Mais Rabelais se gardait bien : il se mettait sous le couvert des noms les plus puissants, « s'adressant au roy et reyne de Navarre » (3). Farel se hâtait vers

---

(1) *Pantagruel*, l. IV, nouveau prologue.
(2) Antoine Leroy, *Floretum philosophicum.*
(3) Cf. L. Pâris, *Cabinet historique*, t. IV, p. 318, et Archives nat. Sect. hist. G. 965.

Genève ; les temps se préparaient, où le neveu même du chancelier à qui le dénonciateur s'adressait, devait connaître les rigueurs des persécutions et le supplice par le feu. Rien de ces mésaventures ni de ces périls ne frappait Rabelais : il sut se glisser, son dangereux livre à la main, parmi les écueils, et tendre le dos aux tempêtes, sous l'abri de quelque solide et inébranlable amitié. Cette habileté consommée, qui convenait si bien au créateur de *Panurge*, fut salutaire à l'accomplissement de son œuvre. De même qu'aujourd'hui, l'argent étant roi, le pouvoir de la fortune sied bien à l'écrivain, pour mettre un rempart entre la race impérissable des méchants, des sots, et lui-même, ainsi, dans les époques rudes et tourmentées, bien avisé celui qui se tapit ou s'enfuit comme Rabelais, afin de chanter pour les siècles la chanson qu'on veut étouffer.

Une autre intrigue, qui devait assurer sa paix avec le pouvoir temporel, attendait Rabelais en France. Mais il lui restait à goûter les profits de son séjour à Rome et, sans doute, à Florence, et dans quelques autres cités (1). Car il voyagea plus encore qu'on ne le sait avec certitude ; son livre est plein de données précises et de vues qui laisseraient reconstituer, à quelque patiente et inutile érudition, une manière de *guide* rabelaisien.

Il se donna, tandis qu'il vivait en Italie, cette con-

---

(1) *Pantagruel*, IV, II.

naissance de la littérature italienne dont son œuvre, surtout dans l'invention de certains détails, fut nettement marquée. Le genre héroï-comique avait trop largement fleuri, au delà des monts, pour ne pas captiver un esprit aussi naturellement enclin à l'apprécier. Dire que les bouffonneries de Folengo, cet autre moine, et l'histoire macaronique de Merlin Coccaie, ont donné les modèles à Rabelais, c'est quitter la proie pour l'ombre (1); rien dans le ramas de latin bizarre et de patois mantouan qui fixera la mémoire de Cingar, de Boccal, de Leonardo, de Fracasse, de Gelfore, Pandrague et Balde (2), rien n'a pu donner à Rabelais cette richesse qu'il puisa dans le fonds même de la tradition française et dans son propre génie. Mais les tours plaisants des bouffons italiens ont pu lui fournir quelques fragments; et surtout, l'allure générale de sa composition se pouvait régler parfois sur la fantaisie de cette verve qui inspirait dans l'Italie toute une suite d'auteurs, et formait un genre abondant, avec le Mauro, le Pulci, tant d'autres. Les sermons de saint Raisin, de saint Ognon, des Frappeculz, le *De Profundis* des Amoureux avaient, en France, également usé de ces mélanges grotesques où la langue vulgaire et le latin d'école

---

(1) Nodier, *Notice sur les éléments où Rabelais a puisé son livre.* Paris, 1835.

(2) *Histoire macaronique* de Merlin Coccaie. Paris, 2 vol. n-12, 1735, réimp. par Delahays en 1859, avec l'appoint de G. Brunet et de la suspecte érudition du bibliophile Jacob.

se combinent ; on en retrouvait naguère des spécimens sur les livres d'écolier, aux temps, encore voisins et pourtant éloignés, où les petits grimauds de France apprenaient la langue latine avec un respect filial et sous une pluie de pensums.

Rabelais lut aussi le grand poème de l'Arioste, déjà célèbre depuis près de dix-sept années, et dont la deuxième partie avait paru comme pour raviver encore une admiration unanime. Mais l'art fleuri du poète *divin* qui avait résumé et vaincu ses précurseurs jusqu'à Bojardo, comme Rabelais devait rassembler et dépasser les inventeurs qui lui avaient frayé la voie, cette manière éblouissante, cette profusion ornée de l'Arioste n'offrait rien que de charmant, et, tout ensemble, d'inutile au génie rabelaisien. Les grâces et la souple beauté de la Renaissance, Rabelais montra par l'invention de Thélème qu'il savait les unir au vieux fonds gothique ; mais pour ces miracles nouveaux, il n'avait qu'à suivre l'esprit de la Renaissance française. Si l'on voulait découvrir la vraie racine de l'œuvre qui ouvrit le xvi° siècle français, on verrait que l'énorme champ où elle trace, et puise ses sucs primitifs, c'est cette terre de folle et d'exubérante végétation qui fait foisonner les Amadis.

La fortune du roman héroï-comique était préparée par la vogue de ces livres, morts aujourd'hui. Délices du pays français (1), depuis le roi jusqu'au bour-

(1) Cf. Brunetière, *Revue des Deux-Mondes*, 1ᵉʳ mars 1890, t. CIV, p. 217.

geois, voire même jusqu'au manant qui les recueillait par bribes, peut-être Rabelais a dû l'indulgence de François Ier à la confusion qui se fit, dans l'esprit du souverain maître, entre le *Pantagruel* et les autres romans qu'il se faisait lire sans y chercher malice. Henri II avait hérité ce goût de son père. « J'ai vu le temps, dit un vieil auteur, que si quelqu'un les eût voulu blâmer, ou lui eût craché au visage, d'autant qu'ils servoient de paedagogues, de jouets et d'entretiens à beaucoup de personnes, dont aucunes apres avoir appris à amadiser de paroles, l'eau leur en venoit à la bouche, tant elles désiroient de tâter seulement au petit morceau des friandises qui y sont si naïvement et naturellement représentées »... « Jamais livre ne fut embrassé avec tant de ferveur dans l'espace de vingt ans, écrit un autre,... et on y peut cueillir toutes les belles fleurs de notre langue française. »

Rabelais prétendait justement, et avec des droits plus certains, que son livre servit « de pœdagogue, de jouet et d'entretien ». Il balança la mode, et put la détourner à son profit : tandis que son ouvrage élevait le roman de fantaisie jusqu'aux plus hauts rangs dans les lettres et dans la philosophie humaine, le courant des écrits romanesques se prolongeait cependant, moins riche et moins profond, mais non moins large, et s'en allait recueillir au siècle suivant l'inondation des Astrée, des Clélie, des Cyrus, laissant Cyrano de Bergerac épuiser à l'écart les derniers filets du génie rabelaisien.

Rabelais, à Rome, faisait comme à son ordinaire d'immenses lectures; il nourrissait aussi son génie bouillonnant, à l'aide de toutes les sciences nouvelles, de connaissances empruntées à tous les arts; il en subsiste des preuves; il a toujours été d'usage, et il était à la fois plus nécessaire et plus facile en ce temps, de former au milieu du vaste débris antique une « bien bonne compaignie de gens studieux, amateurs de périgrinité et convoiteux de visiter les gens doctes, antiquitez et singularitez (1) ». La correspondance de Rabelais le montre occupé à mener de front les sciences naturelles, la philologie, l'archéologie; il prend auprès de l'évêque de Caramith des leçons de la langue arabe, si profitable alors pour un médecin. Sa « polymathie » s'accroissait de la science architecturale qui lui fera plus tard traiter en « compères » Guillaume Philandrier et Philibert de Lorme; il touchait à tous les arts du dessin, poussait même jusqu'aux notions les plus nécessaires de la mécanique.

Et durant toute cette récolte, Pantagruel croissait et profitait, suivant le cours de cette vie si complexe, se nourrissant à ce savoir accumulé. Le savant se satisfaisait, l'écrivain débridait son humeur, qui jamais ne fut plus généreuse en inspirations; l'habile homme, muni du bref pontifical, passait de Rome à

(1) *Pantagruel*, IV, II.

Paris, et savait user pour sa sécurité de cette mansuétude temporaire qui, dans le moment, au début de 1537, faisait gracier Etienne Dolet par François 1er.

Montpellier revit ensuite le bachelier d'autrefois, qui reçut officiellement, le 22 mai 1537, le titre de docteur (1). Désormais ses correspondants suscriront à toutes leurs épîtres : « M. le docteur Rabelais (2) ». Professeur favori des étudiants, au point que les registres universitaires et les lettres des voyageurs gardent mémoire de ses leçons, peu de temps après, il quittait de nouveau sa chaire, toujours prêt à voir pays (3). Narbonne, Castres l'accueillaient ; il revoyait Lyon, périodique étape de ses odyssées. Car, s jamais le surnom d'« Ulysse gaulois », donné jadis dans certains guides pour les voyageurs, fut bien congruent à quelqu'un, sûrement c'est à cet homme toujours prêt à courir par monts et par vaux, l'escarcelle sans cesse vidée, la tête à chaque fois mieux pleine. Maître dans une profession qui lui assurait en tous lieux des ressources, il pérégrinait avec une préférence naturelle dans cette Provence attrayante par les paysages, ses villes à demi romaines, et les mœurs de ses habitants, prompts et légers comme des Grecs.

---

(1) Registre de la Faculté de Montpellier, p. 33.
(2) Lettres de Guillaume Pélicier à Rabelais, Venise, 1540.
(3) *Ephémérides médicales de Montpellier*, t. VIII. Lettres de Boyssonné, *loc. cit.* fos 36, 37. — Suzanneau, *Ludi*, 1538. Ed. Rathery, p. 41-43.

Il ne prétendait point chanter comme les octaves du Roland furieux,

« Les dames, les héros, les armes, les amours. »

Il se tenait dans les réalités, qu'il observait et qu'il jugeait, quitte à s'élever, par passage, et de plus en plus, jusqu'aux utopies.

Les du Bellay le rappelaient cependant, auprès de Paris cette fois, et les inépuisables indulgences du Pape lui ouvraient l'abbaye conforme à ses désirs et à ses goûts, la plus hospitalière des maisons « qui lui pourroient offrir des hôtes bénévoles « *ubi benevolos invenerit receptores* ». C'était, sous la très libérale suprématie et seigneurie du cardinal Jean du Bellay, la maison sécularisée de Saint-Maur-des-Fossés.

Il entrait, sans quitter la robe de médecin, et revêtant au surplus le camail de chanoine, dans cette retraite si proche de Paris, dans ce « paradis de salubrité, aménité, sérénité, commodité, délices et touts honnestes plaisirs d'agriculture et de vie champêtre » (1). Il y poursuivait son œuvre sans tracas ni souci ; voisin de la maison bâtie par Philibert de Lorme et qu'habitait le cardinal Jean, ou bien aussi chez les d'Angennes, à Rambouillet, à Langey encore, dans une demeure que l'amitié de son protecteur lui

---

(1) Antoine du Verdier, *Prosographie*, t. VIII, p. 2453, et Thomas Corneille, *Dict. universel hist. et géographique*, t. III, in-f°, art. *Saint-Maur*.

avait donnée jouxtant le château, c'était une vie commode que celle de Rabelais, et propice au libre travail. Il était placé de manière à voir le monde sans en être importuné, les événements et les hommes variaient autour de l'observateur, et rien ne le forçait à cette servitude qui sera, dès le siècle suivant, le métier des lettres. Il écrivait pour son plaisir, il était animé par le plaisir qu'il voyait prendre aux autres. Mais il ne faisait qu'à ses heures, et la verve le poussant, cet office de l'écrivain dont on a profané le charme et détruit la force, toutes les fois qu'on a voulu le réduire à une fonction.

Guillaume du Bellay, créé vice-roi du Piémont en ces graves années où la fortune de la France se jouait sur les Marches italiennes, ne put se tenir d'emprunter Rabelais à son frère Jean. Turin et Milan le revirent, donnant des consultations sur le physique et le moral, tout ainsi que Rondibilis [1], s'occupant d'enrichir par une acquisition de manuscrits hébraïques et syriaques [2] cette Librairie royale, « *Bibliotheca regia* », qui conserve présentement les exemplaires uniques de son propre livre, et « recueillant, restituant les livres grecs, mesmement des œuvres de Galien, qui ne sont imprimez et qui ne se trouvent dans la Librairye du roy de France. »

Mais la mort du vice-roi lui fit revoir, pour ne la

---

[1] Lettres de Guillaume Pélicier.
[2] *Gallia christiana*, VI, 808, et Bibl. de la ville d'Arles, mss. n° 142.

plus abandonner désormais qu'une seule fois, cette France qu'il continua de parcourir, passant, de l'Orléanais, à la Touraine, dans le Poitou, remontant jusqu'à la Bretagne sur les traces de ses géants et de ses enchanteurs celtiques (1). Avec les mille connaissances que recueillait, chemin faisant, un pareil voyageur, il s'amassait dans son esprit, il se mêlait au flot de son langage écrit, l'immense trésor des formes et des mots que lui donnaient naturellement tant de patois, tant d'idiomes rencontrés sur les routes, et dont une mémoire tournée comme par vocation vers les sciences philologiques gardait toutes les richesses.

Anonymes, ou pseudonymes sous le nom d'Alcofribas Nasier, ou sans rien sur le titre et pareils à d'innocents almanachs, ses deux premiers livres se multipliaient durant ces années-là par les presses lyonnaises : publiés souvent loin de lui, presque à son insu, *Gargantua* et *Pantagruel* faisaient comme leur auteur : ils couraient le monde. Le reste de l'œuvre éclosait, et l'écrivain, maître de lui-même et de la seule fortune qu'il lui convînt de souhaiter, se souvenait qu'il savait être au besoin un diplomate : pour le *tiers livre* qu'il fallait faire paraître sans encombre, il s'adressait tout droit au roi.

Le seul moyen de louvoyer parmi tant d'écueils,

---

(1) « J'ay veu les isles de Cerq et Herm entre Bretaigne et Angleterre. » *Pantagruel*, IV, LXVI, p. 471.

et d'éviter les embûches où se prenaient, avec Etienne Dolet, supplicié, Bonaventure des Périers, contraint au suicide, et Clément Marot, forcé de s'exiler, Rabelais le trouvait dans la même hardie franchise qui faisait son génie : passant par-dessus le bourbier où s'agitaient, pour l'attirer et le détruire, les cagots et les cuistres, il leur opposait ses illustres amitiés, ou la faveur qui dictait à François Ier ces paroles : « désirant les bonnes lettres estre promues par nostre royaume, à l'utilité et l'érudition de nos sujets, avons audict suppliant donné privilège... »

Il semble presque, à la lecture d'une telle approbation, que François Ier se rendait exactement compte de la valeur singulière dont les apparences de « folastrerie joyeuse » auraient pu lui céler d'abord les signes chez Rabelais; « non moins utiles que délectables », dit encore l'approbation, ces livres, ces faits et dicts héroïques ne sauraient être corrompus ou supprimés sans grand préjudice des lecteurs, « estant le roy toutesfois importuné journellement par les gens sçavants et studieux de son royaume et requis de mettre en l'utilité comme en impression ladite sequence ».

Rabelais, habitant officiellement Saint-Maur, était tout proche de François Ier, et sous sa main, s'il a pu plaire au roi de consulter, pour sa plus damnable maladie, celui qui s'était fait dans la cure de pareils maux une solide renommée. Quelque chroniqueur d'aujourd'hui ne manquerait pas de trouver une raison de cette sorte, à l'indulgence d'un souverain malade : et qui ne sait combien toute autre considération disparaît devant la souffrance et la peur, quelle influence a, sur un homme souffrant, l'être qui sait lui faire espérer le soulagement, lui prouver ou lui faire croire qu'il a le moyen de le guérir ? La suprême religion pour notre espèce est peut-être la foi dans les médecins. Mais il plaît de chercher ailleurs la raison des graves paroles que prononçait le roi, la cause de cette admiration inébranlable.

La Sorbonne avait vu paraître le livre avec une amère fureur : elle revenait à la charge, élevant sa censure contre l'œuvre publiée, et dressant, en face du privilège royal, les blâmes universitaires. Alors Pierre Duchâtel, évêque de Tulle, lecteur du roi, prenait le livre, le lisait à François Ier, et l'arrêt se confirmait en dernier ressort, au plus grand triomphe de Rabelais. L'auteur pouvait connaître cette joie, exquise entre toutes, de vaincre dans leur propre lice l'armée des méchants et des sots. Il ne se refusa pas même le plaisir de les bafouer, de brûler sous leur nez la plume qui les avait si bravement barbouillés, et de pied en cap (1).

Il faut dire aussi qu'en cette affaire Rabelais trouva, pour pallier ses hardiesses, des expédients empruntés à la farce gauloise ; tels de ses brocards,

---

(1) *Pantagruel.* IV. Ep. dédic.

certaines irrévérences capitales, il les mit sans ambages sur le compte des imprimeurs, de ces imprimeurs damnés : n'avaient-ils pas mis un jambage de trop au mot âne, et fait, d'une plaisanterie sans portée, un outrage à l'existence de « l'âme » ? Ils n'en savaient point faire d'autres ! — On ne dit pas si le manuscrit original aurait été facile à montrer, au cas où le roi, grand ami des imprimeurs, se fût avisé de le demander. Mais quoi? le père de *Panurge* eût cherché dans son sac quelque échappatoire analogue au « pâté » de Doublemain (1).

L'ardeur libérale de François Ier, cette sympathie pour les lettres et tous les arts de la pensée, ne s'étaient pas tout à fait éteintes : son patronage souverain pouvait encore être gagné, se maintenir ferme, pourvu que son impulsion l'y portât. Comme Louis XIV protégea *Tartuffe*, le roi gentilhomme prit décidément en faveur *Pantagruel*. Ce monarque « dont la noblesse s'esjouissoit tant (2) » avait rendu ses gentilshommes plus amis des études et des savants, et son exemple avait aidé la Renaissance aussi bien dans le domaine de l'intelligence que pour la floraison des édifices, châteaux, ou jardins dont la France s'était si richement couverte. Rabelais trouvait un asile dans l'esprit d'un tel maître et de ses

---

(1) « C'est si mal écrit !... et puis il y a un pâté. » *Le mariage de Figaro.* (Acte III, scène xi.)

(2) *Hist. du chevalier Bayard.* éd. de 1650, p. 361.

plus qualifiés serviteurs. Ceci suffirait à rendre négligeables les suppositions d'érudits qui veulent voir une satire du souverain et de la cour dans le roman (1) : les personnages que l'auteur a pris pour figurer des rois ou les grands, c'est Gargantua, c'est Grandgousier, c'est Pantagruel : il leur a donné les vertus et les qualités éminentes. Picrochole et ses hobereaux, habillés de main d'ouvrier, sont les ennemis même de ces excellents seigneurs, et servent à plus brillamment faire valoir leur sens ferme, leur équité, leur valeur et leur clémence.

Rabelais était trop empreint de l'instinct français, et les rois d'Agnadel et de Marignan trop animés par l'âme même du pays, pour ne pas s'entendre, grâce aux fortes affinités de la sympathie naturelle. Le Tiers-Etat, d'ailleurs, qui mit sa sève généreuse dans l'ouvrage de Rabelais, s'est toujours appuyé d'en bas sur la royauté (2) : jusqu'au bout, et même chez les paysans, le roi fut le recours suprême, le premier et le dernier. « Si le roi le savait », ce fut le cri de toutes les misères. Le jour où, par l'excès des uns et la maladresse de l'autre, le divorce moral se fit, la royauté sombra, le Tiers se corrompit en prenant la puissance. Mais la tactique véritable, celle de Molière (il faut y revenir) pour *don Juan*

---

(1) Nodier, ce vrai Gaulois, a raillé les « clefs » dans son opuscule : *De quelques ouvrages satiriques et de leurs clefs*. Paris, Techener.

(2) V. Aug. Thierry. *Hist. du Tiers-Etat.* Louis XII.

comme pour *Tartuffe* (1), celle de Rabelais pour *Pantagruel*, c'est l'appel au roi (2).

Heureux les écrivains qui trouvent une puissance assez nettement délimitée et définie pour les aider et les défendre! s'ils n'ont point cette prétendue liberté d'écrire que donne la dissolution des pouvoirs entre des mains quelconques, ils ignorent aussi les amertumes de l'artiste contraint à faire son œuvre de création au milieu des brutales indifférences ; et, dans un temps où la culture était aussi forte que rare, ils n'ont point su combien il faut d'abnégation et de dédain pour faire œuvre d'esprit au milieu de la matière grossièrement triomphante.

Au reste, François Ier, dans cette dernière période de sa vie, devenait peu capable de rien sentir que par la surface, et à la légère : le monarque voluptueux n'approfondissait rien, se souciait moins que jamais de creuser quoi que ce fût. Cette nonchalance venait en aide à Rabelais : les dehors d'exubérante folie, qui déguisaient les profondeurs, dans son roman, purent égayer le malade et l'épicurien royal.

L'accord n'était aucunement constant, ni même facile, entre le pouvoir royal et les autorités ecclésiastiques ou universitaires. L'affaire de la Pragmatique et du Concordat, la résistance opiniâtre

---

(1) V. Molière, éd. P. Mesnard, t. V, p. 46, et p. 146-249.
(2) Ed. Moland, p. 205.

du Parlement et de l'Eglise gallicane aux ordres du roi, la rébellion ouvertement conduite par le recteur de l'Université, avaient fait éclater ces dissidences, au début du règne. Mais le roi représentait, surtout aussi près de Paris, la plus redoutable puissance, celle de l'Exécutif suprême, et cela seul importait à Rabelais. Il continua de laisser ou de faire imprimer les fautes prétendues de ses éditions anté ieures au privilège : peu curieux d'user effectivement du droit qui lui était octroyé par l'édit du 19 septembre 1545, « avec povoir et puissance de corriger et revoir les deux premiers par luy cydevant composés ».

Rabelais eut la gloire de poser, dans le début du xvi° siècle, ce problème capital, de l'existence possible d'une société sans foi religieuse. Cette grande question, vitale pour les sociétés modernes, et désormais résolue dans la nôtre, prenait dès le xvii° siècle une si apparente importance que Bossuet, par exemple, ce talent supérieur, ce médiocre génie, en faisait sa plus anxieuse recherche, et tendait son plus ferme effort à l'étouffer. Mais la Réforme seule, et bien incomplètement, tentait de la poser au xvi°, quand Rabelais la revêtit de fantaisie, en lui donnant toute sa force.

Il fut le tout premier de ces grands « libertins » du passé, si différents des vulgaires incrédules parmi lesquels on a prétendu les confondre. Son esprit à la fin s'élargit et se haussa jusqu'au mysticisme, mais jusqu'à ce mysticisme toujours appuyé sur la confiance illimitée dans les forces humaines, qui lui est particulier. Il était donc au premier jour, et sans plus attendre, hérétique dans la vaste formule de ce mot.

François Ier déclinait, pendant que croissait le génie rabelaisien : il mourut, usé d'abus, le 31 mars 1547, à l'âge à peu près où parvenait alors l'auteur de *Pantagruel*. Celui que Calvin traitait de *Sardanapalus* (1) méritait les indulgences des réformés eux-mêmes, par son amour des lettres et des arts : « Ne doit-il pas avoir part à l'honneur, écrivait de Bèze (2), cet adversaire qui, ayant chassé du monde la barbarie, mit à la place les trois langues (hébraïque, grecque, latine) et les belles-lettres, tout ainsi que pour ouvrir les portes du nouvel édifice ? » Rabelais perdait grandement, par la catastrophe qui terminait à Rambouillet ce règne de trente-deux années durant lequel il avait fait la moitié de sa vie propre. A François succédait ce fils qui considérait la mort du roi son père comme sa félicité : après le « galand qui s'en alloit » venait le lourd et l'incertain Henri II, le prince de plomb, terne et froid (3).

Le souverain à peine mort était désavoué dans

---

(1) Calvin, *Lettres*, t. I, p. 191.
(2) *Bezæ Icones*.
(3) L'envoyé d'Espagne, Simon Renard, écrit de lui qu'il est « né saturnien ».

ses actes et méconnu dans ses paroles. Rabelais sentit le péril qui planait sur tous, du petit au grand. La mort de son frère achevait d'enfoncer dans la dévotion la reine Marguerite, dont on distingue assez en ses contes du bon temps, et sous la liberté du langage, alors générale, une tendance morale, voire religieuse dans l'esprit. Le cardinal de Lorraine supplantait Jean du Bellay. Une preuve personnelle marqua bientôt à l'auteur même du roman approuvé par François Ier que la faveur avait tourné : aussitôt que le cardinal ambassadeur se fut démis de toutes les charges qu'il devait à la faveur de François Ier, le chanoine de Saint-Maur-les-Fossés sentit comment le discrédit de son patron le découvrait.

Les scolastiques ne lui avaient point pardonné son triomphe, ni ses amitiés avec Erasme et avec Budé ; Erasme avait été par leurs menées dégoûté de prendre la direction du Collège de France ; quant à Budé, Guicciardini, dans une histoire encore gardée sous le manteau, mais qui résumait l'opinion des Italiens, les meilleurs juges en humanisme, ne l'avait-il pas appelé «ce Parisien, homme en lettres humaines, tant grecques que latines, de souveraine et de peut-être unique érudition parmi tous les hommes de nos temps(1)? » Ces griefs-là sont éternels pour les pédants.

---

(1) Guicciardini, *La Historia d'Italia*, édit. in-4°, Venise, 1574, l. XII p. 854, recto.

Rabelais joignait, à ses torts personnels envers eux, le crime d'avoir frayé avec ceux qu'ils enviaient. Ils lâchèrent contre lui l'un de leurs chiens les mieux endentés, un moine de Fontevrault, le Bénédictin Gabriel de Puits-Herbault, « l'enraigé Putherbe »; par la suite, et de toutes pièces, Rabelais l'accommodera; car il joignait, à toutes les autres vertus maîtresses de l'écrivain, celle des rancunes tenaces et des implacables vengeances.

La diatribe du pamphlétaire exécutait du même coup les colères de la Sorbonne et celles des ordres monastiques. Le ton de l'attaque montre assez que Rabelais fut bien avisé de se soustraire aux atteintes d'une cabale aussi furieuse. « Plût au Seigneur, disait Putherbe, qu'il fût à Genève, lui et son Pantagruélisme, s'il est encore avec les vivants, car il avait suivi la tourbe des cardinaux, dans le début du présent règne renvoyée, et reléguée à Rome (1). »

Rabelais n'était point allé vers Genève; ç'aurait été tomber de mal en pis, et les « démoniacles Calvins » ne l'attiraient pas plus que les « enraigés Putherbes ». C'est à Metz qu'il avait d'abord cherché refuge : ville libre et intelligente, ville cosmopolite dans son esprit et sociable dans ses mœurs, c'était bien cette cité qui allait devenir partie intégrante et

---

(1) *Theotimus, sive de tollendis et expurgandis malis libris, iis præcipuè quos vix incolumi fide ac pietate plerique legere queant.* Parisiis, J. Roigny, 1549, in-4°.

avant-garde du royaume, le refuge qu'il lui fallait (1). La progressive extension d'un patriciat bourgeois qui dura jusqu'aux derniers temps de l'ancien régime avait émancipé la capitale d'Austrasie d'abord de la prédominance impériale, ensuite de l'autorité du comte-évêque. Le langage comme l'esprit y était français, de tout temps (2). Le génie en était à la fois vivace singulièrement et ouvert, « *Civitas libera*, disait la Diète de Nuremberg. *et non incorporabilis* » (3), non incorporable à l'Empire. Rabelais, s'il faut en croire les érudits, aurait cherché ce port de sauvegarde avant même la mort de François Ier et dès l'année 1546.

Il avait su, à Metz comme à Lyon, se faire nommer médecin aux gages de la ville. Il habitait le quartier de Jurue, au cœur de la cité libre, et dont l'écu particulier se timbrait de l'alérion lorrain. Il y subsiste, dans le bas de la voie, une porte dite la porte Rabelais. Metz la riche, ville de marché, de finances, où

---

(1) Sur l'histoire de Metz durant cette période, cf. Bibl. nat. fonds français, mss. 14528, chronique rimée, et aussi, fonds latin, mss. 854 (anc. coll. Delamare 291. Reg. 5174) et fonds français, mss. 291, p. 78 et 10485.

(2) V. Muntz. *La renaissance à l'époque de Charles VIII*, etc., 1 vol. in-4°, Paris, Didot, et aussi cf. *Hist. de Metz*, par les Bénédictins. Preuves, t. IV, p. 459; t. V, p. 663; t VI, p. 808; t. III, p. 177 ; *Mém. de la Société des Antiquaires de France*, 4e série, t. IV, 1872.

(3) Cf. *Lorraine*, 1 vol. in-4°, Berger-Levrault, 1886. Le *Pays Messin*, par Lorédan Larchey.

l'on put former d'un seul coup quatre-vingts tavernes, devait plaire au plantureux créateur de *Gargantua;* Metz la fière, dont les portes montraient l'inscription hautaine : « Nous avons paix dehors, Dieu nous doint paix dedans », Metz, dont la cloche-maîtresse, la Mute, portait, engravé, que,

> « Pour guerre me font sonner,
> Pour gens mettre ensemble et armer »,

Metz devait retenir la plus haute sympathie de celui qui sentait en elle la puissance, qu'elle montra bientôt, d'arrêter le voisin Picrochole.

A Metz devait naître le plus vaillant commentateur de Rabelais, le conseiller Jacob Le Duchat, qui conserve dans le XVIIe siècle et le commencement du XVIIIe, la belle tradition de la Renaissance littéraire et le culte des auteurs primitifs. Le Duchat, expert en patois et en traditions populaires, est neuf surtout dans le profit qu'il a tiré de son savoir particulier pour démêler, dans la langue composite de Rabelais, les mots et les tours du pays messin. Le Graouilli enfin, la Tarasque messine, fait figure dans le roman rabelaisien, cette bible des antiques traditions vivantes au pays de France.

Metz figure à juste raison dans les étapes principales de cette vie complexe : non que Rabelais y soit resté longtemps. Mais c'est là que se marque une période décisive dans son existence et son œuvre (1). Cette même cité qui vit, au siècle suivant, les débuts d'un prédicateur appelé Bossuet, abrita l'auteur du *Pantagruel* dans un de ces moments où l'homme de génie sent une vague nouvelle le porter. Rabelais, comme Shakespeare, comme tous les esprits féconds, et soumis, par leur force même, aux lois universelles de la nature, subissait alors une crise de renouvellement. Il connaissait la dure épreuve de subsister, de persister, lorsque tout change autour de soi, les temps, les hommes et les choses.

Il avait connu, et il lui fallait voir disparaître, ce roi protecteur de ses études favorites et de ses amis préférés, ce maître qui avait reçu de sa mère la haine de la « moinerie, des hypocrites blancs, gris, noirs et de toutes couleurs » (2) ; cette société brillante et libre, cette cour « maîtresse d'école » d'un Clément Marot et de sa « sœur de poésie » Marguerite de Navarre.

Déjà Louis XII était fait pour s'entendre avec l'écrivain qui faisait prononcer à Gargantua les paroles mêmes promulguées par une ordonnance

---

(1) V. Ch. Abel., *Rabelais médecin stipendié de la cité de Metz. Mém. de l'Académie de Metz*, 1869. Arthur Heulhard, *Rabelais, ses voyages en Italie, son exil à Metz*. 1 vol. in-4°, 1891. p. 221 sqq., et Ambroise Paré, *Relation de son Voyage à Metz*, en 1552.

(2) *Journal de Louise de Savoie*. Coll. Michaud, 1re série, t. V, p. 93.

royale (1). François Ier, par ses éclatantes qualités et non moins peut-être par ses défauts, toujours gaulois, était encore mieux au goût de Rabelais, et créait par son allégresse et sa libéralité d'âme, cette ambiante sympathie nécessaire à l'existence et au travail de l'auteur.

Voici qu'arrivait au contraire pour le xvi° siècle cette époque climatérique de tous les siècles littéraires, qui se montre si nettement aux historiens des idées, et les avertit, comme par le passage dans une atmosphère différente, que les esprits et les ouvrages vont changer. La grande flamme des cinquante premières années languissait déjà, pour ce siècle de fécondité sans limites ; et le xvii° siècle, avec sa méthode plus arrêtée, par poids, par compas et mesure, se laissait pressentir. Le bréviaire des lettrés, ce n'allait plus être, trente ans passant encore, le Pantagruel, mais Montaigne.

Il arrive un âge, aussi, dans la vie de l'écrivain supérieur, où l'homme et les choses humaines, qu'il saisissait, naguère encore, joyeusement, à pleine serre, parce qu'il les pénétrait moins ou les jugeait plus perfectibles, lui dévoilent trop claire-

---

(1) *Recueil d'Isambert*, t. XII, ordonnance rendue à Blois le 9 avril 1513, « pour la considération du grand bien qui est advenu au royaume au moyen de l'art et science d'impression, l'invention de laquelle semble être *plus divine qu'humaine*. » Cf. l. II, ch. VIII du *Pantagruel*.

ment leur incurable vilenie : lassé de médiocrité, son écœurement le conduit, si c'est Shakespeare, au pessimisme, puis, au delà, plus haut encore, il suit la fantaisie, et se renouvelle en écoutant cet Ariel qu'il a créé ; lorsque c'est Rabelais, il quitte le train des affaires réelles, que déjà il tendait à délaisser depuis la dernière partie écrite de son œuvre, il boit l'ivresse spirituelle dans la drogue pantagruélique ou dans la bouteille divine, il se grise, et se fait un monde à son gré, par la grâce du hachisch, ou de la science poussée vers le mysticisme ; il s'élève de plus en plus, quittant le particulier, vers le général et l'universel

Aux temps où il fuyait à Metz, Rabelais se sentait passer, lui qui recherchait jusque chez Villon la chaude couleur et la franchise, dans l'air glacial qui soufflait avec l'arrivée d'Henri II. Il voyait s'ouvrir ce « sinistre vestibule des guerres civiles » (1), béant sur le plus lugubre avenir. Qu'il ne se plaigne pas trop, néanmoins, puisqu'il a connu ces temps où « palpitait encore en France quelque reste de seigneurie (2). » Les écrivains qui le suivront, s'ils commencent à laisser voir une stérilité d'esprit et d'âme, c'est peut-être qu'ils n'avaient connu que les mesquineries féroces des luttes intestines et des débats confessionnels s'étendant à la France entière et pervertis-

---

(1) Michelet (*Guerres de Religion*, II).
(2) Duc de Saint-Simon.

sant pour longtemps son génie comme son histoire.

Dans la tourmente qui changeait jusqu'au fond même de sa vie, Rabelais fut loin de s'abandonner. Il resta fidèle à cette diplomatie qui, d'Erasme à Diderot, sauvegarda par les mêmes artifices tous les gardiens de la pensée libre ; c'est elle qui leur fit suivre la voie du salut en leur apprenant à s'appuyer sur les puissances individuelles pour se protéger contre la puissance générale, et, du fond de l'asile conquis par un léger sacrifice, ruiner à coup sûr l'édifice dont les gardiens même leur assuraient l'accès.

Il n'y avait rien de plus humble que les lettres d'Erasme aux princes et aux grands ; et ses Adagia, ses Colloques, ses écrits sur les affaires générales sont aussi forts que les plus forts pamphlets des Encyclopédistes. Rabelais, sapant tout ce qui constitue la société civile et religieuse d'alors, va continuer à faire servir à sa sécurité, au bon accomplissement de son œuvre, cette société même, qui sans cela l'eût écrasé. Devant sa personne, il mettra les princes même de l'Eglise et de l'Etat ; sachant bien que pour remuer l'opinion et la conduire, il vaut mieux dominer et duper les hommes que d'être martyr sans profit.

Au reste, l'antagonisme qui éclata si durement à la fin du XVIIIe siècle régnait déjà depuis longtemps entre la sombre horde des moines, du bas clergé, des scolastiques, et le peuple brillant des grands et des prélats : n'avait-on pas, vingt ans auparavant, menacé de mort le roi même, ce roi dédaigneux de la tourbe cléricale et trop superbe envers les aînés de Jacques Clément ?

A Metz, où il avait retrouvé la mémoire du supplice de Jean Leclerc et les traces de l'évêque Jean de Guise, diplomate cynique, Rabelais a conçu pour la Lorraine un intérêt qui se retrouve dans son roman, lors même qu'il se fait l'écho des pires calembredaines adressées aux races de l'Est par leurs ennemis d'alentour. Il y toucha ses appointements de médecin jusqu'à la Saint-Jean de 1547. « Payé à M. Rabellet, disaient les comptes de la ville (1), pour ses gages d'un an, c'est à sçavoir à la Saint Remi, 60 livres ; à Pasques darien, 60 livres : comme plus con lui ont (sic) p. le quart d'an de Saint Jean, 30 livres. »

Durant son année de séjour, il avait continué de correspondre avec le cardinal du Bellay, du fond de cette cité (2) « où il s'était arrêté, rejeté de France

---

(1) Cités par Paul Ferry, *Observations séculaires.* Bibl. de la ville de Metz, mss. 108. Ferry, né à Metz en 1591, fut l'adversaire protestant et conciliant que réfutait et qu'attirait Bossuet, archidiacre de la même ville en 1654.

(2) Cf. Jean Sturm, *Lettres latines écrites de Saverne.* (Bibl. nat. fonds latin, mss. n° 8584 (anc. fonds Delamarre), f° 83. — Rabelais. *Lettres,* loc. cit., et Bégin. Bégin a d'ailleurs erré dans le détail. De Puymaigre, *Mém. de l'Académie de Metz,* XXXVI° année, p. 75, et XLVI° année, p. 15 et 84.

par le malheur des temps ». Il vint le rejoindre à Paris dès que les « temps » s'adoucirent quelque peu ; juste à point pour être témoin de la parade lamentable et sanglante qui fut le duel de Jarnac et de la Châtaigneraie.

La terre était trop peu solide sous les pas des anciens courtisans et ministres de François Ier pour que le cardinal Jean ne s'éloignât pas, au premier jour. Il repartit vers Rome, emmenant pour un troisième voyage, assez inopiné, son bon « Françoys et Gaulois. » (1).

Rabelais ordonnait à Rome les fêtes instituées par l'ambassadeur de France et par Jean du Bellay, en 1549, en l'honneur de la naissance de Louis, duc d'Orléans, fils de Henri II. Avec cette souplesse d'esprit et d'art, ces ressources infinies d'invention, qui firent sans doute une partie de son succès auprès des grands, il sut émerveiller par la magnificence et la variété des spectacles, par la nouveauté des réjouissances, la Rome du XVIe siècle. Et comme les Italiens tendaient à se targuer du succès, le cardinal fit apparaître le véritable auteur devant l'assistance qui acclamait, et proclama que c'était là « un Français de la vieille roche, un bon Gaulois, son homme à lui. » Rabelais a décrit les fêtes dans un récit que peut-être son titre seul, assez pédantesque,

---

(1) Mot cité par Ant. Leroy : « Suum esse hominem, bonum veterem Gallum, Gallis restituendum ». V. Rathery, p. 55.

de *Sciomachie*, empêche de connaître, car la verdeur d'un style arrivé à sa pleine force y paraît en chaque détail : les couleurs y sont riches, et le dessin fier, comme dans quelque fresque de héros et de guerriers peinte par un maître du même siècle. Ce fut encore l'éditeur des premiers livres, Gryphius, qui fit paraître ce tableau de prouesses.

De tels services n'étaient pas pour déplaire au roi: Rabelais n'avait garde de négliger la moindre occasion de tisser quelque trame complexe et sûre, à l'abri de laquelle il aurait désormais paix et profit à revenir en France. Le cardinal Odet de Châtillon, qui sentait le fagot, le cardinal de Guise, qui les allait faire allumer, furent gagnés avec la même adresse. Par Odet de Châtillon, notre maître joueur tenait le grand parti du connétable, les Montmorency. Quant aux Guise, l'intérêt était plus direct encore. Le premier lui fit avoir par privilège de Henri II la licence d'imprimer tous ses ouvrages « en grec, latin, français, toscan ». Quant au cardinal de Lorraine, l'habile favori de Diane, — de Diane de Poitiers, s'entend, car il n'avait rien d'Hippolyte, — c'est seulement en lui plaisant que Rabelais rentrait enfin, après quatre ans d'absence, pour finir maintenant sa vie au même lieu, comme il seyait à son âge déjà plus lourd, et « hors de toute intimidation », ainsi qu'il convenait à un homme soucieux d'écrire et de penser jusqu'à sa fin.

Une marque prompte de la faveur que lui portait

la maison de Guise lui fut donnée presque dès son retour en France. Le duc et la duchesse venaient d'acheter la terre de Meudon ; leur premier soin fut d'octroyer par provision du 18 janvier 1550 la jouissance de la cure à François Rabelais.

Cette amitié chez les Guise a de quoi gêner, si rien pouvait gêner un critique à idées fixes, les historiens des lettres qui prétendent faire de Rabelais une manière de déiste enclin aux doctrines de la Réformation. La vérité n'était au reste ni chez les vainqueurs de ces luttes surannées, ni chez les vaincus ; elle animait celui-là seul qui, se servant et se garant des uns et des autres, savait éviter les écueils pour sauver la bonne doctrine, dont il était dépositaire. Un homme de lettres, j'entends un homme de ce génie, a, plus qu'un autre, un mérite singulier, de se plier à vivre comme il plaît aux puissants du jour, puisqu'au vrai point de vue des choses, il se sent, non pas de plain-pied avec eux, mais au-dessus, infiniment.

Dans une lettre où il prédisait la Ligue cinquante ans à l'avance, Erasme avait peint à François Ier ces gens « qui marchaient d'un pas sûr, quoique sous terre ». Cette fois encore, et dans une occasion décisive, Rabelais, par un coup de maître, venait de déjouer leurs sapes, lui qui marchait en plein soleil.

Il ne semble pas qu'il ait exercé activement ses fonctions ecclésiastiques, ni résidé sans intervalles ;

l'essentiel était d'avoir la vie temporelle assurée par ce bénéfice, et la paix assurée par ce titre. Cumulant, avec cette cure, celle de Saint-Christophe du Jambet, qui ressortissait du diocèse du Mans, et de ses anciens patronats, il n'était guère qu'*in partibus* à Saint-Martin comme à saint-Christophe.

S'il y prêcha jamais, ce fut sans doute sur le ton qu'il prend dans le nouveau prologue du livre IV : « Souhaitez donc médiocrité ; elle vous adviendra ; et, encore mieulx, doucement cependant laborans et travaillans. Voyre, mais, dictes-vous, Dieu men eust aussi tost donné soixante et dix huyct mille comme la treizième partie dung demy. Car il est tout puissant. Ung million luy est aussi peu qu'ung oboles. Hay! hay! hay! Et de qui estes-vous apprins ainsy discourir et parler de la puissance et prédestination de Dieu, paoures gens? Paix! st, st, st! humiliez-vous devant sa sacre face et recognoissez vos imperfections ».

Cette médiocrité tant souhaitée, et dont la conquête avait été si traversée, il la tenait sur ses vieux jours. Son esprit s'élevait. On a voulu voir dans la crudité de sa plaisanterie le cynisme naturel aux intelligences émancipées du joug clérical ; on montre ces pasteurs, doyens ou fils de pasteurs, Swift, et Sterne, et Jean-Paul Richter, enclins aux gaillardises, allant jusqu'à l'ordure, par un excès de réaction contre d'austères disciplines. Si le goût et le génie de la gravelure, alors universellement répandu, fut développé chez Rabelais par influence spéciale, ce serait l'éducation monacale qui l'eût produit. Les prêtres à la vieille mode gauloise, dont les derniers achèvent de mourir, les dévots friands de bons contes ont toujours pris nos anciens auteurs, et Rabelais, et La Fontaine, de préférence par ce côté-là. Mais il est assuré par la seule lecture des deux derniers livres (hormis les grossiers placages des faussaires dans le V⁰) que ce genre spécial de plaisanterie n'a jamais tenu moins de place chez Rabelais qu'au temps où il était curé.

Au reste, il résigna bientôt le semblant même des fonctions d'ecclésiastique séculier. Le quatrième livre complet paraissait, grâce au privilège, et il préparait le cinquième : c'est là que sont les Décrétales, les Papegauts, l'Ile sonnante et le reste. Malgré l'épître au cardinal de Châtillon, mise en tête comme bien propre à détourner l'orage, la Sorbonne fit un beau bruit, et le Parlement s'en mêla; par édit du 1ᵉʳ mars 1552, l'œuvre fut déclarée « certain mauvais livre », l'imprimeur mandé, la vente suspendue enfin, jusqu'à l'ordre formel du roi de la laisser reprendre. La dernière bataille était à l'avantage de l'infatigable jouteur.

Il avait résigné ses cures, sinon renoncé aux profits. Il achevait sa vie en paix, lisant toujours, mais avec choix, comme un vieillard qui veut jouir de son reste et déguster à son loisir : c'était Platon qui l'occupait, ou l'Evangile, ou les « Moraux » de

Plutarque. Il mourut à Paris. On a rassemblé sur sa fin des anecdotes empruntées à l'histoire d'un évêque italien, et qui dès 1527 étaient défraîchies ; n'avait-on pas, de son vivant, forgé sa légende avec les racontars de Messire Puits-Herbault ? Il avait, dans ses derniers temps, augmenté le recueil de ses poésies, maintenant perdu, et qu'un ami de Colletet pouvait voir jadis dans l'abbaye même d'où sortait « l'enraigé Putherbe. »

Il s'en allait en pleine vie, mais ayant accompli sa voie et fait son œuvre jusqu'au terme. Malgré les imperfections du dernier livre, il avait dit ce qu'il lui importait de dire. Le terme du long voyage où sa fantaisie promenait Pantagruel était atteint. Il laissait la langue française portée par son puissant effort jusqu'à ce point de progrès dans l'unité, où Dante seul avait amené le langage de sa patrie ; le génie français avait, par lui, donné tout l'épanouissement et tout le fruit qui convenait à la première Renaissance. Les lettres françaises étaient renouvelées jusqu'en leur source, la sève de l'invention rajeunie jusqu'aux dernières racines.

Avec celui qu'on enterra dans la terre parisienne, sous un grand arbre des Jardins Saint-Paul que virent Molière et La Fontaine, un maître unique pour des siècles disparaissait, un de ces hommes capables de donner un tel coup de barre, qu'ils mènent les générations à leur suite, comme vers des pôles nouveaux. Un autre initiateur, qui pouvait en juger sur le pied de pairie, a mis Rabelais au premier rang dans son testament littéraire : « Rabelais, dit Chateaubriand, a créé les lettres françaises (1). » On peut tenter de voir comment.

(1) *Mémoires d'Outre-Tombe*, II, p. 178, éd. Crouzet.

L'ŒUVRE ET L'ESPRIT.

II

Il est faux, sans doute, pour qui peut apprécier la grandeur des cycles formés en France, au moyen âge, par les romans de chevalerie, il est téméraire d'oser reprendre la vieille formule qui dénie à la race française l'instinct de l'épopée. Mais s'il est certain qu'avant le xv° siècle une partie de la nation eut la « tête épique », il ne l'est pas moins que le xvi° siècle et désormais la littérature française tout entière ne connaîtra plus l'épopée que sous la figure déformante des parodies. Le courant de la raillerie qui ne s'était jamais tari, qui sautelait obscurément dans les innombrables fabliaux, Rabelais le rassemble en un jaillissement énorme, le dirige en un fleuve unique. Notre Homère, on l'a dit, est « un Homère bouffon (1). »

Laissant de côté les beaux dits amoureux, les prouesses galantes des poètes italiens, il crée, douze années avant la naissance de Cervantès, un genre qui va miner les fantaisies héroïques, en les enta-

(1) Charles Nodier.

chant, sans remède, de fantasque et de comédie : et don Quichotte ne sera que le second des deux chefs-d'œuvre, le second, et de bien loin, à tous égards.

Il convient de prendre ce livre géant de Rabelais tel qu'il est demeuré, de commencer tout uniment par lire le *Gargantua*, suivant l'ordre de la nature, fût-ce même aux dépens de l'ordre chronologique des publications. La première partie a toutes les qualités littéraires, tous les titres à faire valoir son droit d'aînesse ; elle s'ouvre, d'abord, par la comparaison illustre qui marque les vertus encloses dans le livre, comme dans les coffrets athéniens, grotesques d'ornements, cachette de trésors. Le principal d'entre ces acteurs secondaires, qui sont la joie et l'illustration du livre, y est, aussi, le frère Jean : image de force, de franchise et d'allégresse. Dans le II° livre, dans *Pantagruel*, le héros deviendra Panurge. Cela, encore, prouverait combien il est juste d'ouvrir bonnement l'ouvrage par son début.

Jamais, en effet, et malgré les mérites, souvent supérieurs, des autres livres, Rabelais ne retrouvera l'éclatante lumière et la pleine sève de ce *Gargantua* qui forma les prémices de son génie. Du premier abord, il se montre aussi profond qu'il fut plus tard; mais il porte un don secret de vie et de jeunesse, qui bientôt va moins clairement apparaître. Cette verdeur du sang gaulois, qui, si gaillardement, ira reverdir dans la *Ménippée*, elle est dans les propos guerriers ou monacaux, dès le premier livre ; avec elle s'épand, intarissable et large, une gaîté si mâle, et si libre, que la langue même de l'œuvre en est illuminée ainsi que par un capiteux soleil.

C'est ici que les « abstracteurs de quintessence » devinés par Rabelais ont eu le moins à glaner. Ils y ont mordu cependant, et le symbolisme, au temps que ce mot n'était pas encore tombé jusqu'au dernier ridicule, le symbolisme a prétendu commencer dès le premier mot ses insanités doctorales. Il est utile d'en finir avec des tentatives qui ne sont même pas un jeu de la fantaisie tant soit peu subtil ou ingénieux : c'est suivant ces voies que l'on arrive, en lisant que « petite pluie abat grand vent », à formuler solennellement qu'il y a dans cette phrase une allusion à « Mme Anne de Pisseleu abattant Léonore d'Autriche, sœur de Charles-Quint ». Et voyez, avec ce principe logiquement déduit, on parvient à conclure encore que « Rabelais est un de ces champs de pierres sous chacune desquelles s'abrite un scorpion » (1).

Vraie ou fausse, du reste, la symbolique d'un tel livre nous soucierait peu. De même, nous nous résignons aisément, lorsque l'on nous dit que la clef est perdue, de ce langage qu'auraient parlé, si ouver-

(1) *Rabelais et les quatre premiers livres de Pantagruel*, par d'Orcet, *Revue Britannique*. Mars-avril 1879.

tomont pour les yeux des initiés, nos vieilles églises gothiques : oui, nous ignorons la cryptographie du portail, les mystères de la rosace et les symphonies de l'ogive ; ces pierres ne nous disent plus les mystérieuses formules : et cependant, elles nous parlent, elles retiennent nos regards, parce que la vie leur fut imprimée avec force : le sens des signes aboli, l'esprit demeure et nous attache.

Si Rabelais avait voulu, baissant sa puissante satire jusqu'à l'allusion du pamphlet, peindre les souverains de son temps, les pourtraire sous une caricature transparente, il l'eût fait en vain, et la postérité n'aurait eu garde de le comprendre d'une aussi piètre et mesquine façon ; si, présentement, on le lit et relit, les intentions historiques et politiques n'y sont pour rien. C'est la vie, le fourmillement de génie et d'expérience, qui captive. Et si le monument immense avait parlé quelque autre langue aux hommes du XVIe siècle, il porterait devant nous un plus haut témoignage, dégagé du particulier pour s'élever à l'éternel.

Le mystère même de son ancien grimoire aboli serait une force de plus ; l'inconnu, dans toute œuvre, l'incertain, n'est-ce pas cela qui nous donne cette sensation d'infini, propre essence de l'art ?

Mais, rien d'ambigu chez Rabelais, si l'on veut bien s'abandonner à la loi naturelle et lire comme il veut qu'on le lise ; dans le commencement surtout du roman, son premier souci n'est que de faire un bon conte, allant à son gré par les pays et par les choses. Seulement, et de ceci nulle critique ne nous dira le secret, il a du génie, et partout son génie déborde ; ses hommes sont l'humanité, ses personnages sont des types.

Aucun sujet ne prêtait mieux à l'expansion de sa verve, à la création de ses êtres, animés de sang et de vie. S'il est vrai qu'au XVIe siècle les livres sont « mal composés » — comme si La Bruyère, ou Montesquieu, ou Diderot, « composaient bien », — heureux Rabelais, d'avoir pris, tout justement, le cadre et le genre où le défaut devait le moins s'apercevoir, de s'être mis à pétrir un mélange de rêverie et de conte à dormir debout, un romancero sans intrigue, marchant au gré de sa folie et par toutes les traverses et toutes les caravanes.

Le héros dont le nom baptisa le livre, Gargantua père de Pantagruel, était un personnage épique, par son caractère d'allure démesurée par la force de sa renommée, répandue à travers le pays entier.

Ce géant n'a, dans la légende, que très peu de chose d'humain : c'est une manière de Croquemitaine colossal. Une de ces antiques femmes qui sont les bonnes fées de tous les enfants destinés à garder le sens de la vie, quelque paysanne ou servante avait imprégné son image dans la cervelle encore tendre du marmot, à Chinon, ou dans les grandes cheminées de la Devinière ; il avait ouï peut-être, à la veillée d'automne, peindre le bonhomme qui s'asseyait sur le clocher de Fontenay-le-Comte, un pied posant sur la tour de Niort, l'autre s'étalant sur celle de Luçon, distante de cinq lieues. Promeneur émérite, ainsi qu'il sied à une créature aussi largement fendue pour la marche, ce fabuleux sire éparpillait son mobilier et sa garde-robe : avant de reposer sous le grand dolmen de Poitiers, ou, suivant de mieux informés, sous la pierre couverte à Saumur, il avait bâti, çà et là, des collines, en décrottant ses souliers ; une paire de bottes laissée à Châtillon-sur-Seine avait figuré les Monts Jumeaux. Sa cuiller et ses galoches, car décidément il usait force chaussures, se trouvaient à l'île d'Oléron ; connaîtrait-on Verdes, s'il n'eût oublié sa soupière à cet endroit ? Vorace, à dévorer six bœufs, la charretée de bois et le conducteur, il fut un des premiers à bénir la poudre à canon et sans doute le seul qu'elle ait remis sur pied ; il avait avalé d'un coup un bateau chargé de matière explosible, et le bâtiment ne passait pas sans embarras ; on fit sauter la poudre, et meilleure purgation ne se retrouva depuis oncques pour le bienheureux seigneur.

C'est de ce grossier fantoche que Rabelais a pris le nom, mais le nom seul ; il n'a pas plus songé à rester fidèlement dans les données du conte rustique qu'il n'eut souci de savoir si le géant était un mythe, solaire, lunaire ou stellaire, ou de n'importe quel acabit. Seulement, il empruntait un nom déjà répandu dans le peuple, un type tenant au terroir, et en même temps assez vague pour que le romancier pût agir avec toute liberté. Ce Gargantua, que le Bugey croyait voir assis sur sa chaise, — une âpre montagne, — il apparaissait dans le Beauvaisis aux bûcherons attardés vers les alentours de la Pierre Turquaise, et les marins bretons le devinaient sur les falaises qui marquent la passe, à la pointe dernière de l'Armorique.

Rabelais, qui savait beaucoup et lisait tout, aurait sans doute pu faire une œuvre de grimoire, accumuler les incidents qu'il ramassait dans les vieux contes et les livres vermiculés. Il fit mieux ; il suivit sa verve, et par là se mit en rapport plus intime avec le fond même des traditions nationales. N'est-ce donc pas elles qui forment l'âme générale des hommes vivant dans un même temps? Que savons-nous de nos voisins ? nos plus proches, et nos amis, et nos parents, nous sont obscurs ; chacun est un monde fermé. Mais la fable ailée vient et vole, donnant, empruntant, animée par les mille instincts de la race, elle va les semer ensuite des vieux aux nouveaux, elle garde le trésor, le filet de vie, de voix spontanée. Et c'est là que s'abreuve le vrai génie.

Aussi, combien vivants selon les goûts et la manière du robuste peuple qui monte vers son apogée, vont se faire Gargantua, Pantagruel, et leurs acolytes ! C'est là sans doute une raison capitale de l'indulgence que l'esprit des puissants, que la libéralité des souverains, montra pour l'écrivain hardi (1). Il y avait en Rabelais comme un instinct de l'union secrète qui liait alors la France au pouvoir suprême : la maison de Valois n'eut pas de serviteur plus efficace, et les écrits même de l'auteur semblent correspondre aux effets qui émanent de la suzeraineté royale ; puisqu'en 1539, au moment où il achevait de concevoir ce livre où la raillerie contre la mauvaise justice est si forte, l'ordonnance de Villers-Cotterets, entre autres réformes y contenues, commandait expressément l'abréviation des procès, et la rédaction des actes publics en la langue française.

Avec cela, cet homme, d'une science universelle pour son époque, eut le don de se faire naïf, au lieu de se prévaloir de ses doctrines. Comme Aristophane, que sans cesse il faudrait nommer lorsqu'on écrit sur Rabelais, le père de *Pantagruel* a su prendre, pour y verser son génie, un genre d'ouvrage qui pût être compris de tous ; il a choisi cette tribune d'où sa voix pourrait émouvoir les entrailles du peuple entier. Il n'a pas craint de prêcher l'amour de la bonne chère et de la belle chair ; il connaissait assez les hommes pour savoir que cette malfaisante espèce gagne, plutôt qu'elle ne perd, à se montrer au plein soleil, où elle n'ose plus

---

(1) Louis XII n'avait-il pas déjà livré le pape et l'Église aux brocards de Pierre Gringoire ?

pécher avec un cynisme aussi grave. Il n'y a point, chez Rabelais, le satyrisme qui entraîna si avant la comédie grecque, et lui faisait mettre en action ce qu'on se permet à peine de lire maintenant le terrible rut de la farce antique, ce culte effréné du φαλλὸς, est remplacé par le hoquet joyeux du buveur ; la bouteille remplace l'emblème orgiaque ; la bouffonnerie, la folâtre liberté se donnent carrière plutôt que la rudesse obscène ; çà et là, de lourdes gravelures, pédantesquement amassées, mais rien de pervers ni de trouble.

Et cette bouteille elle-même, que d'abord il fait accoler sans mystère et sans arrière-pensée par les lèvres gourmandes de ses héros, elle devient le symbole de la science. C'est pour être les précurseurs de ce grand esprit que jadis, au plus sombre du moyen âge, dans le lugubre XI° siècle, les *clercs errants* apparaissaient, effarant les moines, formant ces confréries de gais compères qui chantaient en joli latin la Messe de Bacchus, dévots aux poètes païens bien plus qu'aux quatre Evangélistes. Rabelais a pu recueillir dans les couvents, après cinq siècles, la mémoire de leurs scandales. Il est le dernier d'entre eux, *errant* comme pas un, plus *clerc* à lui seul qu'ils ne furent tous ensemble, prêtre, et grand-prêtre, de Bacchus, et le chantant dans une langue qu'il forge pour l'éternité.

Prenant, contre l'esprit du moyen âge, l'offensive que l'auteur des *Anti-Barbares* avait exercée contre la scolastique, Rabelais chasse le surnaturel qui avait étourdi des siècles entiers et des peuples; c'est l'enivrement salutaire du vrai savoir qu'il veut répandre. Au lieu de la poursuite du mystère, qui est démence et mort, il instituera la recherche du réel dans son efficace vertu. Le christianisme, c'était la pauvreté d'esprit devenue méritoire ; la droite doctrine, au contraire, c'est la nature délivrée, l'esprit agissant. « Pour nous, chrétiens, tout est apparence », disait le moine qui résume la simplesse des mornes âges (1). Rabelais veut trouver partout la Nature, le fond réel, sous le voile bigarré des phénomènes.

Sa Nature, sa Physie, toujours plus souveraine dans son œuvre, ce n'est point la svelte syrène, la *Primavera* qui se dressait par la magie d'un Botticelli, le front ceint de cheveux flottants et de fleurs, pour exprimer en ses yeux pers, sur les lignes divinement étranges de son visage et l'arc sinueux de ses lèvres, le sortilège de toutes les femmes et le charme des Muses : bien plutôt ce serait, s'il en faut chercher une image, la sibylle créée par Dürer, mais non plus la Melancholia, non plus le grand Ange désespéré : une guerrière allègre au contraire, debout, active, vaillante pour toutes les tâches.

---

(1) E. Gebhart, *Étude sur Raoul Glaber*. Revue des Deux-Mondes, 1ᵉʳ octobre 1891.

Une grandeur est dans un tel symbole ; car on ne saura jamais assez dire combien il y a de mérite, de force dans cette gaîté ; elle diffère de la banale joie autant qu'un arbre robuste d'une herbe flottant au vent ; elle est la vaillance de l'homme qui a vu le mal, et l'a mis sous ses pieds, elle est tout cet ensemble d'efforts, de renoncement, d'épreuves et de triomphes qui se résume dans le « courage d'être heureux » (1).

Cette richesse morale est peut-être plus apparente dans le premier livre, parce qu'elle y est plus spontanée ; elle est, au fond, plus méritoire dans la suite de l'œuvre, et c'est comme par un miracle de verve et de force qu'elle s'est gardée, que le précieux filon s'en est continué sans se briser, même parmi les éléments complexes des derniers livres. Les temps heureux de Louis XII, l'éclatante aurore de François Ier sont dans le premier livre ; et la jeunesse vigoureuse de l'auteur y est aussi. La maturité, plus experte et plus compliquée de savoir divers, le spectacle d'un monde plus subtil, sont dans les suivants ; puis arrivent, à la fin, toujours croissantes, la satire et l'attaque, contre le mal de jour en jour plus pesant, contre les événements sombres, la persécution, la nuit qui semble commencer avec Henri II, s'épaissit ensuite année après année.

(1) Joubert, Lettre à Mme de Beaumont.

Mais jusqu'au terme, on trouvera, mêlée aux plus dures morsures, cette gaîté, cette bonté ferme qui est en Rabelais, et que n'eut point, avec un vernis de douceur, l'indifférence de Montaigne; Rabelais rit des hommes, mais il croit en l'humanité, il a foi dans la pensée humaine, dans la société humaine, dans la beauté d'une vie commune, qu'il a peinte sous plusieurs formes, et toujours d'un trait idéal; il affirme la sympathie, dans la description qu'il fait de ses héros, de leurs rapports réciproques; il célèbre les fruits de l'éducation libérale, de la science aussi largement acquise qu'il se pourra. L'on croirait voir un défricheur de terres vierges, acceptant, cherchant le labeur; au lieu des remarques stériles, c'est l'essai constant vers le mieux; il ne va non plus « en gémissant », comme un Pascal, mais en chantant.

Au reste, tout ce siècle est brave, prompt à l'action, quel que soit le métier officiel de l'homme, et même lorsque ce métier, comme celui de la science et des lettres, paraîtrait exclure l'audace. Un écrivain, d'un temps plus triste, a dit qu'on ne peut regarder en face ni le soleil ni la mort : il semble que tous les soleils n'ont pas fait baisser ces yeux-là, ni la mort effaré jamais ces vivants. Car on ne jouit que des choses que l'on prodigue; ils usaient ainsi de la vie.

D'autres moralistes, récents, ont aussi donné cet exemple, de quitter la robe ou le froc pour les lettres : que l'on compare leur méthode à celle de Rabelais.

Si les résultats sont les mêmes, et la science prônée aussi par ces nouveau-venus, les voies ne se ressemblent guère. D'un côté c'est la fougue d'ironie, la foi généreuse, faite de sève et d'allégresse ; d'autre part, le froid scepticisme, l'épicurisme anémique, abâtardi par la prudence et cultivant avec prétention les défauts où il se complaît, le microcosme où il se mire.

Comme pour mieux se tenir à la fable populaire, Rabelais prouvait tout de suite la simplicité des données, il ne cherchait pas même le bénéfice d'invraisemblance, qu'aurait pu donner un recul de l'invention dans les temps fabuleux. A peine s'il antidate un peu son histoire, puisque le précepteur de Gargantua

> « Mourut l'an mil quatre cent vingt
> D'un flux de ventre qui lui vint. »

Le livre s'adresse sans ambages aux hommes du temps, et leur parle des affaires contemporaines. Les hommes du XVIᵉ siècle sont « minés et consommés de deuil » ; le rire les attirera, les retiendra, les va guérir. Telle est la vertu de cette œuvre, et sa grandeur ; elle n'a rien de cette exubérance, éphémère et comme animale, qui est celle de l'extrême jeunesse ou de l'excessive simplicité, et vient, pour l'une et pour l'autre, de l'ignorance ; c'est la joie robuste et qui a su dominer le mal, le dédaigner, et qui le brave par une vue supérieure, plus profonde, de toutes choses ; cette gaîté-là, qui est celle de Rabelais, touche sans peur aux maux les plus effroyables, parce qu'elle les empoisonne et les détruit par le remède de la satire. Elle subit les épreuves, puisqu'elle contient la fleur de tout, et le salut de tous ceux qui sont assez forts pour la comprendre ; elle est la coupe de la force, et l'exécration des sots, des méchants et des médiocres. Aussi rare qu'elle est puissante, elle a ses secrets ; et l'auteur avertit dès le premier mot par des images magnifiques, empruntées à l'antiquité, comment il faut chercher, creuser, aller aux bienfaits réservés, au trésor intime du livre.

Cette bénédiction du rire est plus franche en ce premier livre, et moins mêlée de la satire, toujours amère malgré tout. Rabelais commence par ôter à ses géants tout ce qui pourrait éloigner le lecteur en l'effrayant ; ils ont simplement le genre de grandeur que l'on a dans un miroir convexe : ce sont de braves gens, meilleurs que les autres parce qu'ils ont plus d'étoffe, plus forts et plus doux, exagérant toutes les bonnes qualités de l'homme. L'heureux cadre d'allégorie, cette façon de fantaisie, dénuée de règle et d'entraves, les laisse évoluer sans peine, changer de taille et s'oublier même jusqu'à prendre çà et là les proportions ordinaires. Comme les bottes-fées du Petit-Poucet, ces colosses peuvent s'adapter à toutes sortes de mesures.

On ne peut dire que ces monstres bienveillants

mènent le branle de la gaîté, mais elle évolue autour d'eux. « Des nopces, des nopces, des nopces », s'écriera Chicquanous après avoir « dégouzillé une pleine tasse de vin breton », c'est-à-dire de cidre; « des nopces » afin de guérir la rêverie de ce vieux monde qui approche de sa fin.

Il y a, dans ce comique poussé jusqu'au bouffon, un procédé reconnaissable à première vue, et qui est dans Teofilo Folengo, comme il était dans Luigi Pulci, comme il sera dans Jonathan Swift : c'est l'habitude de réduire à des proportions mesquines, à des actions grotesques, les héros et les hauts faits de l'épopée. Que les conteurs italiens montrent un tournoi, — c'est un tournoi d'ânes, et chevauchés par quelque goujat. Mais dans cette manière, conventionnelle, et, lorsqu'elle est prise par un auteur sans génie, bien aisément fade et fatigante, Rabelais met une si vaste observation, et si forte, le don de nature se trouve si puissamment empreint partout, que le danger de rebuter est vaincu dès les premières pages.

En vain le meilleur écrivain, de grand esprit même et de ferme labeur, se travaillera pour donner à ses personnages le souffle de vie. Il pourra chercher et peiner, s'il n'a point l'influence inexplicable, aussi facile à reconnaître qu'elle est difficile à définir; son œuvre pourra retenir l'intérêt par tous les mérites secondaires : mais le premier, qui est la vie, lui manquera. L'amas de ses expériences, toute l'analyse accumulée, s'il n'a pas la magie de la synthèse, lui sera telle que pourrait être, à un peintre dénué de la vision d'ensemble et du dessin expressif, une collection de photographies instantanées. La décomposition du tout, les éléments désorganisés, il les a : mais l'être même, dans sa fusion organique, est hors de ses mains. Le peuple ni les enfants ne se trompent là-dessus : ils excusent d'instinct les défauts qui pourraient éloigner les délicats ou les savants ; mais si la vertu principale, essentielle pour eux et suffisante, manque dans l'œuvre, ils s'éloignent et la rebutent. Rabelais, comme plus tard Perrault ou La Fontaine, fait tenir une physionomie dans un trait, un caractère dans un mot, un ensemble d'observations dans une ligne ; il n'a pas plus tôt mis en scène un héros ou même un comparse, que la figure présentée semble au lecteur avoir été familière de toute éternité.

Cela, seul, ferait tomber la croyance aux allusions qu'il aurait pu faire. Rien ne glace la bouffonnerie comme une satire détournée, qui met un masque et cesse bientôt d'être comprise. Il est vrai que « le but de la comédie était souvent d'insulter tels ou tels », s'il en faut croire les biographes d'Aristophane (1). Mais Aristophane frappait en nommant ses victimes, et à visage découvert. Au lieu que la traîtreuse allu-

---

(1) « Αἴτιον γὰρ κωμῳδίας τὸ σκώπτειν τινας.... Σκοπου γὰρ ὄντος τῆς ἀρχαίας κωμῳδίας τοῦ σκώπτειν... » Denys d'Halicarnasse, notice, XI et I, 1, 85.

sion porte sa peine en elle-même : elle est éphémère et stérile, parce qu'elle est mesquine et lâche.

Tout de suite, l'énormité de la farce apparaît, que l'on ouvre Gargantua par les généalogies, ou Pantagruel par l'histoire de sa naissance. On voit aussi comment l'auteur s'est mis, pour certains procédés conventionnels, dans la tradition des fabliaux. Cela n'est nulle part plus apparent que dans la façon dont il parle des femmes, surtout de la mère de Pantagruel ; le lecteur des anciens poèmes populaires retrouve aussitôt le type factice, plastron de railleries plus ou moins vives, auquel les écrivains drôlatiques du moyen âge l'avaient habitué. Ce qui marque la moquerie de Rabelais sur ces matières, c'est seulement, avec plus d'ampleur, une bonté plus grande et moins d'amertume dans l'épigramme.

Il est pourtant, dès le commencement de l'œuvre, deux classes de gens qui reçoivent les plus cinglantes étrivières : ce sont les moines et les cuistres, les habitants des cloîtres et les rats de Sorbonne. Ainsi que tous les esprits hauts et féconds, Rabelais avait la rancune terrible contre qui l'avait voulu réduire et ployer : déjà l'auteur des *Anti-Barbares*, Erasme, destructeur premier de la scolastique, avait peint cette abbaye de Stein, où sa jeunesse avait souffert, cette maison « où l'on avait licence de s'enivrer de compagnie, mais où l'on ne pouvait travailler qu'en secret »(1).

(1) Erasme. Lettre à Lambert Grumius, scribe apostolique, *Epist.* 442, Cf. G. Feugère, *Erasme*, p. 8 et 9.

Pour attaquer, dans ses œuvres vives, la pédanterie, Rabelais la prend à partie suivant sa méthode propre, et puisqu'elle s'asservit l'homme en le déformant dès l'enfance, c'est dès le berceau qu'il va s'attacher à ses héros. Il flétrira cette éducation justement appelée « homicide » par un généreux poète, cette éducation dont les restes se sont propagés avec la ténacité particulière au mal, mais qui, battue en brèche, depuis Rabelais, par Montaigne, par maint autre écrivain, s'épanouissait alors dans sa hideur.

Nulle part on ne sent mieux que dans ces chapitres fameux, la croyance profonde dans l'excellence foncière de l'homme, la foi presque religieuse dans la nature humaine. Rabelais y va de tel cœur qu'il oublie presque de bouffonner. Il se porte même, lorsqu'au lieu de démolir il reconstruit, jusqu'au plus haut point d'éloquence : et d'autant mieux qu'il n'a point apparence d'y tendre, et qu'il s'élève sans effort.

Le programme d'éducation est libéral, même aristocratique, par le loisir et la variété qu'il suppose. Rabelais songeait assez peu à s'empêcher d'objections pratiques ; ici, comme dans la construction de Thélème, il rêve l'homme tel qu'il le veut, tel qu'il le croit capable de devenir, grâce aux plus nobles disciplines. Et son ardeur d'esprit est telle que certaines des réformes indiquées, on n'y est point encore parvenu.

Lequel, au reste, de nos écrivains s'occupant de

la haute pédagogie n'a construit un idéal ? Le penchant de leurs idées aussi bien que leur dessein particulier a fait écrire Bossuet et Fénelon sur l'édution d'un prince, sur une manière rare et privilégiée d'instruire. Est-on bien certain que Rousseau, avec tout son incurable fond de cuistrerie suisse et bourgeoise, ait été, sinon moins étroit, du moins plus pratique ? Or, que l'on veuille bien songer, pour sentir la force de Rabelais, au spectacle que lui donnaient les éducateurs de son temps.

C'était la barbarie de gens corrompus par la civilisation; par suite, la pire de toutes. En 1496, au collège de Montaigu, Erasme (1) trouvait ce Jean Stoendonck, le principal, persuadé qu'il fallait élever les enfants « à la dure », et qui avait affublé les écoliers d'un capuchon étouffant et aveuglant, les couchait sur des grabats à même le sol humide, entre la bouche des latrines et les trous des eaux ménagères; tout usage de viande était aboli par ce tortionnaire, il donnait quelques œufs gâtés, du vin tourné : des écoliers devenaient fous, d'autres lépreux. La crasse intellectuelle était à l'avenant d'un tel régime. « Si j'estois le roy de Paris, s'exclame Rabelais, songeant à cette infamie, le diable m'emporte si je ne mettois le feu dedans (2) ! »

Combien une telle indignation était sincère chez

---

(1) Cf. Ἰχθυοφαγία.
(2) I, xxxv.

cet apôtre de la Renaissance, on le sentirait rien qu'à voir l'importance capitale de la science aux yeux de ses princes. Gargantua tient pour premier honneur d'avoir été réputé en son âge viril « non à tort le plus sçavant dudit siècle ». C'est avec une flamme d'enthousiasme qu'il célèbre à son fils le bonheur d'avoir « vu par la bonté divine, la lumière « et dignité, de son eage rendue ès lettres ». « De bien en mieulx », c'est la devise de la doctrine tout entière.

L'éducation encyclopédique est définie avec rigueur, prônée avec lyrisme; le sentiment, presque sacré, dont l'humanisme tout entier honorait les lettres trouve ici la plus vive forme. Le trait final des chapitres va jusqu'à la poésie : « ce faict, entroient en leur repos. » Du même ton, et dans un esprit pareil, Boccace, séjournant à Padoue auprès de son maître Pétrarque, avait écrit jadis : « Tous les jours « se passoient à peu près de même. Tu te livrois à « l'étude des choses sacrées, et moi, avide de pos- « séder tes œuvres, j'en prenois copye. Et quand le « jour s'inclinoit vers la besprée, nous nous levions, « et laissions nos labeurs, pour nous rendre en ton « petit jardin, que déjà le printemps nouveau paroit « de feuilles et de fleurs. Assis ensemble, et devisants, « nous passions ce qui restoit de jour en un repos « calme et louable, jusqu'à ce que vint la nuit. » Seulement il n'y a rien de petit dans le cadre qui entoure l'éducation rabelaisienne ; et c'est dans toute la vaste campagne qu'on se promène ; le repos aussi n'y est guère connu, les journées sont comme les géants, d'une taille excessive, pour contenir la masse d'aliments que doit absorber l'ardeur de l'écolier colossal.

La fin du siècle, avec la Ligue, devait dépeupler ces collèges d'alors ; au lieu du « clabaudement latin » des régents, c'est les vaches, les truies, les ânes que l'on entendit dans les voûtes désertées. Mais lorsqu'ils reprirent, et jusqu'à la Révolution, et après elle, ils demeurèrent entachés de l'ancienne rouille, dans les mœurs et dans la doctrine. Ce ne fut cependant pas faute d'être attaqués. Le premier assaut, et le plus redoutable, leur fut porté par Rabelais. Il commençait ainsi la lutte pour la nature, pour Physis (1) contre Antiphysis, cette lutte qui est tout son livre.

Le principe constamment soutenu par Rabelais, de l'activité par les forces humaines et naturelles, est ici démontré dans ses éléments primordiaux. Il s'agit de faire, non plus comme au XIII° siècle, dans ce moyen âge que veulent éterniser les Sorboniques, « un théologien n'ignorant nul dogme » (2), mais un homme prêt à tous les efforts, apte à toutes les tâches. La philosophie s'élève en face de la théologie.

(1) IV, 45.
(2) « Theologus Dantes nullius dogmatis expers », dit un biographe du Dante.

Une philosophie large et pratique, non point spéculative et oisive comme le dilettantisme d'un Montaigne. Car la différence foncière entre les deux plus fameux théoriciens de l'éducation au xvi⁰ siècle est là : Rabelais, en ceci, comme en tout le reste, contient son siècle tout entier, mais il le domine. Montaigne résume toute son époque, seulement il s'en abstrait. Tous les deux sont à part des autres : Rabelais s'est placé le plus haut.

Il a compris le caractère profondément humain de son siècle; humain, non pas à la manière du xvii⁰ siècle, qui dépouillera l'homme pour le simplifier, mais, au contraire, selon cette méthode plus féconde, qui veut l'épanouissement de la nature humaine. Il a vu la contradiction qui s'élevait entre cette voie de nature, de liberté, et la sénilité factice où l'éducation d'alors retenait ceux qui devaient devenir les hommes du lendemain. Outre la bouffonnerie pure, qui est la gaîté de la seule imagination, il avait cet esprit, terrible contre les faussetés et les ridicules, et qui est la gaîté de la raison. Sans contredit, *l'institution* (1) dont il établit le programme est faite avant tout pour un fils de prince, à tout le moins pour un fils de seigneur; de même que, les temps marchant et changeant, l'éducation d'*Émile* sera celle d'un bourgeois déiste, et celle de la jeune fille dressée par Fénelon, un dres-

---

(1) Dans le sens romain du mot.

sage de chrétienne. C'est qu'avec son habituelle entente de l'harmonie, et la sagacité qu'il porte dans une œuvre en apparence décousue, Rabelais a voulu l'adapter à son personnage, futur roi, fils de roi: mais, d'ailleurs, combien de traits éternels ! et, partout, cet esprit de sagesse, et ce retour aux biens véritables du corps et de l'esprit !

Dans l'éducation, comme tout à l'heure dans l'idéal social, Rabelais méconnaît ou plutôt ignore de parti pris les forces humbles, l'obscur *quatrième État* dont il parlera cependant, et qu'il a nommé le premier. Mais, quel écrivain de génie n'est pas aristocrate ? Et n'est-ce pas, encore aujourd'hui, une question mal résolue que de savoir si l'éducation libérale doit cesser d'être un privilège ? Rabelais a laissé le peuple dans la même fosse d'oubli qui enferme ses propres doutes et ses tristesses : il veut l'allégresse, la lumière de la science. Il forge un paradis de savant et d'homme libre : l'artisan et le paysan, la Révolution d'hier et celle de demain, sont trop au-dessous et trop loin de la « suffisance livresque » et de l'abbaye de Thélème.

Tous les humanistes s'étaient occupés, et très-amplement, de l'éducation (1) ; avec Rabelais,

---

(1) Cf. E. Muntz, *La Renaissance en Italie et en France sous Charles VIII*. Paris, Didot, 1885, in-4°. Introduction, p. 4, et Georg Voigt, *die Wiederbelebung des classischen Alterthums* 2te Auflage. Berlin, 1880-81. Bd II, S. 460-468.

la Renaissance, fidèle à son principe, rajeunissait le mot d'un prince et d'un philosophe païen (1) : « Tout est en harmonie avec moi, Nature, qui est en harmonie avec toi ». Rien autre, que le besoin de l'action, n'inspire cette large peinture d'une éducation nouvelle : sans précédents, elle est aussi, par là, sans imitateurs véritables. Chaque détail affirme ce besoin, cette tendance ; ce qui manque la peut montrer, aussi bien que ce qui est dit. Le sommeil, par exemple, tant loué par la mélancolie de Shakespeare (2) et de Cervantès, n'est jamais cité par Rabelais. Ce n'est point, à ses yeux, l'un des biens que puisse offrir la vie. Il en blâme l'excès chez Gargantua dans sa première pédagogie. C'est l'activité qu'il recherche ; le repos est un ennemi ; du moins il le faudra réduire aux nécessités invincibles. La journée de travail comprend dix-sept heures : la nuit, l'oisiveté, sept seulement.

Partout se retrouve cette passion de labeur : la punition que Gargantua tire des ennemis, après sa victoire sur Picrochole, est bénigne ; il ne leur est rien fait « sinon qu'il les ordonna pour tyrer presses à son imprimerye, laquelle il avoit nouvellement instituée (3). » L'imprimerie semble au bon roi quelque invention divine, et, suivant une sentence que

---

(1) Marc-Aurèle.
(2) V. *Macbeth*, *Henri VI*, etc.
(3) I, LI, I.

Rivarol transformera plus tard en l'affaiblissant (1), il estime qu'elle est inventée pour compenser la maudite découverte de l'artillerie ; car il n'est pas dupe de toutes les nouveautés ; et qui ne l'excuserait d'avoir célébré l'imprimerie, la plus étonnante de toutes, sans prévoir qu'elle servirait surtout, avec et avant toutes les autres sorcelleries de la science, pour la diffusion du faux et le triomphe du vulgaire?

Rabelais n'avait, pour bien peindre un roi populaire, qu'à s'inspirer des souvenirs laissés par Louis XII, le roi bonhomme. Il avait dû se répéter les paroles de ce souverain, que « la plus laide bête « à voir passer, c'est un procureur portant ses « sacs » et que « les juges sont comme les savetiers, « qui allongent le cuir en tirant dessus avec leurs « dents (2). »

Le livre, en ses commencements surtout, gardait quelque apparat chevaleresque. Il y avait, dans ce conte de « ma mère grand » (3), un décor de guerre joyeuse, de rencontre et de cavalcade, qui fait songer aux chroniques de Froissart : c'est le mélange de récit et de caractère, si profondément français. L'Amadis bouffon se déroule, les chevauchées sur la chimère ont remplacé la Table-ronde,

---

(1) Lorsqu'il a nommé l'imprimerie « l'artillerie de la pensée. »

(2) Cf. *Hist. de Louis XII, roi de France...* par Mess. Jehan de Sainct-Gelais. Paris, 1622, in-4°.

(3) I, IX.

comme celle-ci remplaça les chansons de Geste ; le *fableau* se teinte de fantaisie tout en se faisant plus humain. Et de page en page s'affirme la saveur originale. Bientôt, presque du premier coup, Rabelais se donne tout entier, hormis ce que lui apportera la vie mûrissante.

Il y a quelques histoires encore, du moins quelques historiettes, dans ce premier livre. Peu à peu les faits deviendront fort insignifiants ou rares, les personnages prendront toute la place, et, aussi, le style vigoureux, les pensées étoffant sans cesse la trame de la langue. Les beautés du livre seront plus fortes, d'un art plus rare et moins facile à pénétrer.

Si les expressions dès l'abord sont excessives par endroits, l'idée est, partout, saine et robuste. Le langage peut s'emporter sous l'aiguillon de la verve, le détail devenir obscène ou exagéré : la pensée demeure féconde et sobre, l'ensemble laisse une impression d'harmonie et de haut bon sens, de lumière et de mesure. La Bible de l'esprit français est là, tout à fait opposée aux doctrines d'un autre siècle où la pompe du style ira masquant le creux du fonds ; tout à fait antagoniste aussi de la Bible hébraïque. Jamais Rabelais n'a connu ce que le poète juif appelait « la sainte nudité du mot ». Son intelligence est complexe, son expression ne l'est pas moins.

L'esprit raillard et paillard des fableaux lui a légué plus que son compte. L'éducation monacale l'imprègne aussi. L'influence des vieux poëmes à facéties est évidente dans le rôle qu'il fait souvent jouer à la femme. Il s'abstient, en outre, de la faire intervenir dans l'éducation, elle en est absente : détournée de son vrai devoir par la bigamie intellectuelle que prôna la chevalerie, elle n'est pas encore remise au rang maternel. Il n'y aura point de femmes en vue dans la cour de Pantagruel ; lui-même s'en souciera peu ; ses compagnons ne parleront d'elles, ne les aborderont que pour les plaisirs physiques, et le plus bassement du monde. Qui tomberait à l'improviste sur la peinture vive et sentimentale de « cette bonne et sincère amour à « laquelle est crainte perpétuellement annexée et qui « ha non une foys tollu tout autre pensement », pourrait croire qu'enfin l'amour apparaît au milieu de cette action par trop virile ; mais point : c'est l'amour paternel.

Avant de terminer son premier livre, l'écrivain trace l'idéal de la vie telle qu'il la comprenait alors. C'est un moine libre, mais un moine enfin, qu'il peint avec une entière sympathie, c'est le frère Jean qu'il fait le fondateur de Thélème, cette abbaye où se réalisera le rêve d'indépendance et de progrès.

Peinte en traits extrêmement nets, avec une présicion telle qu'un savant dilettante (1) a pu reconstituer le plan de l'édifice, cette Thélème est un mo-

(1) Ch. Lenormant.

nastère lettré, galant, tel que le furent les primitives abbayes du Poitou, dans les temps mérovingiens. C'est comme un Paraclet tout peuplé d'Abeilards magnifiques, d'Abeilards avant la lettre, nullement apôtres, le plus délicatement épicuriens. Ici, enfin, il y a des femmes ; mais ce sont des dames fort doctes, des religieuses vouées au célibat intellectuel par la liberté de leur existence : sans rien vouloir préjuger pour le reste des mœurs.

Telle que les églises et les châteaux de la Renaissance française, où l'on découvre sous la sveltesse de l'arcature et la guirlande de la frise les monstres grotesques du moyen âge, cette demeure est, à la fois, un paradis du nouveau style, et garde quelques caractères de l'ancien couvent. La règle, simple et tout à fait rabelaisienne, est de vivre à sa guise : pourvu que l'on vive avec grâce, et selon les lois élégantes qui ne vont pas sans être raffinées dans leur détail. Une inscription de forum africain, lue à Thamugas, donnerait assez bien le programme de cette existence rêvée :

« VENARI — LAVARI
LVDERE — RIDERE
OCC EST — VIVERE. »

Ce n'est pas la vie tout entière cependant, Rabelais le sait et l'a déjà montré. Il n'a fait, ici, que s'abandonner à cet instinct de réclusion choisie, qui hante comme un songe impossible presque tous les esprits d'élite. Il a suivi, aussi, le goût de la Renaissance. C'est le moyen âge, malgré l'apparente rigueur des faits, qui montre la charité vaste, le souci de la *Plebs Dei*. Mais après lui, durant deux siècles, rien de pareil. Au reste, le principe de l'aristocratie est si profond, essentiel à la France, que la Révolution même se fera suivant les principes d'aristocrates littéraires, avec les mots, les préjugés, les codes les moins plébéiens.

II

Au milieu d'une fable complexe, Rabelais frôlait deux écueils. Il risquait l'allégorie froide, qu'il n'a pas toujours évitée ; il risquait, outre les longueurs et les langueurs, de choir dans la trivialité ; s'il prenait son sujet par le côté trop follement pittoresque, il allait vers les défauts qui démoderaient l'œuvre ; s'il poussait vers les parties basses, il s'encanaillait franchement et se perdait. Mais il sut prendre le chemin qu'il fallait. Il garda la fantaisie, et la débrida quelquefois pour varier l'intérêt ; la farce l'entraîna souvent, mais ne l'asservit point et ne l'égara jamais trop gravement. Il y trouva, surtout, ce trésor de comique et de caractère qui fait la force de son livre.

Il a ce don, d'accentuer le sentiment de l'existence,

et d'existences ordinaires ; il le pousse jusqu'à l'extrême ; il le porte sur tout. Si l'on peut trouver du factice et de l'emprunté dans les *Damoiselles* et les *Damoiseaux* de Thélème, ces légères taches s'effacent, dans les peintures qui varient le reste du roman : le naturel subsiste seul, et le meilleur.

La science de la nature enseigne que « dans le « système de l'univers, ce qui se passe tous les « jours est aussi ce qui mérite le plus d'atten- « tion » (1). L'axiome n'est pas moins vrai pour le système des actions humaines : rien n'est plus malaisé que de bien rendre, d'animer les attitudes, les actions et les faits communs ; voilà pourquoi la bonne comédie est plus rare que la tragédie ou le drame, et la peinture des passions et des sentiments moins parfaite que celle des péripéties.

Il fallait que Rabelais naquît en France pour réunir ces mérites ; mais il a bien souvent failli payer chèrement la fortune qui lui avait donné pour juges des lecteurs français. Le respect des conventions, que, sous le nom de convenances, croit devoir afficher par accès la partie la moins respectable d'une nation moqueuse et libertine, cette hypocrisie du mot, que dépasse seul l'odieux « cant » d'une race voisine, s'est plus d'une fois élevée contre Rabelais. On n'était pas si délicat en Grèce ; l'ivresse que l'on a voulu repro-

---

(1) Cabanis, *Rapp. du physique et du moral de l'homme.* 5º Mém. Introduction.

cher au père de *Pantagruel*, ce fut la Muse d'Eschyle, d'Alcée, d'Aristophane, d'Anacréon ; et, non pas seulement en parole comme chez Rabelais, — en réalité même, en fait (1).

L'enivrement bachique dont Rabelais vante souvent les vertus, ce ne serait point la cyclopéenne débauche des anciens Hellènes ou des Romains : pas plus que la « purée » légère de Chinon, de Bourgueil, de Vouvray, de Saumur ou Seuillé, ne ressemble aux lourdes sèves des vignes méditerranéennes. Le vin même d'Horace, le crû sabin, n'est point le jus gaulois, tout franc, leste et joli.

Quoiqu'un moraliste ait pu dire avec une presque entière vérité qu'il y a « quelque chose de triste au fond de la plaisanterie fondée sur la connaissance des hommes » (2), l'humeur généreuse de Rabelais a vaincu jusqu'à la fin, malgré tout, cette impression ; la gaîté qu'il a créée dépasse peut-être le stoïcisme lui-même. N'eût-il fait que s'égayer pour la joie seule et pour l'amour du plaisir, Rabelais n'eût point dérogé aux règles de l'antique comédie, puisque la tradition, et depuis les origines jusqu'après Aristophane, en fut, chez les Hellènes, « la satisfaction des besoins physiques. C'était le thème inépuisable. On célébrait la fête du ventre et

---

(1) Athenœi Deipnosoph. X, 429 ; IV, 68-69, éd. Schweighœuser.

(2) Mme de Staël, *Corinne*, VII, ɪɪ.

de ses organes. C'est là que la poésie... était descendue » (1).

Au disciple mal prévenu, superficiel, c'est cela qui apparaît même dans les premiers livres du *Pantagruel*; dès le prologue, il semble ouïr un de ces joyeux charlatans comme en font voir les vieilles estampes, tel qu'en produira la *Ménippée*, un baladin au boniment tintamarresque, bigarré, *tintinnabulant*, et qui verse à pleine lippée les folies avec les vérités; fou du peuple, bouffon errant, qui secouerait, dans sa marotte, le grelot de l'esprit gaulois.

Mais, si le poète tournaisien Louis des Mazures a pu louer l'Arioste français d'avoir peint

« Armes, amours, plaisirs et plaintes,
Terres, mers, chasteaux et palais, »

il faut savoir d'abord combien ses fictions viennent souvent de l'histoire vraie : la bataille des geais et des pies, le grave Mézerai la racontera; le « chicquanous daubbé », c'est l'huissier qui s'était permis d'ajourner Philippe le Bon duc de Bourgogne, pour le jour de la Saint-André, fête de la Toison-d'Or. Le galimatias de titres qu'étalera la librairie de Saint-Victor est composé par un amalgame de frontispices empruntés aux livres réels. Il n'est pas besoin,

(1) Couat, *Aristophane*, p. 24-25. (Lecène et Oudin.)

pour juger cette vérité du détail, d'avoir vu l'arcature ogivale de la « Cave Painete », toujours subsistante à Chinon.

Ce fameux « sentiment de la nature », sur lequel on a tant écrit, et qui fut pour une certaine critique e pendant de « l'esprit français » — *chimœra bombinans in vacuo*, — il ne faudrait guère s'attendre à le trouver chez Rabelais ; pour être vaste, un tel génie n'est point universel. Assurément, un moderne, parlant de Fontainebleau, ne s'aviserait pas de dire simplement que « la terre y est si maigre que les « os (ce sont rocz) luy percent la peau : areneuse, « stérile, mal saine et mal plaisante » (1). Pour louer la Touraine, et l'enrichir, on a trouvé, même au xvi° siècle, un plus rare hommage que d'y « affyer et enter les poires mirifiques » d'Homenaz. Mais, si le décor est souvent sommaire, la vie inspirée aux personnages est si puissante, qu'on s'en aviserait à peine, et qu'il suffit de marquer au passage cette façon de peindre.

C'est avec le *Pantagruel* que se développe surtout la comédie dans Rabelais. Les pantins créés par sa verve l'amusent si fort, que tout le second livre semble donné à leurs ébats, au plaisir de les faire aller, volter, tourner, parler, baller et battre. C'est dans les trois derniers livres que l'anecdote et que la scène fera place bien davantage au trait gé-

(1) V, x.

néral, à la satire, à l'utopie. Si bien qu'au demeurant, le progrès d'évolution qui se fit, chez Shakespeare allant de l'imagination à la philosophie (1), serait visible aussi dans Rabelais.

Dès le *Gargantua* cependant, plusieurs, parmi les personnages secondaires, et ce prestigieux Frère Jean, l'un des premiers entre les principaux, sont posés, et agissent. Outre l'observation directe de la société, qui lui permit de recueillir dans les différentes personnes les éléments dont il composa ses types, outre l'exemple de franchise très crue, « sans masques ni lisières », que lui donnait la vieille satire et la comédie si abondante en France, Rabelais avait en lui-même la souveraine passion de l'homme et des actions humaines, nécessaire avant toutes au génie romanesque et bouffon. C'est le secret qui l'a fait, sans effort, « entrer dans la peau » de ses héros.

C'est, d'abord, et par ordre généalogique, l'ancien de tous, Grandgousier, père excellent, monarque débonnaire sans faiblesse dans son royaume et sa maison. Rabelais le met sur la scène tout poussé, déjà plus que mûr et rassis : « sur la fin de la quinte année, retournant de la défaicte des Canariens », il visite son fils Gargantua, grimaud encore. Plein de bonhomie, il l'interroge, il s'enquiert de sa

---

(1) Cf. l'étude de M. James Darmesteter, *Shakespeare*, dans les *Essais de littérature anglaise* (Delagrave), et le *Shakespeare* des *Classiques Populaires* (Lecène et Oudin).

santé, de sa propreté même, et l'on sait jusqu'où va le propos. Il y a dans le brave sire quelque chose encore de fruste, un chevalier mal dérouillé de la barbarie : lorsque le joli page Eudémon a brillé dans le tournoi d'éloquence latine où Gargantua, mal instruit, fait la plus piteuse figure, Grandgousier « tout courroussé » parle d'occire Maître Jobelin Bridé : plût au ciel d'ailleurs qu'il l'eût fait, et que la race de tels cuistres s'en fût séchée. Mais sa longanimité naturelle reparaît vite, il commande que le pédant soit payé de ses gages, et qu'on le fasse « choppiner théologalement ; ce faict, qu'il allast à tous les dyables »; il l'y envoie avec une plaisanterie d'adieu fort bénigne, et qui met aux chausses du drôle à peine la trace d'un coup de pied. C'est que Grandgousier sait les choses ; et Rabelais, aussi, n'ignore pas que la vérité n'est point à ces caractères absolus tant aimés dans le siècle suivant. Moraliste sans le chercher, il donne plus de connaissances touchant l'humanité que ne feront les laborieux abstracteurs. Grandgousier est indulgent, parce qu'il a connu la vie, « estoyt bon raillard en son temps, aymant à boyre-net (1) ». « En son eage virile, espousa Gargamelle, fille du roi des Parpaillos, belle gouge et de bonne troigne (2). » On présume assez ce que devait être « l'eage virile » d'un tel héros : de l'union si bien liée naquit un digne fils, lequel eut nom Gargantua.

(1) I, ɪ.
(2) I, ɪɪɪ.

Rabelais le fait connaître, celui-ci, depuis sa première enfance : pour Pantagruel, il fera de même ; on peut même dire qu'il prend ces deux rois beaucoup avant leur apparition à la lumière du soleil poitevin. Car, pour cet ami de la nature, le moindre apanage d'un roi n'est pas sa « puissance germinatifve ». Ce prince, que l'on suit ainsi dès l'origine, est d'abord un gamin, un gamin géant qui enfourche « une jument grande comme six oriflans ». Il se débrouille mal sous la grotesque discipline de ses premiers précepteurs ; et néanmoins il annonce les qualités de sa lignée dans toute leur ampleur intellectuelle et physique : puisque, en arrivant à Paris, sa première question est pour s'enquérir « quels gens sçavans estoyent pour lors en la ville, et quel vin on y buvoyt ». Sans morgue et sans outrecuidance, il assemble son premier conseil pour décider si réellement il convient de rendre ses cloches à l'église de Notre-Dame. Il est père aussi excellent qu'il fut bon fils ; c'est la figure même de l'honnête homme avec toutes ses vertus, solides toujours, éminentes au besoin ; la plus saine poésie coule sans effort sous sa plume ou dans les paroles qu'il adresse à son fils Pantagruel :

« Non doncques sans juste et équitable cause
« je rendz, lui dit-il, grâces à Dieu, mon conserva-
« teur, de ce que il m'a donné pouvoir veoir mon
« anticquité chenue reflourir en ta jeunesse. Car,
« quand par le plaisir de luy qui tout regit et mo-

« dère, mon âme laissera cette habitation humaine,
« je ne me reputeray totallement mourir, ains pas-
« ser dung lieu en aultre ; attendu que, en toy et par
« toy, je demoure en mon imaige, visible en ce
« monde, vivant, voyant et conversant entre gens
« d'honneur et mes amyz, comme je souloys. » Horace montrait déjà comme un premier crayon de ce type paternel ; mais ici la gentilhommerie est en plus, et cette « preudhomye » qu'il prétend léguer à son fils : ce n'est point *Gargantua* vainqueur de *Picrochole* ni *Pantagruel* triomphant sur tant de baroques ennemis qui laisseraient leur bouclier sur le terrain : ils se ressemblent par leur bonté, par leur bravoure, et le père peut dire au fils qu'il le laisse « après sa mort comme ung mirouër représentant
« la personne de moy ton père (1). »

Les mérites de tels princes sont rehaussés par l'adversaire qui leur est opposé. Rabelais dessine, à côté de ses figures vraiment humaines, des fantoches nouïs ou macabres, tels que les gardent les estampes enfumées où se complaisait l'imagination des anciens âges : il excelle dans ces images. Le roi, dans cette cour des Miracles, atteint la grandeur d'un caractère général et impérissable : c'est *Picrochole*, et c'est le fanfaron, le matamore, l'avale-tout-cru couronné, dont la race ne se perd jamais. Hobereau du Bas-Poitou juché dans son castel, ou *yun-*

---

(1) II, VIII.

ker des marches brandebourgeoises promu jusqu'au trône impérial, ce tranche-montagne pour qui l'univers est une piètre scène, l'éternité un indigne avenir, ce type de l'halluciné par orgueil qu'entourent de brutaux soudards, se retrouve dans tous les siècles : Rabelais le pourrait revoir, en ce temps-ci, vers la frontière du nord-est, brouillant tout, coupant, barbouillant à coups de plume, à coups de sabre, prenant son bruit pour de la gloire, et ses visions biscornues ou ses billevesées grossières pour des hauts faits et des oracles.

Ce serait ce Croquemitaine qui pourrait dire, à meilleur droit, le mot de *Pantagruel* : « c'est moy qui mange les petits enfants ». Mises à part les folies nécessaires au genre même et agréables à l'esprit de Rabelais, et malgré les pèlerins mangés en salade, les boulets de canon restant pris entre les dents géantes, les bons princes de ce roman sont des hommes. Le seul Picrochole, pour vouloir être plus qu'un homme, tombe tout à plat.

Jamais folle prétention n'entra dans la cervelle du Frère Jean des Entommeures. Ce moine, suivant le cœur de Rabelais, et sa règle à coup sûr nouvelle, figure les goûts héroïques de l'imagination rabelaisienne. Combiné avec Panurge, cet autre et si différent favori de l'écrivain, Frère Jean donne l'ensemble de l'idéal humain. L'homme libre, vaillant, joyeux, est sous le froc de ce routier, de ce combattant, de ce buveur ; qu'il ait été, comme le veut Ménage, inspiré par un personnage réel, le prieur de Sermaize ou Anjou, dom Buinard, il n'existe dans sa grandeur que grâce à Rabelais ; jamais avant, jamais depuis, pareille déconfiture d'ennemis ne fut faite par un frocard, oncques pareils propos de tables ou pâtenôtres de bataille inventés par un prieur.

Le sage de la troupe, celui qui contient la vue sérieuse et la philosophie pratique, supérieure, de la vie, c'est, comme il sied, Pantagruel. Prince, parrain des quatre livres où Rabelais révèle tout, parrain de l'herbe à la sagesse qui mène au temple de science, Pantagruel n'agit qu'à bon escient, ne parle qu'à propos, s'émeut rarement, règne avec calme sur lui-même et sur tous les autres « gens de bien » ses compagnons. L'auteur lui-même, qui se nomme au passage deux ou trois fois, s'est mis de sa suite. « Je vous ay dict et encore redy que c'estoyt (Pan« tagruel) le meilleur petit et grand bonhommet qui « oncques ceignit espée. Toutes choses prenoyt en « bonne partie, tout acte interpretoyt à bien. Iamais « ne se tormentoyt, iamais ne se scandalizoyt. Aussi « eust-il esté bien foryssu du deificque manoir de « raison, si autrement se feust contristé ou alteré. Car « tous les biens que le ciel couvre, et que la terre con« tient en toutes les dimensions, haulteur, profundité, « longitude et latitude, ne sont dignes de esmouvoir « nos affections et de troubler nos sens et esperitz (1). »

Paroles capitales, qui arrivent lorsque déjà Pan-
(1) III, II.

-tagruel est homme fait, et que Rabelais écrivit pour exposer ce courage allègre qui est sa doctrine ; car il s'échappe ici jusqu'à prendre personnellement la parole, ce qui n'est guère son usage, surtout lorsque les idées graves sont sur le tapis. Tant il a tenu à marquer, aussi fortement que possible, sa foi souveraine dans la vertu « constete au mespris des choses fortuites. » Frère Jean figure les penchants héroïques ; Pantagruel exprime les idées et la philosophie de l'existence chez Rabelais : mais, supérieurs par la force et par la valeur de de l'âme, ils n'égalent point encore en esprit, en ressources, pour la vie originale, cette création favorite du romancier, qui est Panurge.

D'abord, si les princes ont pu montrer une généalogie où se trouve parodiée celle du Christ évangélique, Panurge, pour peu qu'il s'en souciât le moins du monde, pourrait se réclamer d'aïeux plus que royaux, et dire avec un juste orgueil : « Prince ne daigne ! » Sa lignée, elle vient des plus naturelles sèves qu'ait produites le terroir, et par les siècles, à travers fabliaux, chroniques, mystères, moralités et soties, elle s'est épanouie dans maître François Villon et dans son cadet Pierre Gringoire : Villon, le seul poëte que Rabelais, à plusieurs reprises, ait cité par son nom, Villon le libre escholier, a certainement occupé d'une manière unique l'imagination du romancier.

Rabelais eut envers lui cette secrète sympathie qui fait prendre à un écrivain l'œuvre d'un autre pour bréviaire, qui l'incite passionnément à s'imprégner de sa pensée, à la faire revivre avec une joie presque dévote; Rabelais a loué Villon pour sa belle réponse pleine de crudité narquoise (1) au roi d'Angleterre : il a fait par deux fois, et en quelques traits, une légende de cet Enfant Perdu. Il lui a pris des noms, des histoires et, dans les *Repues franches* (III° surtout), maint détail peu recommandable. Sans doute il l'aimait, pour son style, qui lui offrait un modèle de saveur et de coloris, pour son amour de la patrie, de Paris, des bonnes gens de France, pour l'esprit, commun à tous deux, de fantaisie et de pays ; et aussi, car on marque encore ses préférences par les aversions communes, il l'aimait pour avoir berné, haï, trahi, l'autorité des pédants.

« C'est la cause, dit Rabelais en parlant des cou-
« leurs seyantes à son prince, pourquoy *Galli* (ce
« sont les Françoys, ainsi appelez parce que blancz
« sont naturellement comme laict, que les Grecz
« nomment *Gala*) voulentiers portent plumes blan-
« ches sur leurs bonnets : car par nature ils sont

---

(1) IV, LXVII. Un Allemand, le Dr Nagel, a prouvé que Villon n'a pu connaître Edouard V, qui monta sur le trône en 1483, ni le médecin Thomas Linarre. Mais l'essentiel est que la réponse soit digne de Villon et de Rabelais. Cf. S. Nagel, *François Villon, Versuch einer Critischen Darstellung seines Lebens*, und. s. v. Mulheim-a-d. Ruhr. 1856, in-4°.

« joyeulx, candides, gratieux et bien osmez, et, pour
« leur symbole et insigne, ont la fleur plus que
« nulle aultre blanche : c'est le lys » (1). Panurge est
Français en tous les points principaux ; s'il n'est
point candide, on ne peut s'en prendre qu'aux nécessités de la vie, à « faulte d'argent », très ennemie de
la candour. S'il n'est point brave craignant naturellement les coupz », il est fidèle à la plume blanche
que Pantagruel peut porter avant le vainqueur
d'Ivry ; jamais, au plus fort des tempêtes, il ne songe
à laisser le maître que servent ses expédients, et
qu'il a librement suivi, Dieu sait après quelles traverses. Au plus fort de la bourrasque en mer, c'est
au pays de France qu'il emprunte ses invocations :
« Plust à la digne vertu de Dieu, que, à heure pré-
« sente, je feusse dedans le clouz de Seuillé, ou chez
« Innocent le Pastissier, devant la Cave Paincte à
« Chinon, sus poyne de me mettre en pourpoint
« pour cuyre les petits pastez (2). »

C'est la seule fois que le pourpoint du personnage
est nommé ; il n'en est pas de même pour une
autre partie de son habillement. D'ailleurs il n'eût
point dérogé en cuisant des petits pastez, puisque
le pape Jules II, le vieux pontife plastronné par
Gringoire, criait ces mêmes gâteaux dans les enfers,
s'il faut en croire le page Eudémon ; il est vrai qu'il
ne portait plus « sa grande et bougrisque barbe ».

(1) I, x.
(2) IV, 20 ; II, 107.

Panurge est, dès qu'il s'introduit dans la troupe, le premier rôle, le boute-en-train. Des voiles amassés par la prudence enveloppent son passé, dont l'illustre aventure chez les Turcs est le seul mystère qui soit formellement révélé ; mais toute occasion lui sert pour faire valoir sa souplesse infinie. Comme Scapin et Mascarille, il a des cousins à la mode italienne ; le Cingar de Merlin Coccaie est le plus rapproché ; mais, si quelque sot allait nier que la pure veine gauloise soit en Panurge, son rire seul le prouverait, cruel parfois et redoutable, d'une ironie corrosive. Ce frelon dont le dard est, à l'occasion, une dague bien affilée, pareille à celle de Villon, c'est une mouche du pavé parisien ; la rue du Fouarre a vu son premier vol et affilé ses premières armes. Dans Patelin, dans l'Ysengrin de *Renart*, il s'est essayé ; Rabelais le produit achevé de toutes pièces, et sorti de la chrysalide.

Compagnon et client du maître, Panurge donnera naissance à cette race de valets qui, dans Molière, dans Le Sage, dans Beaumarchais (1), éterniseront, sur la scène et dans le roman d'aventures, le type de la pénurie souveraine auprès du riche, et de cette dextérité, qui deviendra triomphante, dans une société de jour en jour plus affaiblie, plus émiettée et moins scrupuleuse.

---

(1) Marc Monnier a omis Panurge dans son livre sur les aïeux de Figaro (Hachette, 1868).

La comédie, qui occupe presque entièrement les premiers livres du *Pantagruel*, tourne autour de Panurge. C'est lui qui confond les sophistes, lui qui narre les beaux devis, lui, toujours lui, qui raccommode les têtes coupées et qui berne amèrement les imbéciles ou les pédants ; non qu'il échappe cependant à la raillerie dont il est si prodigue. Rabelais est libre avec lui, le manie et le domine : plus Panurge que Panurge même, il montre le « mauvais garçon » devenu vieux garçon. Il le promène, comme on fait un malade, de consultant en consultant, alors qu'il veut se marier, pour lui bien faire connaître les horreurs préliminaires et les affres préparatoires du pacte social. Tout y passe, sorciers, sibylles, poètes, médecins, philosophes, juges, muets, théologiens ; et tout, en somme, se résume dans la parole de saint Paul. « Je vous prie de vous rappeler les paroles de saint Paul », écrivait à un vieux ami la femme d'un mari fort illustre, « mariez-vous, vous « ferez bien, mais vous feriez mieux de ne pas vous « marier (1). » Que Panurge cependant ne dût point être un mari commode et complaisant, on le sent assez par sa réponse à Frère Jean des Entommeures ; il tolère, il aime le mot, mais il châtie le fait, au besoin ; et lorsque le moine, fidèle à la coutume de son ordre, l'a menacé d'essayer sa future femme, à lui Panurge, « quand, dit Frère Jean, vous serez

---

(1) Mme de Chateaubriand. Lettre à M. Frisell, citée par M. Bardoux, *Madame de Custine*, éd. in-12, p. 352.

marié, nous ferons l'essay sus vostre femme : pour l'amour de Dieu soyt, puisque vous nous en donnez instruction fort salubre. » — « Voyre, respondit Panurge, et soubdain en lestomach la belle petite pillule aggrevatifve de Dieu, compoussée de vingt-deux coupz de poignard à la Cesarine. »

Le flot intarissable de la facétie n'a point emporté Rabelais à oublier ce qu'aurait eu de trop fantaisiste, ou de blessant, et de monotone, une plaisanterie, bien conventionnelle, sur la vertu féminine ; et c'est là, c'est dans ces chapitres qui sembleraient une satire sans adoucissement, qu'on lit un portrait, unique sans doute parmi les brocards dont notre ancienne littérature familière couvrait la femme ; elle a trouvé dans le railleur un homme capable d'écrire cette louange : « Iamais vostre femme ne » sera ribaulde, si la prenez yssue de gens de bien, « instruicte en vertus et honnesteté, non ayant hanté « et frequenté compaignie que de bonnés mœurs, « aymant et craignant Dieu, aymant complayre a « Dieu par foy et observation de ses saincts com- « mendemens, craignant l'offenser et perdre sa « grâce par deffaut de foy et transgression de sa « divine loy ; en laquelle est rigoureusement deffendu « adultere, et commendé adherer unicquement « à son mary, le chérir, le servir, unicquement lay- « mer apres Dieu (1). » Seulement, comme le conseil-

---

(1) III, xxx.

leur de Panurge, le Père Hippothadée, « n'est et ne fent oncques » marié, le doute subsiste ; et Panurge, avec son maître, s'embarque sur mer, préférant sans doute les flots et les îles inconnues, aux océans plus incertains et aux terres aussi mystérieuses du mariage.

III

Cette navigation vers la folle Atlantide, où se découvrira le mot de la dive bouteille, elle va conduire la nef de Pantagruel à travers les courants et sur les rivages les plus fabuleux. On y ricoche de Rien-du-Tout (Mêden) en Néant (*Uti*, οὔτι) par Point, Rire (*Uden*, *Gélésin*), les îles des Phées, et le royaume de Sans-Pays (*Achorie*). Plus semblable encore à un songe creux que la fameuse odyssée de saint Brandan, cette équipée prend souvent même l'apparence d'un cauchemar, avec ses lanternes, ses sonnettes, ses oiseaux parlants, ses andouilles. Pourtant, lorsque l'on y revient, on voit bien vite ce que cèle tout ce clinquant de billevesées ; jamais Rabelais n'a serré, dans une folie simulée, de plus fortes réalités, et de plus près ; c'est jusqu'à ce point-ci qu'il est demeuré dans la joie véritable et la fantaisie. Maintenant, les temps s'assombrissent, la vie lui a laissé ses traces, le ressentiment et le mépris se sont amassés et s'épanchent : il va mener son œuvre entière jusqu'au suprême sacrifice sur les autels de la science, mais il la mène en déchirant et en démasquant au passage tout l'état social d'alors, du haut en bas, du juge au prêtre, de Paris à Genève et Rome. Qu'il ait dérouté comme il peut les puissances redoutables en barbouillant une suite de déguisements et de Mardi-Gras, la raison en est assez naturelle Il savait désormais sa force, le succès la lui avait apprise. Et le merveilleux instrument de son langage avait assez plié, ciselé, tranché sous sa main, pour qu'il connût la valeur et la portée de l'arme qu'il s'était forgée.

Cette langue de Rabelais, qu'on n'étudiera jamais trop, elle avait ce mérite double, d'avoir évité pour elle-même, d'avoir vaincu pour l'avenir, les défauts qui menaçaient l'idiome français en pleine croissance, comme aussi de s'être créée, de toutes pièces presque, par son pouvoir intime et naturel.

L'ennemi qu'avait du premier pas reconnu Rabelais, c'était le pédantisme factice, aisément renaissant chez nous. C'est, aujourd'hui, des Levantins ou des bacheliers trop naïfs et ignares qui le propagent; au XVIe siècle, il apparut à Pantagruel sous la forme d'un escholier Limouzin ; on ne sait si ce provincial était parent de celui qui vint à Paris, au temps de François Villon, afin d'y faire une « repeue franche » et que l'hôtesse du Pestel, rue de la Mortellerie, « dioyt aller à pied, faulte d'asne ». A coup sûr, c'était un suppôt de ces « escumeurs de latin » contre lesquels s'est indigné le bon imprimeur Geoffroy Tory de Bourges, en son Champ Latin, dès l'année 1529. « Me semble, disait cet imprimeur sain d'esprit, qu'ils se mocquent non seulement de leurs semblables, mais de leur personne. » Rabelais lui donnait raison, et lui emprunta quelques phrases pour le jargon de son escholier : sur l'escholier même, il lâcha Pantagruel, qui le saisit à la gorge et lui fit parler son patois naturel.

Si les « patois étrangers » (1) indignaient Rabelais, il ne se privait pas de prendre aux patois indigènes un riche filon de son trésor verbal. Toutes les provinces françaises, parcourues, fouillées, fournissaient un apport constant. En mêlant, au prodigieux alliage qui est sa langue, les parlers locaux et les bigarrures, Rabelais était dans la pleine tradition des langues latines ; il suivait le mouvement, si souvent romain et antique, de son style, il obéissait aux procédés même de la Renaissance française ; car les mots de tous ces patois étaient bien souvent latins encore, qu'ils fussent tourangeaux ou vinssent de la Provence, « toujours mutilés, il est vrai, — suivant une sentence magnifique, — comme les obélisques et les statues qui tombaient entre les mains

---

(1) Musset.

des Barbares » (1), mais enfin latins d'origine, quoique l'aspect, le sens et la valeur en ait changé. Il est d'ailleurs aussi contraire à la vérité qu'il est conforme à la routine de considérer Rabelais comme ennemi de la Pléiade. Ronsard fut seul hostile, et pour des raisons personnelles ; mais Joachim du Bellay, le porte-étendard du cénacle, célèbre Rabelais à plusieurs reprises, et l'appelle l'« utile-doux » (2).

Cela donnait à Rabelais plus d'aisance pour les emprunts qu'il faisait largement, ainsi que font les maîtres de génie. On n'invente bien qu'avec des éléments appropriés, non incohérents. Et de même que l'invention fabuleuse de son roman ressemble aux livres d'Apulée et aux dialogues de Lucien qu'il avait lus et qu'il citait, de même les parties intégrantes de sa langue, le mouvement et la méthode de sa syntaxe et de sa phrase demeuraient infiniment aptes à tout accueillir, parce que rien, en somme, ne venait les enrichir et s'y modeler qui ne fût du trésor commun et ne procédât de l'obscure tradition des mêmes races. Les patois, d'ailleurs, façonnés par l'esprit populaire, donnaient à la langue de Rabelais les mêmes richesses et lui inculquaient les mêmes vertus dont les traditions, œuvre de l'imagination populaire, avaient vivifié son génie et soutenu son invention. Sous l'orageuse ondée de son

---

(1) Rivarol, *De l'universalité de la langue française*.
(2) J. du Bellay. Seconde édition de l'*Olive*, 1550.

génie, particulièrement doué pour ces miracles de la forme qui manquent à certains grands esprits, Rabelais a fait fleurir et foisonner la langue un peu nue et réduite du moyen âge : il a laissé pousser en masse, pêle-mêle, les herbes folles avec les plantes précieuses, laissant la besogne du tri pour les éplucheurs et regrattiers. Où sont ces fusées de fantaisie, lorsque l'on entre dans ce jardin à la Lenôtre, si bien ratissé par Malherbe au siècle suivant? Mais chez Rabelais nous sommes dans le plein printemps.

Aimant avant tout à lire les Grecs, il se délectait des *Moraux* écrits par le même Plutarque dont Amyot viendra bientôt extraire une si ample matière de mots et de tours (1). On sent bien qu'il doit y avoir dans un trésor ainsi formé, des disparates, à la fois des manques de proportion et de la surabondance ; mais tout s'efface devant le profit et le bonheur d'un tel effort. Ne peut-on pas dire de lui ce qu'un des tout premiers écrivains sur le second rang écrivait au siècle dernier à propos d'un autre franc Gaulois : « qu'en ne donnant pas à la langue des formes si pures, il lui prêtait des beautés plus incommunicables » (2)?

Rabelais devait céder, par l'influence du temps

---

(1) On a vu (p. 16) comment nous possédons encore son exemplaire. La signature en a été reproduite dans l'ouvrage de M. Heulhard, p. 161.

(2) Rivarol, *ibid.*, à propos de La Fontaine.

où il vécut et par son goût extrême pour toute science, à l'empire du grec et du latin : sa langue s'en est ressentie. Il a beau dire qu' « il nous con-
« vient de parler suivant le languaige usité », lui-
même n'est pas toujours sauf de la « redondance latinicome ou hellénique ». Il parlera du « souve-
rain plasmateur », de « lycisque orgoose », forgeant des mots aussi barbares et inutiles que ceux de telle science moderne ; certes, « pecile, et leuce » ne manquaient pas (1) au vocabulaire équestre et n'ont pas tenu, pas plus que « vacques » n'a détrôné vide. Il n'est pas jusqu'à l'Allemagne qui, si l'on cherchait bien (2), n'eût la responsabilité d'une période, pesante dans son allure inusitée, comme un Français leste et gaillard encaqué dans une armure de che-
valier teutonique. Au point de vue de la syntaxe, ni les ablatifs absolus du latin ne se sont implantés, ni les tournures grecques mal accommodées à notre usage (3).

Car il prenait de toutes mains : dans Folengo, chemin faisant, il glanait des façons de dire, puis il revenait aux anciens, fondait tout à sa flamme propre ; il suffit, pour voir comment, de comparer chez lui l'histoire de Bucéphale avec le texte d'Amyot.

Mais ce style, nourri d'éléments divers, écrasé

(1) I, xi.
(2) III, xv. — I, xv. — I, xviii. — I, xx, — etc.
(3) I, xv, p. 55, éd. Jannet.

parfois de trésors, enivré de lui-même et titubant sous la fumée des mots qu'il presse, ce style n'est jamais cherché froidement, par un parti-pris. Il n'y a point de jonglerie bonne pour les rhéteurs, aucun amusement d'impuissance intellectuelle, nulle de ces laborieuses mosaïques, jeu préféré des phraseurs de décadence. La pensée est partout, déborde avec une joie, avec l'élan d'une force exubérante et jeune qui l'anime, l'emporte et l'entraîne. L'idée est çà et là noyée, ralentie par le torrent du verbe : elle n'en est jamais esclave, elle n'est, surtout, jamais absente et sacrifiée pour un cliquetis vain et faux.

Dans la langue et le style de Rabelais se retrouvent le double courant et la force, de tradition à la fois et de progrès, qui se marquent dans son esprit et dans l'inspiration de son œuvre.

C'est un des charmes de la langue qu'il façonne et qu'il assouplit, qu'elle garde encore beaucoup les bégaiements gracieux du moyen âge. Dans les premiers livres surtout, où l'on peut lire de très vieilles formes, telles que « *cil !* ne fust pas » (1), des manières de parler naïves, comme « Monseigneur Saint Luc ». Et puis, à côté de cela, tout d'un coup une longue phrase bien assise en sa période et se déroulant avec une ampleur inconnue jusqu'alors (2) : des mots nouveaux. Ainsi que chez Montaigne, des ad-

(1) I, xvii.
(2) II, ii, « le philosophe raconte », etc.

jectifs formés par l'écrivain, dans une abondance extraordinaire.

Cervantès dit en sa préface du Don Quichotte qu'il faut tâcher « qu'en lisant son histoire, le mélancolique ne se puisse empêcher de rire, que les gens d'humeur rieuse sentent leur gaîté redoubler, que les simples ne s'ennuient pas des inventions, que les hommes d'esprit les admirent. » La recette est de Rabelais, comme celle donnée par l'Espagnol dans son *Viaje al Parnaso* (1). Pour produire ces effets si congruents avec les penchants de son propre esprit, Rabelais accumulera tous les proverbes, les dictons (2); afin d'étoffer son langage, il prendra les plaisanteries demeurées encore aujourd'hui parmi les frères de Gavroche, graine de Panurges; les vieilles chansons de métier seront bonnes là, de même que les refrains de mère grand et de nourrices. On veut que Pétrone ait fourni le modèle pour les propos de buveurs (3) : ce n'est plus, en tous cas, aux lectures latines, mais aux souvenirs de l'imprimerie, chez Etienne Dolet ou Sébastien Gryphe, qu'il emprunte la comparaison des gens qui rient « comme ung tas de mouches » ; elle est saugrenue et bi-

---

1) « Yo ho dado... pasatiempo
    Al pecho melancolico y mohino. »
          Cervantès. V. al P. c. IV.

(2) I, XI.
(3) I, V.

zarre pour qui n'a pas ouï cette chanson conservée dans les ateliers d'imprimeurs :

« Les mouch'qui était au plafond
Qui se crevai'nt de rire !
Y en a un' qui a tant ri, bon !
Qu'ell' s'a cassé la cuisse ! »

Et le petit Gargantua raillera les gens du seigneur de Painensac avec les mots, les facéties et les tournures d'un gamin de Maubert ou du faubourg Saint-Marceau, né sur les bords de la rivière où « Guobelin taint l'escarlatte » et dont les chiens excités par Panurge ont fourni l'onde mal odorante.

Ces antiques façons de dire « Monsieur de l'ours » ou « Monsieur l'appétit », le Bonhomme les reprendra, se plaisant à s'affilier avec Rabelais, donnant même à son curé (1) le nom que Panurge octroyait au meilleur trésor de sa personne.

Rabelais préfère certainement cette façon de linguistique aux doctes étymologies : avec une gaîté plus franche toujours que celle dont Voltaire ornera les mêmes sujets, Rabelais raille la science des origines en ces termes : « Guaillardon (par syncope) na- « tif près de Rambouillet, le nom du docteur culinaire « estoyt Guaillartlardon. Ainsy dictes-vous idolâtre « pour idololâtre » (2). Aux calembredaines il sait

---

(1) *Le Curé et le Mort*.
(2) IV, XL. Cf. aussi II, 173.

mêler les calembours, si chers à tous les inventeurs et rénovateurs du langage : ils sont quelquefois au-dessous du médiocre : « Appellez-vous cela leude « *jeunesse* ? — Pardieu, ieu n'est-ce » (1) ! Ils sont souvent terribles, et l'arme, inoffensive et mousse en apparence, perce à fond, à mort : c'est quand, négligemment, par une de ces fautes qu'il reprochait aux imprimeurs, il met « Ane » à la place d'âme, et blasphème avec sécurité ; quand, au lieu de « gentilshommes », il appelle les hobereaux des « janspillhommes de bas-relief » (2).

Quant aux allures d'un tel langage, elles sont comiques si foncièrement que Molière n'empruntera nulle part autant de mouvements pour ses scènes les plus naturelles : dialogues familiers, contradictoires (3), refrain d'homme préoccupé par une idée fixe (4), les servantes de l'auteur comique, ses médecins, l'Orgon dans *Tartufe*, « parleront Rabelais », si les Femmes savantes « parlent Vaugelas ». C'est que Rabelais a su donner l'illusion même de la langue parlée : il y est parvenu à force d'art et de génie, du meilleur, celui qui se cache. Si bien que les historiens littéraires des pays étrangers s'y trompent, et le croient naïf. Cette naïveté-là, les artistes la connaissent bien, elle est sœur d'un cer-

(1) IV, xv.
(2) IV, prol. nouveau.
(3) II, III.
(4) IV, LIII.

tain don que les aveugles prennent pour la facilité, que les gens du métier remarquent comme le comble de la force.

Chaque personnage, non seulement parle naturellement, mais emploie les termes particuliers à son état, à sa naissance, à sa province; Nord et Midi, Loire et Lorraine (1), tout contribue : le bûcheron Couillatris, qui est Chinonais, lorsque Jupiter l'a fait riche, achète « force métairies, force granges, force « censes, force *mas*, force *bordes* et *bordieux*, force « *cassines*. » Tous les mots du pays défilent, les tourangeaux, les berrichons, ceux de Gascogne et de Provence.

Plus d'une fois même, la verve emporte Rabelais. La joie d'accumuler les mots devient une vraie possession; la phrase s'emplit et divague, délire presque sans raison. Il semble qu'un vent de folie souffle sur ce style touffu, jette pêle-mêle un amas. Il y a, surtout quand le fond devient graveleux, des passages qui ralentissent le roman, où la force même de

---

(1) Rabelais lui-même a noté (glossaire de 1552 pour le *quart livre*) ses emprunts au patois messin. V. aussi des jeux, noms et cris relevés par Bégin, *loc. cit*. C'est peut-être de son séjour à Metz, qu'outre les mots de patois lorrain, il a pris cette préférence, pour les terminaisons en *in*, en *an*, et les *Z* substitués aux *S* dans le pluriel. Quant au Berri, voyez le *Bas-Berri*, revue mensuelle illustrée, t. II, 1876, in-8°. Châteauroux, Murets fils, et *Recueil des expressions qui, employées par Rabelais, sont encore en usage dans le Berri*, par le Dr Labonne. Châteauroux, Majesté, broch. in-8°.

l'imagination se perd en des litanies baroques, parfaitement vides de sens ou du moins d'intérêt. Mais c'est l'excès même de cette puissance et de la jouissance débridée, qu'Aristophane avait déjà montrée dans la même faculté : Θησαυριχρυσοχοχρυσίδης fait-il pas pendant à l'*Antipericatametanaparbeugendamphicribrationes*, ornement de la Librairye en l'abbaye de Saint-Victor? Passionné pour les mystères, à la fin de sa vie et dans la dernière partie de son œuvre, ainsi que fut Aristophane (1), Rabelais, outre mille autres ressemblances, a ce point commun avec le poète grec, qu'il s'affole de sonorités, de mots démesurés, entasse les onomatopées, s'ébaudit aux chocs de syllabes, cherche les cocasseries du rythme après celles de la pensée et de la phrase. En une seule page (2), voici le fourmillement qui débonde et grouille : c'est « desincornifistibulé, démandibulé, esperruquamluzelubelouzerilerelu, morrambouzenezengouzequoquemorguatasacboucgueuzinemaffressé, frappin, frappeur, frappar, morcrocassebezassevezassegrigueliguoscopapondrillé, morderigrippipiotabirpfreluchamburelucoqueturintimpommemens ». Ailleurs, les harmonies imitatives du langage se notent dans le parler de ce personnage qui

---

(1) *Etude sur le symbolisme dans Aristophane*, par Ch. Lenormant. *Cur Plato Aristophanem in convivium induxerit*. Paris, Didot, 1838, in-4°. Du même : *Rabelais et l'arch. de la Renaissance*. Paris, Didot, 1840.

(2) IV, xv.

« marmonne » de la langue : « mon, mon, mon,
« vrelon, von, von, comme ung marmot (1) ».
Comme un marmot, ou comme un héros, car ce
« vrelon, von, von », figure en refrain dans la vieille
chanson de guerre, la *Bataille de Marignan*, composée
pour François Ier, par maître Clément Jannequin :
« cette chanson-là, suivant un contemporain,
« quand on la chantoit, cette chanson de guerre...
« il n'y avoit celui qui ne regardât si son espée
« tenoit on fourreau, et qui ne se haussât sur les
« orteils pour se rendre plus bragard et de riche
taille » !

Malgré ses écarts, ses lourdeurs, on ne trouverait
guère un style « aussi bragard et de riche taille »
que celui de Rabelais. C'est que les énumérations,
les amoncellements de mots et de formes ne sont
point chez lui comme chez un Jehan le Maire, un
exercice de pédant. Cette gymnastique effrénée donne
à son langage la même sûreté, la même souplesse
d'effets que l'exercice, en apparence inutile ou exagéré, donne aux muscles d'un athlète, aux membres
d'un clown, au poignet d'un tireur d'épée.

Où n'a-t-il pas mené son langage pour l'enrichir ?
Les états, les métiers, les jeux, les sciences, la vénerie, les langues d'Europe et d'Orient, les idiomes, les

---

(1) IV, xv.

(2) L'argot parisien : « n'y avait plus d'*aubert* en la fouillouse », argot pur de M... *aubert* (mauaubert).

patois, l'argot parisien et provincial (2) ont leur part dans l'alluvion qu'a laissée en cette infatigable mémoire l'errante vie toujours si fructueuse à l'artiste, l'universel savoir alors possible à l'écrivain. Ici, l'on tombe (1) sur « coustiers » qui est un terme de marine, employé, suivant l'inflexible méthode de Rabelais, dans son sens propre et originel; là, c'est des termes poitevins, « bussart », « plumail », ou tourangeaux, « rabouillère », des mots qui viennent de Metz « hoder, machura »; « chapoter » est une expression favorite du Guignol lyonnais; « treper » vient du Centre; les Lorrains disent « trepler, ou triper (tripare, tribulare) »; cette moisson fut vannée et blutée (2) par Malherbe et consorts; et la stérilité triompha durant un temps. Mais, qui donc relira Malherbe désormais? Vaugelas, Guez de Balzac, dorment avec lui; Boileau seul, par la partie gauloise de son œuvre, par le *Lutrin* surtout, survit.

Les accents provinciaux même se retrouvent à l'occasion chez Rabelais: dans ce chapitre qui dépeint (3) marchants et errants, ces anciens chemins de la France où il avait glané le meilleur de son

---

(1) IV, LII.
(2) Poëy d'Avant, *De l'influence du langage poitevin sur Rabelais*. Lorrain, *Glossaire du patois messin*. *Théâtre du Guignol lyonnais*. Lyon, Scheuring, 1865-1870, et Monavon, 1890, in-8°, etc.
(3) V, XXVI.

bien, lorsqu'il vient à parler du chemin qui joint Péronne à Saint-Quentin, il adopte sur-le-champ la prononciation locale, ainsi que fera La Fontaine dans *le Loup, la Mère et l'Enfant*; au lieu de correctement écrire « chemin » en bon français, ainsi qu'il faisait jusque-là, il met l'orthographe picarde, « le vieux quemin ». Autre part il saute en Provence : le *Calen* du pays se trouve à l'improviste dans le trait où Rabelais marque pour Pantagruel « qu'il n'y a plus d'olif (olive) en ly caleil (lampe provençale pareille aux lampes de l'antiquité) ».

Mais surtout, l'incomparable régal que donne cette langue, c'est son harmonie intrinsèque et les effets inouïs qui lui sont particuliers. Rabelais avait écrit beaucoup de vers, Colletet l'assure (1), et bien que les vers disséminés dans le roman soient médiocres, ils marquent de l'expérience. Il pourrait donc dire comme le jeune Gargantua : « Ouy dea, mon roy, je rhythme tant et plus » (2). Et du médiocre poète sortit un prosateur unique.

Le premier, sans doute, et l'un des seuls qui ait si dextrement manié le langage, et de telle sorte formé l'expression nouvelle, qu'un charme ou qu'un comique d'une espèce encore inconnue se dégage des mots ainsi disposés. Il y a telle phrase de Rabelais qui fait rire le lecteur ou qui jette à bas

---

(1) Cf. 1re partie.
(2) I, xiii.

l'ennemi, sans que rien d'abord avertisse, et seulement par la vertu propre des mots adaptés suivant une ordonnance dont le secret lui appartient. Aucun écrivain n'a si bien compris, et, les comprenant, exécuté d'une main aussi magistrale, les combinaisons destinées à produire spontanément un résultat de drôlerie, de satire ou de pittoresque. Cette valeur singulière, c'est l'essence même de l'*humour*.

Ce style est si jaillissant et si spontané d'apparence, qu'il déçoit complètement le sens critique des historiens nés hors de France ; un auteur anglais, le meilleur qui ait traité de Rabelais, se fourvoie jusqu'à écrire : « Rabelais pays no attention to style » (1), ce qui est une simple hérésie, car Rabelais s'est travaillé plus que pas un autre ; un immense labeur préparatoire est sous cette suprême aisance, et rien ne le prouve mieux que de voir ce style changer selon les personnages et les circonstances, par exemple dans les harangues d'Ulric Guallet à Picrochole, dans les lettres de Gargantua pour son fils, — où la phrase se fait latine absolument, — dans les énumérations joyeuses — où elle prend les caractères les plus gaulois et familiers.

Un critique de la forte espèce, a traité d'« *inorganique* » la phrase de Rabelais, comme au reste celle de Montaigne ; Rabelais parle souvent pour le

---

(1) *Rabelais*, by Walter Besant. Coll. Oliphant, London. Blackwood and son, 1879, I, p. 19.

plaisir ; mais, grâce aux dieux, on nous a faits trop forts sur l'évolution et les sciences naturelles pour que nous reprochions à un être l'exubérance de ses organes, caractère qui n'est en somme point *inorganique*, il s'en faut.

Rabelais s'écoute conter, se complaît en son œuvre, s'étend sur les exemples, multiplie les détails, entasse les incidentes. Nous ne comprenons plus trop bien, nous autres qu'on a saturés d'imprimés, bourrés de *copie* indigeste, cette profonde volupté qu'avait un homme de ce temps à épanouir sa pensée. L'imprimerie était nouvelle. On n'était ni blasé sur les livres ni submergé par leur marée. L'état d'écrivain n'était pas un métier. Tout cela nous est devenu lettre close, comme aussi cet autre bonheur, qu'avaient les siècles précédents : faire passer les attaques contre des pouvoirs redoutables, les satires plus ou moins déguisées de la force et de la tyrannie ; lancer obliquement ces paroles qui s'enfoncent, qui se répandent, qui travaillent sourdement l'homme ou l'institution auxquels désormais elles sont attachées, les minent, les souillent, les mènent insensiblement à leur perte.

Si le style enfin est parfois quintessencié, se surcharge ; au XVIe siècle — il resterait d'ailleurs à prouver que celui du XVIIe, si souvent plat et pénible, est préférable, — c'est que notre langue est encore adolescente et fruste. La phrase, chez un écrivain de génie, est d'autant plus chargée qu'il travaille sur une terre molle encore, avec un plus jeune idiome. D'ailleurs, la langue française de ce temps, assez anarchique dans sa syntaxe, regorgeait des mots déversés par les langues classiques, et par l'italien, l'espagnol, l'Europe et l'Orient. De tout ce métal en fusion, que Rabelais trouve tout bouillonnant encore et mêlé de scories, sortira la prose ferme et souple, riche et sonore, l'alliage corinthien. Mais nul ne l'a plus largement coulé, plus fortement pétri, forgé plus ferme, et su plus fièrement ciseler.

Pour trouver, dans l'histoire de notre littérature, un homme qui donne un pareil coup au gouvernail, oriente avec cette force le langage français vers des étoiles inconnues, il faut aller jusqu'à Rousseau. La différence est que Rousseau, sans parler de son empire sur l'imagination littéraire, agit surtout, quant à la technique même, sur la phrase, sur l'ordre que prendront les mots, et sur la valeur relative que saura leur donner cette manière de les placer. Rabelais a fondé surtout le verbe même, l'élément premier de la phrase, le terme concret et vivant, qu'il forme ou rajeunit, enrichit de sève et de force. Maître ouvrier de notre langue, il eut encore ce mérite et ce bonheur qu'il fut aussi l'ouvrier de la première heure.

IV

Si Rabelais ne négligeait aucune des ressources qui pouvaient exalter en lui ce merveilleux don de l'invention verbale, à mesure que s'avançait son œuvre, il déployait aussi toute sa force et s'élevait toujours plus haut dans l'invention morale, si l'on peut dire, dans la création des caractères et dans l'art de les combiner par une action et des réactions communes. Toute la société du temps, sous une forme générale et par conséquent assez large pour rassembler des traits éternels tout en gardant son mérite particulier, revit à travers les scènes successives du roman. Et chaque pas fait mieux saisir les opinions de l'auteur, ces vues originales sur les hommes et sur le monde, qui sont l'essence même d'un esprit et dont la postérité lui demande compte afin de le juger suivant ses réponses.

Naturellement, comme presque tous nos écrivains supérieurs dans l'ancien régime et surtout en ce temps-là, Rabelais marche ostensiblement avec le pouvoir royal ; non moins que Villon, il louerait sincèrement « Loys » ou « François le bon roy de France ». Plébéien, il ne le fut nullement ; il faut que le populaire en fasse son deuil, la vieille France n'eut pas souvent cure de lui. Le ton de Rabelais parlant de la foule n'a rien de sympathique ni de respectueux.

« Toute la ville fut esmeue en sedition, comme vous
« sçavez que à ce ilz sont tant facilles, que les
« nations étrangères s'esbahyssent de la patience
« des roys de France, lesquelz aultrement par bonne
« justice ne les refrenent, veu les inconvéniens qui
« en sortent de jour en jour (1). » S'il a préparé et
surpassé Rousseau dans la pédagogie, Rabelais n'est
point un ancêtre pour cette folie de rhéteur qui
s'appellera le *Contrat social*; l'assemblée du peuple
est pour lui la réunion de gens « folfrés et habelinés ».
Il a présagé par ses satires la réforme des classes et
des institutions existantes; il n'a jamais prôné la
populace, et quoi qu'en dise La Bruyère, la « ca-
naille » n'a point ici de régal. Ce n'est pas qu'à l'occasion une légère facétie n'échappe contre la cou-
ronne : Trudon se voit offrir par le Chicquanous
manchot qui traitait si singulièrement les nouvelles
mariées « ses belles, grandes, vieilles Lettres
Royaulx, qu'il a icy en son baudrier, pour rape-
tasser son tabourin défoncé » (2). Mais enfin les
lettres royales ont encore un usage noble ; qui dira
celui dont les Décrétales et les bulles pontificales
sont déshonorées!

La Sorbonne, cette vieille ennemie du pouvoir
royal et de la pensée indépendante, reçoit déjà des
coups plus roides et mieux assénés. Rabelais fait

---

(1) I, xvii.
(2) IV, xv.

d'abord paraître à l'improviste l'exemplaire du vrai lettré, le précepteur Ponocrates; la première question posée par Ponocrates au maître « inerte » (c'est le nom inattendu du maître ès arts), c'est celle-ci : « que quiert votre momerye »? On sait avec quelle abondance et quels flots, tout autres que ceux de la parole, son élève allait accueillir les maîtres sorboniques. Rabelais se plaît à les couvrir de ridicule les uns par les autres. Sales et décrépits, avides et rapaces, ils se disputent un butin grotesque, du drap, des chausses, des saucisses, durant l'exercice même de leurs fonctions « en plain acte tenu chez les Mathurins ». Pareille au bâton enchanté qui se tournait contre son maître, leur propre langue les brocarde, en mots terribles, les outrage. « Ce nonobstant, luy
« fut répondu qu'il se contentast de raison, et que
« aultre bribe n'en auroyt. Raison! dit Janotus,
« nous n'en usons point céans. Traistres malheureux,
« vous ne valez rien. La terre ne pourté gens plus
« meschans que vous estes. Je le sçay bien : ne clo-
« chez pas devant les boyteux. J'ai exercé la mé-
« chanceté avec vous. Par la ratte dieu, je advertiray
« le *roy* des énormes abuz qui sont forgés céans, et
« par vos mains et menées. Et que je soye ladre
« s'il ne vous fait tout vifz bruler comme bougres,
« traistres, herectiques et séducteurs, ennemis de
« dieu et de vertus ». Le sophiste soufflant leur feu à la face des autres sophistes, c'est une invention de satire qui ne sera point dépassée : la formidable

haleine de Rabelais attise ce feu qu'il voudrait voir
flamber aux trousses de ses pernicieux ennemis.
Tout en les faisant criminels, il prétend surtout leur
valoir la risée et le mépris. La Sorbonne apparaît
en la personne d'une ganache accomplie, maître
Janotus de Bragmardo, « tondu a la cesarine, vestu
de son liripipion a lanticque » ; avec la majesté qui
sied à toutes les demarches d'une telle bedaine, il se
« transporte » au logis de Gargantua, « touchant
devant soy », c'est le mot qui sert pour les bœufs,
« trois vedeaulx à rouge museau » (dans Boileau ils
seront quatre) « et traînant après cinq ou six maistres inertz, bien crottez ». Ponocrates, qui rencontre
au seuil ce cortège absurde, « en a frayeur en soy, les
voyant ainsy desguisez, et pensoyt que fussent quelques masques hors de sens ». Une momerie, c'est,
avec le nom de sophistes, le mot qui revient
pour toiser ces fantastiques défilés des tousseux.
Ne pas prendre au sérieux les gens dont la feinte
gravité fait toute la force, n'est-ce pas la pire injure ?

Le latin que cuisine Janotus n'est pour rien dans le
succès de son ambassade, pas plus que la majesté de
son grade ; on se débarrasse de lui sans l'écouter,
avec un don qui est une aumône. Il mêle imperturbablement, dans le jargon qu'il marmotte, les syllogismes baroques, les fragments de rabâchage scolastique demeurés flottants en sa cervelle ramollie, les
bribes du bréviaire, les vieilles élégances de cahiers

d'expressions, cicéronismes surannés et douteux, citations usées ; il finit en déraisonnant. En un siècle, on a fait force chemin, depuis le temps ou le *Petit* et le *Grand Testament* de Villon lâchaient aux écoles des plaisanteries qui, placées auprès de telles rebuffades, paraissent bien anodines.

Dans toutes ses attaques, sa vengeance vient d'une aversion envers ceux qui faussent la nature et la violentent. Il irait au besoin au rebours de l'opinion, pour détruire Antiphysis. Il n'a pas le souci, très français, de suivre l'idée commune, ce respect du sentiment adopté par le grand nombre, si puissant chez Montaigne et, après Montaigne, dans presque toute notre littérature. Il vit, et surtout, ce qui est plus à la portée d'un homme, il pense suivant son gré, s'abandonnant à sa pente comme le fera La Fontaine, mais sans rien de l'indolence du nonchalant poète. Rousseau, lui seul encore, Rousseau cherchait ainsi la « nature » et s'en faisait l'apôtre. Mais la misanthropie de Jean-Jacques est un perpétuel et suprême hommage à l'opinion ; Rabelais est naturel avec la nature, accepte l'humanité pour lui rendre toutes ses vertus, sans lui faire l'honneur de souffrir et de se désoler pour elle.

On ne peut lui reprocher d'avoir gardé son optimisme parce qu'il voyait trop en beau le genre humain : sa théorie de l'existence est fondée plus solidement que sur des illusions; c'est du tempérament qu'elle procède, et d'une idée philosophique, d'une

vénération presque religieuse pour la « *gran madre
antica che rivenga* » (1).

Mais, indulgent pour l'homme pris dans son être
idéal, il sait plus que personne aiguiser la pointe
contre les hommes divisés en groupes sociaux. Les
états les plus révérés passent sous ses terribles étrivières, jusqu'au moment où l'État même qui semble
l'intermédiaire entre le monde et le surnaturel, et
que l'on pouvait croire mis entre ciel et terre, à
l'abri, cet Etat, et jusqu'à son chef souverain. es-
suient les bordées les plus meurtrières.

Médecin, Rabelais n'a fait qu'une plaisanterie
bénigne sur ses confrères, prétendant « qu'ils sentent les clystères comme vieux dyables ». Cela ne va
qu'à fleur de peau. Rien n'est moins regrettable,
quand on voit quel navrant comique, de la dernière
qualité, les facéties sur les médecins ont donné dans
notre théâtre. Lui-même, le romancier demeure toujours empreint de ses études médicales : lorsqu'un
des personnages fait ou reçoit une blessure, tous les
détails en sont notés, et l'anatomie devient un thème
de descriptions plaisantes : « Les larmes leur ve-
« noyent aux yeux, par la véhémente concrétion de
« la substance du cerveau, à laquelle feurent expri-
« mées ces humiditez lacrymales, et transcoullées
« iouxte les nerfs opticques » (2).

(1) Epitaphe des Inghirami.
(2) *F. Rabelais médecin*, par le D'' F. Brémond, 1879, in-12,
et A. Heulhard, *Rabelais chirurgien*, Paris, 1885.

Avec les moines, au contraire, la raillerie gronde, grandit et s'enfle. Rabelais pourtant garde encore comme un faible pour eux, les ménage, si l'on compare ses paroles aux outrages que leur jetaient en ce temps humanistes et réformés.

Les grands ennemis, ceux qui sont haïs, de façon déclarée, et combattus sans trêve ni merci, ce sont en première ligne les légistes, les magistrats. Une vieille rancune, apportée de Montpellier contre des professeurs tenant à la Faculté rivale, s'était exhalée dans la phrase où Rabelais avait noté « qu'il n'es- « toyent à Montpellier que trois teigneux et un pelé « de légistes. » (1) Dès le premier livre, jamais une occasion ne passe que les juges n'aient leur bourrade en chemin. Quand Janotus a dit leur fait à ses confrères de Sorbonne, ils « prennent articles contre luy », qui de son côté « les fait adjourner ». Somme toutes, « le procès fut retenu par la court, et y est encores », car « ces avalleurs de frimarz font les procez devant eulz pendens, et infinis et immortelz » (2).

Ce n'est là que peloter en attendant partie ; le grand fleuve d'imprécations et de satire déborde ailleurs, et dès que Pantagruel est en chemin pour cette navigation d'Utopie dont le livre fameux de Thomas Morus a fourni le nom, et maints titres dans le détail, sans que rien soit commun pour l'inspi-

(1) II, v.
(2) I, xx.

ration entre l'Anglais et le Gaulois. Dans cette odyssée qui promène la nef vagabonde à travers les fantastiques contrées, rien n'est peut-être plus sinistre de parodie que l'antre des Chats fourrez, asile de la loi. Dolet avait nommé les juges des « vautours en robe » (1). Marot, emprisonné par eux, leur avait écrit fièrement. Mais le plus copieux arsenal, c'est Rabelais qui l'a formé contre cette puissance occulte, souveraine, irresponsable, la seule peut-être dont l'approche et les procédés puissent faire pâlir un homme de cœur. La sève généreuse du génie gaulois, tout bouillonnant pour la liberté, vient animer d'une triomphante et vengeresse vertu cet esprit frondeur que l'on a trop exclusivement présenté comme l'ancien esprit français ; l'esprit français, il est dans ce mélange d'ironie et de sarcasme, il ne serait pas tout lui-même sans la mâle bravoure que l'on sent ici, hors de ce bon sens généreux, de cette franchise où respire le meilleur du Tiers-Etat ; ces chapitres font une préface anticipée à la harangue de Monsieur Daubray dans la Ménippée. Ce n'est pas en vain que l'un des auteurs de la Satire commenta Rabelais d'un bout à l'autre, afin de se mettre en haleine. Encore ici, l'intelligence habituée par les études scientifiques à voir et à parler net, se montre dans cette veine qu'un autre médecin, Gui Patin,

---

(1) Cf. Copley Christil, *Etienne Dolet*. London, Macmillan, 1881.

viendra recueillir quelque peu, sans égaler une pareille énergie.

Le blason, la chevalerie, ne devaient point trouver grâce. L'un semble ridicule, après « la restitution des bonnes lettres » (1); l'autre est bafouée en tous lieux, et plus particulièrement dans les chapitres sur les andouilles, où les grands coups d'épée se donnent sur des cervelas gigantesques, où le dragon est un pourceau volant, où les épées mêmes sont déshonorées par des noms beaucoup moins que chevaleresques. La plaisanterie se fait rude, au courant de ces derniers livres, l'esprit allègre se transforme, s'assombrit çà et là dans ces attaques continues, devient brutal, quelquefois même épais et pénible. Il y a dans ce livre immense, ainsi que dans les œuvres de la nature, des parties confuses et excessives : il arrive que l'on y marche, comme à travers les terres réelles, en des sols rocailleux, fangeux, qui le font d'autant plus semblable à l'existence humaine, dont il est la peinture colossale.

Rabelais devait s'élever, surtout en ce siècle où les problèmes les plus hauts de la pensée sont sans cesse agités, jusqu'à la critique des idées religieuses et philosophiques : les premières tenaient alors dans les sociétés une place dont le vide permet aujourd'hui de mesurer l'étendue ; quant aux secondes, elles étaient d'autant plus attrayantes qu'elles bril-

---

(1) I, ix.

laient de toute leur nouveauté mal révélée encore dans son plein. C'est, à l'encontre de la scolastique, à Platon plus qu'à la doctrine traditionnelle d'Aristote, et, dans Platon, c'est au Cratyle que Rabelais a donné la préférence. Epistemon renvoie : « au « Cratyle du divin Platon. Par ma soif, dit Rhizo- « tome, je le veux lire. Je vous oy souvent le allé- « guant (1). » Quant à la scolastique, rien de fort n'est dit contre elle : Jean d'Escosse, maître Jean, est seulement cité comme autorité terminale d'un des plus étranges chapitres (2).

Mais c'est sur la Réforme et le catholicisme, sur le fond de religion que s'engageait le grand débat : Rabelais pencha quelque temps vers la nouvelle manière de tourner la foi, qui sembla du premier abord large et raisonnable. « Le peuple de Paris, écrivait- « il en son premier livre, est tant sot, tant badault « et tant inepte de nature, que ung bateleur, ung por- « teur de roguatons, ung mulet avec ses cymbales, « ung vielleux au myllieu d'ung carrefour assem- « blera plus de gens que ne feroyt ung *bon prêcheur* « évangélicque (3). » Cette sympathie pour les idées de la Réforme persista longtemps, puisque le diable de Papefiguière dit au laboureur que Lucifer n'a plus d'escholiers pour son déjeuner depuis qu'ils ont « avecques leurs études adjoinct les sainctes Bibles...

(1) IV, XVIII.
(2) I, XIII.
(3) I, XVII.

« Et, si les caphars ne nous y aident, leur oustant,
« par menaces, injures, forces, violences, et brusle-
« ment, leur sainct Paul dentre les mains, plus là-
« bas n'en grignoterons (1). »

Mais les yeux du philosophe, éblouis un instant par le faux semblant de ce libéralisme bâtard, se dessillèrent : il connut les « menaces, injures » des deux partis, pour son grand honneur. Réformés comme catholiques l'outragèrent ; s'il avait pu se méprendre sur la nouveauté, bien vite on lui fit connaître que les « capharts » ne sont pas un monopole ; et Calvin se chargea de l'injurier et de le rendre à son vrai rôle : « *Alii, ut Rabelaysus, de Perius (des Périers) et Goveanus, gustato evangelio, eadem insanitate sunt percussi* » (2). « D'autres, comme Rabelais, des Périers, Govea, goûtèrent l'Evangile, puis après furent frappés de même folie. » Telles étaient les avanies que le « démoniacle Calvin » ménageait à qui rejetait ses avances. Mais il avait trouvé son maître, qui le coiffa tout chaud avec le nom d'imposteur, et termina le prologue de son avant-dernier livre par un crayon magistral de cette race tracassière, paperassière, écrivassière, avide et hypocrite, qui bâtissait sa fourmilière sur les contreforts du Salève, dans l'âpre couloir du Rhône.

Rejeté par la Réforme, ennemi du culte ordinaire,

---

(1) IV, XLVI.
(2) Calvin, *De Scandalis*. Genevæ, 1550, in-folio. Cf. Bacon, *De augm. scientiarum*, 1638, l. VI, ch. I.

Rabelais ne songea point, et on le lui a reproché, à pousser le catholicisme vers un compromis qui eût fait en France une église analogue à celle dont l'anglicanisme offre l'exemplaire. Si la pensée libre s'est faite plus vite et plus largement française, c'est encore au bon ouvrier qu'en revient le plus grand honneur.

La férocité même de sa raillerie sied bien au génie, comme les griffes et les crocs arment les lions. Qu'aurait-il fait, sans la fureur et le succès de ses attaques, qui terrifiait, étourdissait ? Et cette bravoure est le signe même de souveraineté. Comme Molière dans *Tartuffe*, Rabelais est un satirique sans peur, qui se prend aux plus forts. Il y a des auteurs comiques, et des faiseurs de comédie, célèbres il y a vingt ans, qui insultèrent des vaincus, des morts, des exilés. Le père de *Pantagruel* est d'une autre race, plus noble.

Dans l'éducation d'abord, les « *mathéologiens* », théologiens de néant, « abastardissent les bons et nobles esperitz, et corrompent toute fleur de jeunesse » (1). Leur représentant porte un nom de matamore shakspérien; c'est Tubal Holoferne, « premier de sa licence à Paris », et, nonobstant, oison bridé, tout comme maître Jobelin, l'autre songe-creux. Dans la pernicieuse institution qui déprave et qui abrutit le jeune Gargantua, les mauvaises pratiques tiennent une large place ; messes, kyrielles, patenôtres font

---

(1) I, xiv, xv.

concurrence à la cuisine : « pastenôtres avant! »
Une méthode plus raisonnable s'en tient au contraire
aux lectures des « divines Ecritures », et pour bientôt
se clore sur cette phrase qui semble poser un modèle
au *Vicaire Savoyard*, tant le déisme en est ample, et
comme il convient, indéfini : « Si prioyent Dieu le
« créateur, en ladorant et ratifiant leur foy envers
« luy, et le glorifiant de sa bonté immense : et, luy
« rendans grâce de tout le temps passé, se recom-
« mandant à sa divine clémence pour tout l'adve-
« nir. Ce faict, entroyent en leur repous (1). »

La raillerie garde ses droits, même dans ces premiers chapitres. Les fautes d'impression défigurent
à plaisir des passages qu'elles font blasphématoires,
l'Evangile est parodié, et Pantagruel ne reconnaît le
Limousin pour hérétique qu'en l'entendant jargon-
ner : mince preuve, et l'on s'y pourrait aisément et
souvent tromper. De place en place, une plaisanterie
mêlée à d'autres plus inoffensives darde un trait
cruel et transperce (2).

La manière de Rabelais, quand il veut blesser,
c'est de retourner contre l'adversaire ses paroles
propres, de le rendre odieux avec ses termes favoris, ses façons d'agir, de parler ou d'écrire. La
raillerie tourne en dérision par surprise, et l'ennemi
se sent couper bras et jambes à l'improviste, sans
que les approches se soient faites.

(1) I, XXIII.
(2) IV, LII.

Pour porter ces coups droits, la vue un peu trop absolue et quelque ingratitude envers le passé de la religion était nécessaire. La clairvoyance rend sceptique, on réforme mal, on lutte sans conviction, faute d'une certaine étroitesse dans les jugements. Qui s'attarde à peser le pour et le contre, donne le champ libre à ses adversaires moins scrupuleux.

Rabelais n'eût-il été que gallican, l'ultramontanisme codifié dans les recueils décrétalistes l'eût déjà fait se hérisser ; mais, nullement religieux, la doctrine lui semblait à la fois bouffonne et tyrannique (1).

Il mesura ses invectives à l'importance relative des pouvoirs. Mais il assembla tout, au fond, dans une même antipathie. Il n'avait plus devant les yeux qu'un temple s'effondrant : l'esprit du XIIIe siècle, ce mouvement de la France où s'épanouirent dans les lettres et dans les arts d'incomparables fleurs, l'atroce XIVe siècle, et le XVe, si mesquin, l'avaient gâté ; notre nation abdiquait la prépondérance intellectuelle ; tout le mal, croyait Rabelais, était venu de l'écolatrie ecclésiastique ; il en voulut balayer les derniers brins de paille, croupissants encore dans la rue du Fouarre. Puis il essaya de tarir la source même de l'erreur, en la souillant, en la troublant (2)

(1) V. A. Theiner, *Rech. sur plusieurs coll. de Décrétales*, 1832, in-8°. Le Vatican montre, on le sait, un tableau de Raphaël, *Grégoire IX promulguant les Décrétales* (chambre de la signature), où Jules II est représenté sous les traits de Grégoire IX.

(2) L'Italien Giovanni Bottero, dédiant son livre au cardinal

Mais on est toujours de son siècle, on le subit. Rabelais fut empreint par la Renaissance italienne, cette autre influence néfaste aussi, qui fit gauchir le génie français, l'embourba de latinité plutôt que d'hellénisme. Assurément, fables pour fables, l'antiquité même latine vaut mieux que la scolastique, ou les romanciers du moyen âge en décadence : mais où donc sera désormais, après l'invasion latine, la vraie fleur de France, la fleur du pur terroir, l'exquise fleur du XIII° siècle ?

Tout ce qui vient du moyen âge est raillé, sans distinction ; les sorcières, si redoutées, y passent sous les espèces de la sibylle de Panzoust, cette pittoresque truande, germaine des prophétesses dessinées par Michel-Ange ; l'histoire, vraie, du Chicquanous berné, devient un symbole grotesque, dressé contre la chevalerie. A cette brimade dernière faite par la chevalerie expirante, Rabelais entend répondre la voix d'un autre siècle, la voix du duc de Saint-Simon proclamant : « Le temps des barons est passé ! »

Quant à la foi chrétienne même, si l'on veut la considérer en dehors de toute question confessionnelle, on peut douter à bon droit de la révé-

---

Borromée, ne s'est pas mépris sur le rôle, les tendances de Rabelais. « Quivi egli in somma si beffa per tutto dé préti, et dé religiosi, o d'ogni virtù christiana : e mette in burla e dispregio la religione, e le cose sacre... » *Delle relazione universali*, parte terza dedic. et R. S. Card. Borromeo. Venise, 1595, in-4°, p. 67.

rence qu'elle inspire à un écrivain capable de clore son chapitre sur les andouilles et le respect qu'elles méritent, par cette morale au moins inattendue après un roman de fables et de gaudrioles épiques : « Croyez qu'il n'est rien si vray que l'évangile » (1). Aux folies traditionnelles dans le genre qu'il adopta, telles que ce Quaresmeprenant dont la littérature bouffonne en ce temps se plaît à ressasser les aventures, Rabelais sait mêler ainsi les satires des choses vraies et des institutions réelles.

Son premier but, au point de vue social, est de former ce que le siècle suivant nommera l'honnête homme. C'est « au dicté du bon sens et entendement » (2), qu'il convient d'acquérir cette « gayeté d'esprit conficte en mespris des choses fortuites » ; rien ne vaut de nous émouvoir, c'est le fait d'un esprit médiocre qu'un accident puisse détruire en lui le flegme, vraiment raisonnable et seul nécessaire. Le nihilisme stoïque est relevé par la gaîté, mais cette gaîté provient du seul tempérament. Une raison désabusée, une espèce de philintisme philosophique ; avec cela, pleine conscience de sa force, et la vigueur d'un grand mépris, tels sont les éléments de cette opinion, fort anarchique dans le domaine intellectuel, très amie de l'autorité dans la sphère de la pratique.

Nulle pitié ne se montre dans un esprit ainsi formé.

(1) III, xxxvii.
(2) I, lii.

Même lorsque le bûcher s'allume pour un frère d'armes, Rabelais ne semble pas se laisser attendrir; le supplice de Vanini ne lui inspire que ces mots : « Il veid que ils faisoient brusler leurs regens tout « vifz comme harans soretz : ja dieu ne plaise que « ainssy je meure, car je suys de ma nature assez « altéré sans me chauffer dadvantaige »(1).

Le paganisme, avec sa mythologie triomphale, le vague spiritualisme gréco-romain, semblent lui plaire. Lorsque (2) le bon macrobe raconte à Pantagruel « le manoir et discession des heroes », on assiste à la renaissance de l'esprit païen retrouvant ses dieux exilés et dispersés dans les forêts. « Où sont-ils ? disait Michelet (3), dans le désert ? « sur les landes ? dans la forêt ? » Les dieux antiques sont placés au premier rang dans le cortège, ils figurent sous une forme approchant des puissances élémentaires et magiques, mais leur pompe n'est point ridicule. Dans ce défilé de fantoches ou de fantômes où se suivent toutes les majestés divines et humaines, ils ne sont point maltraités Ils sont la représentation du vieil esprit, d'avant Quaresmeprenant (4), les Chats fourrez et toutes les

---

(1) II, v.
(2) II, XXVI.
(3) *La Sorcière*, p. 28.
(4) Sur cette espèce de symbole qu'était le *Quaresmeprenant*, voir « *Procez et amples examinations sur la vie de Quaresmeprenant, dans lesquels sont amplement descrites toutes les tromperies, astuces, caprices, bizarreries, fantaisies, brouille-*

effroyables caricatures où le monde moderne se voit défigurer. On pourrait chercher, d'autre part, si l'explication que semble donner par benoîte piété Pantagruel, touchant la mort du grand Pan qu'il assimile à Jésus-Christ, ne serait pas bien, au fond, une facétie monstrueuse, déguisée et pour cause (1). Au reste, lorsqu'il faut faire prononcer des paroles graves, mais légèrement teintées de naïveté, mettre bien en évidence quelque idée massive arrangée pour satisfaire les pouvoirs constitués, c'est Pantagruel qui le plus ordinairement prend la parole, avec son autorité tant soit peu bonasse ; il arrive alors que Frère Jean des Entommeures commence par avertir, comme ferait le chœur antique avant qu'Héraclès ne parlât, « que cela n'est « point matière de bréviayre. Et qu'il n'en croyt « rien, sinon ce que vous plaira. » Ou bien encore il conclut le propos en disant : « Houppe de froc, « je veux devenir clerc en mes vieux jours. »

Point n'est besoin, suivant Rabelais, de tant d'affaires pour obtenir cette vertu des gens « qui en simplicité soubhaitent et optent chouses médiocres » (2). Le pire empêchement à cette honnêteté sensée, n'est-ce pas les billevesées et mômeries ? Dans le temps où il a vécu, le pouvoir qui faisait

mens, inventions, subtilités, folies, débordemens et paillardises », etc. Paris, 1605.

(1) IV, XXVIII.
(2) IV, 1ᵉʳ prol.

ombre se laissait deviner caduc : la victoire était offerte, il s'y employa tout entier, avec joie et férocité. « Les chrétiens, a dit le plus hautain des « railleurs pessimistes, virent, lorsqu'on brisa les « idoles, des nichées de souris s'échappant « de la tête des dieux. C'est, dit l'histoire, ce qui « arrive à tout pouvoir éventré et exposé à la « lumière : il en sort la vermine que l'on avait « adorée (1) ! » Il n'est pas une idole que Rabelais n'ait jetée à bas, brisée et salie, découvrant la vermine de toute espèce, afin de la pourchasser et de la détruire.

Sa spiritualité philosophique n'arrive pas, avec la fin de l'œuvre, à une grande précision. Après des déclarations de principes assez voisins de ce stoïcisme métaphysique, mêlé d'épicurisme, que Virgile professait avec une majeure partie des philosophes romains (2), Rabelais conclut pourtant à cette phrase assez claire : « Je croy que toutes âmes intellectifves sont exemptes des cizeaulx de Atropos. Toutes sont immortelles, anges, démons et humains » (3). Sa croyance transcendante est donc aristocratique autant que sa théorie des sociétés. Mais, en l'ordinaire, il s'occupe des réalités plus concrètes.

Il se gausse des lois et de l'héritage tel qu'il était

---

(1) Chateaubriand, *Mém. d'Outre-Tombe*, VI, 176.
(2) Cf. P. Gauthiez, *De Virgilii philosophiâ*, Thèse latine 1893.
(3) IV, xxvii.

institué (1) : quand les moines retombent sous sa plume, il revient contre eux, frappant surtout, comme fera Diderot (2), les ordres de femmes, vouées au culte du mal par leurs familles : les racines mêmes de toutes les règles et de toutes les hiérarchies sont atteintes (3).

Il y a pourtant une lumière au bout de toutes ces noirceurs, et ce satirisme n'est pas de ceux qui sont bons pour détruire, mais qui n'aident ni ne consolent. Il garde une foi : c'est la science, la vertu souveraine du savoir.

Rabelais avait successivement modifié le caractère de son ouvrage, en avançant ; dès les premiers chapitres, les attaques portaient si fort que des premières éditions en suppriment certaines, mais le ton général les faisait moins dures. L'écrivain se présentait comme « ung vieil buveur » que l'on pouvait soupçonner de radotage. A mesure que s'affirma le succès, comme il n'est bonne haine que d'amis brouillés et de prêtres défroqués, le livre grandit, le masque bonasse et bouffon tombe, la farce baisse son bruit pour que se hausse la satire. Le dernier livre, le plus agressif, il l'a rapporté de Rome même (4).

(1) V, IV.
(2) V, IV.
(3) V, XXVII.
(4) Rathery, *De l'influence de l'Italie sur les lettres françaises*, p. 124.

Dans l'avant-dernier déjà, sa vue allait jusqu'à parler, pour la première fois sans doute, d'un « quatrième état », il se montrait plus clairvoyant que ne sera près de trois siècles après lui la Révolution. « C'estoyent les quatre estatz de l'isle (1). » La scène est formelle. Personne d'ailleurs n'a traité, sauf Jeant Jacques, le roman pamphlet avec cette largeur, car on me pardonnera bien d'omettre les édulcorations d'une femme mieux inspirée quand elle agençait ses factices idylles.

Par le malheur que tous subissent, le cinquième et dernier livre, où se marquait le testament de Rabelais et s'inscrivait le dernier mot de son génie, ce livre demeure inachevé. Non point apocryphe : personne n'aurait trouvé l'éloge du siècle qui ouvre le prologue, ni dans « cette bonne et belle panerée cueillye au propre jardin que les aultres précédentes », tant de pages, plus animées peut-être que pas une autre des précédents livres, par l'esprit rabelaisien. On sent l'inachèvement dans les répétitions qui auraient disparu, dans les comparaisons reprises des publications anciennes (2). Des longueurs, les chapitres sur la quintessence, ont été peut-être interpolés, suivant la manière du moyen âge, que la composition flottante d'une telle œuvre rend facile. C'est surtout en deux chapitres, le XXIV° et le XXV°, et dans ce dernier avant tous, que la fraude des écri-

(1) IV, XLVIII.
(2) V, XVII. — V. Collet, *loc. cit.*, p. 57, et notes.

vains postérieurs est sensible. La description y traîne, l'expression même se ternit, le style est laborieux, la langue pauvre et froide.

Ce sont les insanités introduites pour le public qui se plaisait aux « mitistoires barragouynes de Guillaume des Autelz », et dont les songes drôlatiques, avec leurs gnomes contrefaits, expriment l'obscène horreur, ce sont de pareils cauchemars, qui forment la fausse monnaie subrepticement apportée au milieu du grand trésor. N'est-il pas loisible de croire que dans ce v° livre, d'une composition incohérente, d'une syntaxe souvent contournée, d'une langue chargée, mais où les éclats du génie sont aussi forts, on a le premier jet de la verve, une fougueuse ébauche que le maître n'a pu reprendre et retoucher : les copistes ont barbouillé, mais les traits du fond apparaissent, la touche souveraine est là. Ce qui prouverait l'hypothèse, c'est la perfection du prologue, c'est, aussi, la philosophie qui s'affirme et qui se dégage. Et le dessin des personnages s'y accentue, le moine est plus vaillant et allègre que jamais, Panurge plus couard et matois, Pantagruel plus serein. Enfin, c'est là que s'ouvre à la nef fantastique le port tant cherché, là que se révèle la source où pourront s'étancher les soifs, insatiables jusqu'alors. A travers toute la série des voyages macaroniques, par les allégories bizarres, on a marché vers l'oracle de la Dive Bouteille : les mystères de la plante sacrée. Les épreuves de la féerie amènent jusqu'à la révélation de l'immense énigme. Et qui donc aurait poursuivi, à travers tout cet enchevêtrement, son chemin jusque dans la crypte sacrée du temple, sinon celui qui savait le mot et qui voulait le révéler? Dante, au XIII° siècle, avait cherché la vérité mystique : au XVI°, Rabelais marche vers la loi naturelle. La vie est sérieuse, l'art est joyeux, a dit un poète du plus triste pays qui soit au monde. Rabelais, né dans la patrie où l'alouette conduisait l'armée au combat, a cherché joyeusement, et finit son livre sur un symbole d'allégresse. Son idéal, dont la grandeur va jusqu'au vertige, avant tout est l'idéal d'un avenir.

V

Par là, il s'est montré plus haut d'esprit qu'Aristophane (1). L'idéal du poète grec est en arrière, et il n'a point, outre cet instinct d'avenir, si puissant chez Rabelais, le mérite d'avoir lutté contre l'étouffement du passé ; la force qu'il fallut, dès le XVI° siècle, pour secouer les entraves où s'allait montrer piétinant encore, deux générations après Rabelais, le triste XVII° siècle, qui la dira ?

(1). V. un article de Littré sur Aristophane et Rabelais. *Philosophie positive*, août 1870, et *Littérature et Histoire*. Paris, Didier, 1875, in-8°.

Le courant ne se perdit point cependant, ne tarit jamais tout entier : durant la fin du xvi° siècle avec Montaigne, par la Ménippée, sous la Ligue, dans la société du Temple, vers la fin du siècle suivant, et, auparavant même, chez Gassendi, chez Le Vayer, Gui Patin, Gabriel Naudé, Bernier, tant d'autres, il coulait ; il rompait ses digues çà et là, quand Théophile de Viau y perdait pied. Il devait rejaillir, dans le xviii° siècle, avec Diderot surtout, le plus pareil à Rabelais de tous nos auteurs. Pour rester dans le point de vue strictement littéraire, l'on n'aurait pas moins d'illustres emprunteurs à découvrir pour le génie rabelaisien, et parmi les maîtres mêmes du xvii° siècle.

Pascal, d'abord, de quelles armes sinon celles de Rabelais a-t-il hérissé ce pamphlet, ses *Provinciales* ? Le mot fameux sur Dieu « dont le centre est partout, la circonférence nulle part », c'est par la bouche de Bacbuc qu'il est arrivé dans l'article des *Pensées* (1). Les rivières, avant que Pascal les nommât des chemins qui marchent, Rabelais avait dit le mot (2) que l'âpre janséniste reprend, aiguise et resserre. Esprit géométrique, par suite essentiellement réaliste, Pascal, dans un siècle amoureux de la raison, fut le plus fantaisiste des écrivains, déroulant cette lugubre Danse des Morts, ses *Pensées*.

Mais on n'avouait pas, alors, Rabelais. On le lisait

(1) *Pantagruel*, V, XLVII. Pascal, éd. Havet, art. I p. 3.
(2) V, XXVI.

pourtant. La bonhomie malicieuse de La Fontaine demandait « si saint Augustin avait autant d'esprit que Rabelays ». Ces deux noms si disparates, Vauquelin de la Fresnaye les avait accolés déjà dans une satire adressée à l'évêque d'Évreux, depuis cardinal du Perron :

> Tel passera pour un saint Augustin
> Qui Rabelais lyra soir et matin.

Jean de La Fontaine trouvait dans cette lecture maint sujet de conte, de fables, du *Diable de Papefiguière* au *Bûcheron et Mercure*. Lui venait-il une comparaison, Rabelais lui soufflait celle du « charretier, lequel, sa charrette versée par ung retouble, « a genoilz implouroyt l'ayde de Hercules, et ne « aiguillonnoyt ses bœufz, et ne mettoyt la main « pour soublever les roues » (1). Les fables fourmillent de mots, de ressouvenirs rabelaisiens sertis dans leur souple tissu.

Quand Racine imaginait ses *Plaideurs*, dans l'assez rabelaisienne confrérie de cabaret qu'il formait avec Chapelle et Boileau, si le canevas de la pièce était pris du grec, l'esprit même, foncièrement gaulois, et les noms, — Chicaneau, Dandin, — et les types, devaient beaucoup à Rabelais. Avant que Molière emportât tout vif le crayon de Loyal, dans un chapitre de *Pantagruel*, Racine y prenait l'*Intimé*, mettait

(1) IV, XXI.

en vers (1) et mot pour mot telle réplique : « si en tout le territoyre n'estoyent que trente coupz de baston à guaigner, il en emboursoyt toujours vingt-huyct et demy » (2).

Boileau même prendra des traits, pour sa narration de *Cinéas* et de *Pyrrhus*, dans l'entretien de Picrochole avec ses capitaines. Pour Molière, le *Mariage forcé*, dans la scène des philosophes, le mot de Valère, dans *l'Avare* (3), le gros Plutarque à mettre les rabats (4) et la jolie réplique de Chrysale devant Henriette et Clitandre se caressant (5), le traît le plus comique de l'huissier dans *Tartuffe* (6), voilà quelques-uns des emprunts qui seraient les plus marquants; si l'inspiration même, chez Scapin, par exemple, ou chez Mascarille, ne venait droit de Rabelais, par Panurge; comme, aussi, le Bridoye du Pantagruel sera pour Beaumarchais un peu plus que parrain de Bridoison.

Voltaire, grimaud en critique jusqu'à donner au vieux Corneille les leçons de style d'un cuistre,

---

(1)   « Et si dans la province
 Il se donnait en tout vingt coups de nerfs de bœuf,
 Mon père pour sa part en emboursait dix-neuf. »
         Les Plaideurs, I, v.

(2) IV, xvi.
(3) Cf. III, xv.
(4) Cf. IV, lii.
(5) Cf. II, viii.
(6) Cf. IV, xii.

n'a pas manqué l'occasion (1) de dauber sur Rabelais, et du haut de la *Pucelle* il le rappelle à la décence. Louis XV n'était pas si prude, et prenait son mot le plus fort à Rabelais qui avait dit (2) : « Moy mourant la terre soyt au feu meslée, cest à dyre perisse tout le monde. »

Le romantisme, il est à peine besoin de le dire, se plonge dans Rabelais, avec Balzac, avec Théophile Gautier, surtout avec Victor Hugo (3) ; l'idée même des Chats fourrez reparaît dans la *Vision de Dante*, ce chef-d'œuvre égaré parmi le fatras des derniers poèmes. « La Nature et la Bible », c'était la double source que Rabelais prônait ; et dès les premières œuvres, le chef de la littérature poétique de notre siècle a suivi cette double inspiration. Si l'on voulait fouiller dans les plus modernes, on verrait, non pas seulement que Flaubert, par exemple, écrivait une étude sur Rabelais, mais que, dans sa *Tentation de saint Antoine*, il lui prenait des noms pour les animaux fabuleux ; le catoblepas, entre autres, qui a fait de si nombreux petits dans les temps derniers, était mentionné dans le chapitre où Rabelais mêle, en décrivant le pays de Satin, les animaux réels comme les éléphants, avec des bêtes

---

(1) *Mélanges litt.* Lettre sur F. Rabelais.
(2) IV, xxvi.
(3) Cf. *Les Contemplations, Les Mages*, et *ibid.* I, iv, à André Chénier ; — xiv, à Granville. William Shakespeare, *passim*. Qui dira l'influence de Rabelais sur les arts du dessin, sur Jacques Callot, par exemple ?

et des monstres nés « au pays de tapisserye », tels que licornes et phénix (1).

Dans Shakespeare, qui connaissait nos auteurs et voyait la Rome antique à travers Montaigne, l'euphuïsme de Holophernes est voisin du jargon que parle le Limousin, tout en annonçant Trissotin et Marphurius. La forêt d'Ardenne, où s'égarent Jack et Rosalind, fut peut-être montrée au grand créateur anglais par les descriptions de « ce bois de haulte futaye, « et desert, comme si foust la forest de Ardeine... um- « brageuse et deserte..., obscure forest, longue et am- « ple... habitation des demons et heroes » (2). Aussi profondément Anglais, au reste, que Rabelais est Français, la différence que Shakespeare doit à son génie se marque assez pour qui voudrait comparer le prince Hamlet et le prince Pantagruel, ou bien Falstaff avec Panurge.

Swift, Pope ont emprunté plutôt, dans *Gulliver*, dans la *Dunciade*, le genre héroïcomique lui-même, mais en l'animant d'un esprit aussi différent de Rabelais que le *Pantagruel* l'était des modèles antiques. Chez Jonathan Swift, mille fois supérieur au bon élève que fut Pope, le vin de Rabelais se tourne en vinaigre, mordant, corrosif.

Cervantès serait celui peut-être d'entre les auteurs étrangers qui aurait le mieux suivi Rabelais ; et son influence se mêlant à l'esprit français, il y a du San-

(1) V, xxx.
(2) IV, xxv, xxvi.

cho Pança comme du Panurge, en Gil Blas ; mais le seul héritier direct de Panurge dans le roman, c'est chez Diderot ce prodigieux *Neveu de Rameau*.

Toute cette illustre lignée suffit amplement à montrer combien, dans un sens, il est vrai de dire que « le livre de Rabelais est un grand festin » (1).

Il n'a rien perdu de sa vie, il a gagné peut-être à vieillir, et les parties caduques, le placage d'obscénité, les macaronées et le priapisme, tombant peu à peu dans l'indifférence, laissent mieux en valeur cet esprit de vaillance et d'activité, ce culte joyeux du savoir et de l'effort.

Dans ses *Guêpes*, le poëte grec se plaît à montrer les vieillards répétant les antiques refrains de Phrynikos, « comme on boit d'un vin vieux qui rajeunit les sens ». Cette image, que Voltaire appliquait à Horace, est faite vraiment pour Rabelais. Il peut rajeunir, ranimer, comme un cordial, et nous sommes entourés de gens qui se montrent si vieillots, avant d'être vieux ! Rabelais apparaît au seuil de la Renaissance française, encore offusqué par les brumes ténébreuses du moyen âge qui finit, mais portant sa forte lumière dans le génie et dans le parler qui vont devenir à jamais le génie et le parler français : pareil à ces êtres d'un monde primitif, encore engagés dans la matière confuse, surhumains pourtant et créant la race nouvelle des hommes.

(1) Sainte-Beuve, *Tableau hist. et crit. de la poésie et du théâtre français au* XVIe *siècle*. Paris, 1828, in-8°, p. 341.

Heureux, disait le poète de Rome, qui peut connaître les causes ; heureux, répète le mystique, celui que la vérité par elle-même enseigne. Tel est, avec une autre source de vérité que celle du moyen âge, le bonheur vu par Rabelais. Son « illustre dame lanterne », c'est la science ; sa nef magique, la volonté persévérante. Maintenant, après tant d'années et les miracles de la science, on pourrait croire que le monde a perdu même cette foi dans le savoir : le temple de Rabelais est-il caduc, comme ceux qu'il voulait détruire ?

Pour le croire, il faudrait méconnaître cette vérité, toujours plus apparente à chaque marche nouvelle dans la connaissance, et qui place la volonté comme puissance souveraine et suprême épanouissement dans l'univers des phénomènes.

Rabelais, apôtre allègre du vouloir et du savoir, demeure par là, sans conteste, le prophète des temps nouveaux : on peut souhaiter que les hommes, en gardant leur vigueur d'effort, retrouvent, dans la vie pratique, la force narquoise de ce méprisant stoïcisme, et, dans les œuvres de l'esprit, portent l'ardeur d'un tel génie, son libre et généreux élan.

MICHEL DE MONTAIGNE

L'HOMME ET SA VIE.

Dans la galerie capitulaire, autour de cette église de Noyon qui ombragea l'enfance de Jean Calvin, il subsiste, depuis trois siècles et plus, une épitaphe : la pierre laisse déchiffrer le nom plébéien de Gilles Coquouil, et au-dessous ces deux mots seulement : « Cognoistre soy. » Ce « cognoistre soy » de la pierre tumulaire, c'est l'exergue aussi qui servirait le mieux au livre de Michel de Montaigne. C'est la marque même de sa nouveauté, le signe du caractère qu'il ajoute à l'esprit du xvi° siècle.

Dans cet âge de l'ironie et de la lutte, Rabelais avait donné à la satire et au pamphlet la forme, tout objective, qui est le comique ; il avait même poussé jusqu'à la création du type et de la fantaisie, jusqu'au grotesque. Restait une place pour l'œuvre qui ramènerait l'ironie et l'étude de l'homme en soi-même, qui ferait rentrer dans le monde intérieur, en la concentrant, au risque de l'amoindrir, cette force que Rabelais avait épandue si puissamment au dehors.

Cette œuvre, Montaigne la fit, avec une persistance plus aiguë dans l'analyse, avec une expansion moindre que celle du roman rabelaisien; outre les facultés moins hautes d'un esprit différent, l'écrivain philosophe vivait sur une matière moins ample que le romancier, il y était aussi moins à l'aise, car on ne rit jamais tout à fait à fond ni de plein cœur, lorsque l'on raille de soi-même.

Le livre de Montaigne, s'il devait être baptisé de nos jours, affecterait peut-être un titre pompeux : il risquerait de s'appeler « Recherche sur les fondements de la certitude morale », ou quelque chose d'approchant. Bourré de métaphysique, il a passé, voici tantôt cent années, au milieu des brumes prussiennes, il en est revenu chez nous comme une bible du scepticisme intellectuel, sans que personne ait reconnu, sous la couche du germanisme, l'antique monument gaulois. Montaigne, auteur pour son plaisir, dans un temps où la vanité ne s'appliquait pas encore aux grimoires et aux grimauds, nomma son livre les *Essais*. Il créa le mot, qui a fait fortune. Il rajeunissait la méthode même, au point que sa manière peut être tenue pour nouvelle.

Dans la tribu des moralistes, commune à tous les siècles et à tous les peuples lettrés, les écrits se distinguent aisément en deux classes : en écrivant les uns, leur auteur s'est proposé de faire une tâche utile, il dissèque et définit en médecin de l'âme, avec la prétention visible de réformer et d'amender.

D'autres sont produits, au contraire, par la fantaisie indifférente, sinon désintéressée, d'un écrivain qui seulement prétend observer et connaître, faire montre de sa finesse, user de sa clairvoyance, en dehors d'un souci quelconque pour le bien de l'humanité. S'il fallait aux derniers un type qui réunît toutes leurs facultés, il serait offert par Montaigne.

Avec le XVIᵉ siècle, en France, la littérature cessait d'être une besogne pour les amateurs, elle devenait tâche d'hommes ; et naturelle était la pente qui amenait un écrivain de cette nouvelle manière à se mettre lui-même en son ouvrage. Le *moi*, que la pensée de la Grèce avait imposé à l'étude philosophique, et dont le XVIIᵉ siècle français fera l'objet presque unique de ses recherches, le XVIᵉ siècle l'inaugura chez nous. Montaigne fut l'initiateur de ce culte, qui prospéra jusqu'à devenir, dans des temps plus voisins, ridicule ou morbide.

La manière dont Montaigne concevait une telle étude était originale par la méthode et les effets. Il y avait maint et maint siècle que la philosophie antique avait prononcé la sentence reprise par un moderne : « Toute différence d'avec moi est la mesure de l'absurde. » La sagesse humaine n'avait pas attendu maître François Villon pour formuler comment

« Rien n'est sûr, que la chose incertaine » (1).

---

(1) Villon, *Ballade Villon.*

Mais, dans le pyrrhonisme même le plus radical, même dans les querelles les plus ardentes de la scolastique au moyen âge, si raffiné que fût le doute, si hardiment que s'affirmât la négation, il restait, dans la manière de douter et dans la force des attaques, un implicite aveu de foi dans la raison, cette raison qui se tournait contre elle-même, qui s'affirmait pourtant par là, comme le montrera Descartes. Montaigne, sans tant d'appareil, arriva plus avant; il fit, avec le simple journal de son esprit, la critique la plus dissolvante qu'on eût jamais vu se produire. Pour suivre l'ordre naturel, il s'abandonnait à sa fantaisie, éclairée par une expérience assez longue, nourrie par des lectures amples; et par petits coups, jour à jour, sans rien invoquer que l'histoire des faits, sa propre vie et celle des êtres vivants autour de lui, page après page il amassa le livre des erreurs humaines, un bréviaire de scepticisme qui doit apprendre à ne rien croire, à fuir tout excès, à se faire l'épicurien méprisant et débonnaire qui peut seul, dans le monde tel qu'il se montre, faire figure d'honnête homme. Après un pareil livre, vienne la science, ou bien surgisse une philosophie qui prêche la suprématie de l'effort; la négation ne demeure pas moins, rien ne prévaut contre elle, et, elle, prévaut contre tout, si flexible, et insinuante, et universelle.

C'était une ancienne coutume de tenir dans les familles ce que l'on appelait un « livre de raison », une chronique intime où les évènements les plus marquants étaient datés et racontés. Un « livre de raison » de la pensée subtile et toujours en éveil, qu'aurait tenu pour ses méditations un philosophe, cette chronique du foyer devenue celle d'un esprit, et transformée, s'amplifiant jusqu'à devenir la confession parfois prolixe d'une intelligence sans cesse inquiète, active sans trêve : ce fut le livre de Montaigne. Ce caractère lui est si bien essentiel, que, loin d'aller en s'atténuant, il s'accentue à mesure que l'œuvre avance ; vers la fin, les confidences personnelles se montrent de plus en plus envahissantes.

Le XVII° siècle, avec la méthode cartésienne qui fait de la personne même la source des idées abstraites et générales, ce siècle de l'homme étudié dans des qualités que l'on suppose fixes et universelles, cet orgueilleux siècle de l'uniformité commença par répudier la manière de Montaigne, ce *moi* trop égoïste, et point assez largement humain suivant la nouvelle doctrine. Il y revint ensuite, et tout le XVIII° siècle, avec Rousseau, s'en imprégna. Si bien qu'ayant, chez Rabelais, fait sa rhétorique, l'esprit français eut, en Montaigne, son maître de philosophie.

Il faut bien s'étendre sur la personne du moraliste et sur sa vie privée, lorsque l'on étudie son livre. On ne saurait s'initier à la pensée sans connaître l'homme, puisque « qui touche l'un touche l'autre » (1). Montaigne a pu dire sans exagérer qu'il se

(1) III, II.

« roulle en luy-mesme » (1). Il est des chapitres, — celui, par exemple, où lui échappe cet aveu, — qui font trouver le « haïssable » de Pascal, une juste critique de cette personnalité trop encombrante.

Montaigne, si soucieux de sa noblesse, et qui fut, en cette matière, faible et plus entiché que pas un, était pourtant de ces hobereaux frais émoulus depuis peu de générations « à qui la monnaie de noblesse est tout nouvellement sortie du moule et commence à peine à circuler » (2). Ses origines et sa vie sont aussi clairement connues que celles de Rabelais l'étaient mal ; elles apparaissent par force pièces authentiques (3).

C'est tout à la fin du xv° siècle que Ramon Ayquem, ou Eyquem ou Yquem, d'un nom conservé par un noble crû bordelais, avait acquis de « honeste home Guillaume Duboys » la maison noble de Montaigne. Les murailles du castel où Michel de Montaigne devait naître s'élevaient, et subsistent encore, entre

---

(1) II, XVII.
(2) « Your fire-new stamp of honour is scarre current ». Shakespeare, *Richard III*, I, III.
(3) Cf. Th. Malvezin, *Montaigne, son origine, sa famille*. Bordeaux, 1875, in-8°. — D' Payen, *Recherches sur Montaigne*. — Bayle Saint-John, *Montaigne, a biography*, 2 vol. Londres, Chapman et Hart, 1858. — Dean Church, *Oxford Essays*, 1871. — Rev. Lucas Collins M. A., *Montaigne*. Londres, Blackwood and Sons, 1879. — Sainte-Beuve, *Hist. de Port-Royal*, l. III. — Prévost-Paradol, *Les moralistes français*. — L'abbé Mangin, *L'éducation de Montaigne*, 1878. — Grün, *Montaigne*. — Villemain, *Éloge de Montaigne*, etc.

la bourgade de Sainte-Foy (1) et ce lieu fameux de Castillon, où finit, avec la mort du vieux Talbot, la guerre de Cent Ans. Ils s'élèvent sur une colline, auprès de Montravel, juchés en carré au-dessus de belles prairies, dominant le cours sinueux de la Lidoire, les clochers romans des églises villageoises, les coteaux bleus qui s'estompent sur l'autre rive.

L'arrière-grand-père de Montaigne, qui vécut vieux (2), était marchand à Bordeaux, dans la rue de la Rousselle, bourgeois de la ville, et de si franche souche gasconne que son testament fut écrit en patois; il mourut bien robuste encore, à l'heure qu'il se préparait pour aller en pèlerinage à Saint-Jacques de Compostelle. Montaigne, si fort soucieux de sa noblesse, n'avait pas à gratter bien fort son blason pour retrouver le négociant en pastel, en vins, en plus d'une denrée, qui, naissant en 1402 à Blanquefort, avait donné la sève du Tiers-Etat à la génération qui le suivait de si près. La famille s'étendit d'abord, pour se resserrer par la suite autour de Michel de Montaigne, lui léguant des fiefs curieux, comme celui de la Hontan dans les Pyrénées, enrichissant sa mémoire de ces souvenirs enfantins qui marquent le talent à venir d'une forme tout origi-

(1) Nommée par une des vierges les plus exquises qui soient dans le martyrologe gallo-romain. — Cf. *Pays de France*, par Pierre Gauthiez. Paris, 1893 (l'abbaye de Conques).
(2) *Essais*, II, XXXVII.

nale. Jurat de Bordeaux, prévôt de la ville, Grimon Ayquem, grand-père de Montaigne, transmit son nom et sa maison, fort augmentés en lustre et en richesses, à son fils Pierre, qui devait produire et élever l'auteur des *Essais*.

Pierre s'étendit, par l'achat de bénéfices et d'immeubles; après avoir guerroyé dans les épopées d'Italie, sous François Ier, il occupait la maison patrimoniale à Bordeaux, et cumulait, avec les trafics heureux, les charges publiques dans lesquelles il s'éleva de prévôt à jurat, de jurat à sous-maire, et enfin à maire de la cité. Assez pareil de complexion et d'humeur à son fils Michel, ce petit homme actif était le véritable fondateur de la famille dans le fief nouvellement acquis. Il était le premier, le seul, qui fût né à Montaigne; aussi se plaisait-il à bâtir ce domaine, à l'embellir; il épousa la fille d'un riche marchand espagnol, Antoinette de Louppes ou Lopez; c'était dans l'année où les guerres d'Italie le rendaient à son pays natal. Peut-être d'origine juive, ce qui mettrait entre Montaigne et Spinosa des analogies dans la race même, la mère de Michel de Montaigne n'eut pas, en tout état de cause, une foi bien ardente, car une de ses filles et son fils cadet se jetèrent dans la Réforme. Elle n'exerça sur celui qui devint le philosophe des *Essais* qu'une influence, sinon faible, du moins absolument contraire à celle dont les mères en France ont coutume d'entourer leurs fils. Elle survécut jusqu'à la première année du xvii⁰ siècle, ayant mis au monde cinq fils et trois filles. L'aîné de tous était Michel de Montaigne (1).

Pierre de Montaigne était loin d'être un illettré, pour son temps. Mais il appartenait à la première phase de la Renaissance française; s'il avait le goût libéral des belles-lettres, il manquait de l'éducation qui lui eût permis de s'y adonner à souhait. Comme Gargantua pour son fils Pantagruel, il résolut d'octroyer à son premier-né tout ce qui lui faisait défaut à lui-même, et dont il éprouvait le dam. Pierre aimait les hommes doctes, le feu sacré des premiers temps du renouveau flambait en lui. Quand son fils Michel lui naquit, le 28 de février 1533, à Montaigne, réparant la perte prématurée de deux enfants, tout un plan d'éducation était arrêté dans un esprit qui se laisse deviner aussi primesautier qu'infatigable.

Michel de Montaigne connut dans sa perfection cette douceur d'une première enfance heureuse, qui donne au reste de la vie une saveur incorruptible, même lorsqu'elle n'est point, comme elle l'était pour lui, le prélude d'une carrière fortunée. Il s'est complu à la décrire, cette éducation de gentilhomme bien aimé par son père; il lui doit sans doute ses vues, si humaines, si vives, sur l'institution générale des enfants. On l'éveillait au son des instruments, et son style s'en est empreint d'une subtile harmonie. Un peu bien extrême en son culte pour l'antiquité

---

(1) Man. de Benthor, à Bordeaux. — D' Payen, *Nouv. docum.*, n° 14. — *Actes de l'Acad. de Bordeaux*, 1855, p. 485.

renaissante, Pierre de Montaigne voulut que son fils apprît le latin tout d'abord ; et il s'y prit de manière que l'enfant pensait et parlait dans une langue morte, et non dans le parler de sa patrie ; l'amour du langage latin, des lettres latines, resta puissant chez l'homme fait, jusqu'à l'encombrer quelquefois de citations indiscrètes.

Puis, dans la suite, et quand Michel eut six ans, il fut envoyé à Bordeaux désapprendre le latin dans le florissant collège de Guienne (1). Un peu lourd, assez médiocre écolier, malgré les privilèges que son père avait stipulés et que sans doute on accordait facilement au fils d'un notable gentilhomme, il prit là cette aversion indélébile pour les collèges, leurs maîtres et leur discipline, si naturelle aux esprits libres et qu'il exprima vivement dans ses *Essais*. Il eut des professeurs fameux en ce temps-là, les Guerente, les Muret, Buchanan lui-même. Quant au principal membre de la dynastie portugaise (2) des Govéa qui régentèrent jusqu'à l'Université de Paris, c'était « le plus grand principal de France ». Sur le temps des premières études, qui lui laissè-

---

(1) Sur le coll. de Guienne, cf de Lurbe, *Chronique bordelaise*. De Thou, *Hist. univ.*, III, 419. — G. Buchanan, *De vita sua*, en tête des Œuvres complètes, et *Schola Aquitanica*, par André de Govéa. Bordeaux, 1583, in-12, avec préface d'Élie Vinet.

(2) Cf. Diego Barbara, *Bibliotheca lusitanica*, I, 291. — Bayle, *Dictionnaire*. — Duboulay, *Hist. de l'Université*, VI, 92. — De Thou, V, 101.

rent un méchant souvenir, Montaigne est prolixe ; il ne les prolongea pourtant que jusqu'à sa treizième année, et l'adolescence commençait à peine pour lui quand on le fit passer à l'Université, ce qui était le mettre hors de page, ou peu s'en faut.

C'est probablement à Toulouse qu'il connut cette vie plus libre, plus mâle, au milieu de ses pairs ; il ne l'a point décrite. Mais un de ses condisciples, Henri de Mesmes, qui partageait avec Montaigne la camaraderie de Pibrac, d'Estienne Pasquier, d'Adrien Turnèbe et de Paul de Foix, a laissé dans ses Mémoires le vigoureux tableau de l'existence que menaient les étudiants provinciaux durant le XVI° siècle. « Nous fûmes trois ans auditeurs, en plus étroite vie et pénibles études que maintenant je voudrois supporter. Nous étions debout à quatre heures, et ayant prié Dieu, allions à cinq heures aux estudes, nos gros livres sous le bras, nos écritoires et nos chandeliers à la main. Nous oyions toutes les lectures jusques à dix heures sonnées, sans intermission ; puis venions dîner après avoir en hâte conféré demi-heure sur ce qu'on avait écrit de lecture. Après disner nous lisions par forme de jeu Sophocle ou Aristophanes, ou Euripides, et quelquefois Démosthènes, Cicero, Virgilius, Horatius. A une heure aux estudes, à cinq heures au logis, à répéter ou à voir dans nos livres ; puis nous soupions et lisions en grec ou latin. » Le « *græcum est, non legitur* » de l'autre siècle était loin ; à pareille méthode, il se formait des juristes comme Cujas, des philologues tels que Denys Lambin : Montaigne pourtant se plaignait de ne point entendre le grec ; il s'échappait d'ailleurs à confesser dans un autre passage une demi-intelligence du même langage, mais qui ne lui suffisait point. Des succès dans la comédie de collège, une sympathie avouée pour les « natures belles et fortes » qu'il avait trouvées chez certains de ses condisciples, c'est, à peu près, les souvenirs qu'il lui plaît de remémorer touchant ce séjour à Toulouse. Il semblait annoncer alors un penchant pour la guerre et les « affaires d'Estat » ; il ne fit néanmoins que traverser la guerre sans s'y mêler, et ne toucha que bien indirectement aux « affaires d'Estat ». Il n'avait pas de goûts assez décidés dans le domaine de l'action pour modifier et façonner une carrière que la destinée et les soins de son père lui faisaient facile et honorable.

Il quitta l'Université sans emporter aucun lien d'attachement avec ses camarades ; un peu tardif en toutes choses, ce n'était pas là qu'il devait former une de ces amitiés qui, d'ordinaire, s'épanouissent sous le soleil généreux de la première jeunesse, pour faner souvent sous le souffle plus âpre de l'âge viril.

Montaigne servit quelque peu, dans les armées incohérentes de ce temps-là, tout justement assez pour approcher et connaître quelques capitaines fameux, comme le maréchal Strozzi ; quelques voyages à la Cour lui montrèrent Henri II ; Marie Stuart lui apparut dans l'éclat de cette beauté qui donnait du génie même au bavard abbé de Brantôme ; honoré par Charles IX du collier de l'ordre, Montaigne avait trouvé cet ordre de Saint-Michel bien rare, tant qu'il ne l'eut point ; dès que le roi l'en eut gratifié, force lui fut de se plaindre qu'on le donnât par la suite à trop de gens. Mais rien de tous ces événements étrangers au train ordinaire de sa vie ne le touchait à fond. Toute la partie de sa carrière où l'écrivain n'était point encore éveillé, se passa dans les fonctions de conseiller à la cour des aydes de Périgueux, bientôt transférée à Bordeaux. Entre temps, il se mariait assez tard, sans entraînement, avec toute la sagesse de l'indifférence. Mais sa magistrature fut le grand passage où sa vie se transforma ; non point qu'il l'ait exercée avec tant d'éclat, seulement il y trouva, pour collègue, Estienne de la Boëtie.

Il n'est possible de rien dire, sur cette illustre amitié, que n'ait dit Montaigne lui-même. On peut seulement remarquer combien il est rare de voir un sentiment aussi profond s'épancher avec tant de grâce et sans réserve ; les *Essais*, les lettres, abondent de détails, et sur la mort même de l'ami préféré. La preuve est plus forte que pas une autre, pour montrer à quel point Montaigne était avant tout un auteur, soucieux de se raconter, inaugurant la triste mode qui a tout envahi depuis.

Ce que furent les deux amis, quand furent éloignés les premiers tâtonnements habituels aux affections dont la durée doit être à toute épreuve, on le sent assez par le caractère même de leurs œuvres ; jeunes tous les deux, et fort jeunes, Estienne de la Boëtie montrait à la sagacité contenue de Michel de Montaigne une âme ardente, une naïve générosité qui lui inspirait des illusions singulières sur l'état des cités antiques, sur Venise dont il se fût souhaité citoyen ; créateur de ces utopies libérales qui ont faussé durant trois siècles le génie ...tique en France, le jeune conseiller suivait de beaux songes philosophiques, rimait en latin, et en grec, et médiocrement en français ; peu correct, parfois plein de feu, doué de toutes les vertus que devaient contrebalancer et tempérer les qualités intellectuelles de Montaigne. Devant Michel, plus enjoué, libre dans ses propos, la Boëtie tenait assez le rôle d'une austérité qui n'était pas sans charme ; sa mort fut celle d'un stoïcien élégant, digne de sa vie, qui avait été d'un gentilhomme philosophe. Il laissait à Montaigne le regret d'un attachement poussé jusqu'à l'amour, le seul qui ait su traverser les échappées d'une jeunesse assez froide. Au sentiment vif et sincère qui lui restait au cœur, Montaigne ajoutait pour parer la mémoire de son ami, pour la rehausser dans son cœur et dans son esprit, tant d'illustres exemples des amitiés antiques. Il n'avait jamais abandonné l'étude des lettres, puisqu'il s'occupait avec son père des théologies naturelles et des ouvrages nouveaux. La Boëtie venait de lui léguer ses papiers, ses livres, il lui seyait de s'occuper à sauver les uns de l'oubli ; les autres, qui lui rappelaient vivement le meilleur de lui-même, devinrent ses amis de chaque jour; ils le sollicitaient ; bientôt il se renfermait avec eux ; le Parlement était délaissé, le livre des *Essais* allait naître.

Il n'y a point d'année saillante ni de crise dans cette vie toute unie que mena Montaigne dès qu'il fut retiré chez lui. C'est en lui-même que se passe toute la révolution des pensées qui l'amènera, par un progrès insensible, jusqu'à la mort. Il avait été jusqu'au bout un fils dévoué pour le père qui lui faisait traduire, sur sa fin, la *Théologie naturelle* de Raimond Sebond ; la mort de Pierre Eyquem le fit maître et légataire universel de tous les biens, qui étaient grands ; la perte de la Boëtie l'avait détaché d'une carrière où ne le retenait plus la voix éloquente de l'ami, la joie de marcher avec lui, de le suivre pour mieux dire. Toutes les heures désormais qui devaient compter pour Montaigne se passèrent dans l'entretien muet des livres et des idées, ou bien encore par les chemins de la Suisse, de l'Italie, à chevaucher dans un long voyage qu'il entreprit, après la publication des *Essais* sous leur première forme

Ce petit homme bilieux, qui sans doute disait « ma femme » avec la même autorité hautaine qu'il disait « mon prêtre », était gentilhomme dans toutes ses façons et ses préjugés. Raffiné, dédaigneux, coquet jusqu'à se parfumer, raillant les saluts sur lesquels il était pointilleux, les honneurs qu'il idolâtrait, les distinctions dont il se pare, il se mêlait aux affaires des autres nobles, sans souffrir que personne intervînt chez lui (1). Son enjouement, son égoïsme le défendait de l'hypocondrie ; assez robuste, comme tant de goutteux, il était aisé de le nourrir, hormis la bière qu'il exécrait ; grand mangeur de poisson (2), ainsi que tous les hommes vivant surtout par le cerveau, il ne sortait de repas avidement dévorés, que pour se remettre à l'étude, ou pour enfourcher un cheval ; il se targuait de science équestre, quoique des remarques naïves lui échappent touchant l'art hippique, et mettent sa modestie et sa véracité même en question, sur ce point comme sur tant d'autres (3).

Étrangement maître de lui, jusqu'à s'observer en détail dans un accident qui faillit lui coûter la vie et le mit pendant plusieurs heures presque hors de connaissance, il se montrait, en certains cas où la tempérance n'est guère de saison, plus froid

---

(1) I, xxv et *passim*. *Essais*, éd. de 1595, la plus prolixe sur le compte de l'homme privé.
(2) I, xcix.
(3) I, xlvii.

qu'on n'aurait souhaité ; ses défaillances d'un certain ordre, par le soin qu'il a pris de les étaler, n'ont pas de mystère pour ses lecteurs, et il tenait plus aisément que bien d'autres certains paris assez bizarres (1). Il convient de glisser là-dessus, quoiqu'il y insiste ; mais il faut marquer ce travers des confessions physiologiques que Montaigne inaugure et qui, chez Jean-Jacques, sera poussé jusqu'aux basses monomanies. En dépit de l'assurance que l'auteur des *Essais* a donnée, à propos de ses lettres, et bien qu'il prétende avoir aimé les femmes, « les étroits baisers de jeunesse, savoureux et gourmands (2) », il en a trop dit par ailleurs pour ne pas garder une renommée d'homme très médiocrement sensuel. Son culte de l'amitié prouverait, à lui seul, qu'il fut un piètre amant (3). Par point d'honneur de gentilhomme, il assure que « la noblesse française ne refuse jamais rien aux dames » (4) ; du moins, de ce qui est

(1) II, XI.

(2) I, LV, 1588. La phrase devient brutale dans l'édition de 1595, et les baisers « *gloutons* et *gluants* ».

(3) L'amitié, cette éruption infantile de l'imagination, qui précède l'amour, comme le bourgeon la feuille, a été jugée par Ronsard au point de vue de l'amoureux : « Je ne puis, dit-il

« Avoir un compagnon, tant amoureux je suis !

« Et tant je m'essencie en la personne aimée.

« L'autre amitié ressemble aux enfants sans raison,

« C'est se feindre une flamme, une vaine prison,

« Où le feu contrefait ne rend qu'une fumée. »

Sonnets pour Hélène, I, LVI.

(4) I, XXXIII.

en son pouvoir. Mais, ailleurs, avec une plus sincère franchise, il dénie toute valeur au sexe féminin, « car cet appetit desréglé et goust malade qu'elles ont au temps de leurs groisses, elles l'ont en l'âme en tout temps » (1). Il n'avait connu que par ouÿ dire les passions ardentes, bien qu'il prétende s'y « estre eschaudé en son enfance » (2), ni cette « accointance des femmes, où l'incitation est violente, et, *dit-on*, parfois invincible (3). » Assez bon homme pour sa propre épouse, et peut-être un peu plus qu'ingénu dans telle occasion, puisqu'il secourait « par l'exemple de luy mesme ceux... qui maintiennent la grossesse d'unze moys » (4).

Sans amours, sans amitié que celle d'un souvenir, il se retirait dans sa libre seigneurie avec toute l'expérience du monde qu'il faut au moraliste pour juger les hommes, dans toute la paix nécessaire pour les considérer au vrai point de vue. Lorsqu'il commença, la quarantaine venant, un journal de sa propre pensée, c'était bien « l'homme confict au mespris de choses fortuites », mais moins fort, et plus avancé dans le dilettantisme que ne fut oncques un héros de Rabelais. Gentilhomme oisif, écrivain par prédilection et caprice, ami du repos, et, par là, toujours enclin à suivre l'usance, il allait se

---

(1) II, VIII.
(2) III, III.
(3) III, II.
(4) II, XII.

donner à lui-même, par l'étude de sa personne et par celle de l'humanité, la comédie intellectuelle. Pour animer l'intrigue, il avait son humour de Gascon, sa verve, les saillies imprévues d'un esprit à la fois généreux et froid comme les vins de son terroir ; les digressions n'étaient pas messéantes, les épisodes pouvaient être multipliés, les saillies et les gravelures ne venaient jamais hors de sens ; le laisser-aller n'était, en pareille matière, qu'un charme de plus. Quand l'inspiration chômait, les livres étaient là, ces livres antiques, dont l'amour lui avait été avec Etienne de la Boëtie un premier lien.

Logé dans sa tour, au-dessus de l'entrée du château, muré dans cette vaste pièce couverte d'inscriptions latines, tapissée de volumes et de manuscrits, il entendait « à la diane et à la retraicte une fort grosse cloche sonner touts les jours l'*Ave Maria* » ; mais rien d'autre parmi les bruits extérieurs ne pénétrait dans un asile que sa volonté suzeraine tenait hermétiquement clos. En 1563, le legs d'Estienne de la Boëtie avait accru singulièrement la « librairye » (1). Montaigne annotait ses livres ; au commencement de ce siècle, on trouvait encore un *César* ennobli d'une longue remarque manuscrite (2); les auteurs latins, qu'il possédait dans les belles

---

(1) Lettre I, t. III, p. 502, éd J.-V. Le Clerc.
(2) Acheté 90 centimes par Poireon (S. de Sacy, *Var. litt.*, t. III, p. 258).

éditions de Plantin (1), le Plutarque d'Amyot, dans un noble exemplaire à la marque de Vascosan (2), c'était ses ouvrages sans cesse relus et refeuilletés. Les nouveautés du temps tenaient aussi leur place sur les cadres de la bibliothèque, et les œuvres de Jean Le Maire des Belges, avec la signature de Montaigne, s'étalaient, il y a vingt ans, dans une vente, laissant voir que la curiosité du philosophe savait au besoin passer toutes les frontières, même celles du goût et du bon sens en littérature.

Tout cet amas de livres accroissait en lui le penchant, si français durant trois siècles, pour les extraits, les résumés, les citations. Après lui, la tragédie du XVIIe siècle, et l'esprit tout entier de notre littérature fut imbu de cette habitude : un seul homme peut-être a plus cité Sénèque que n'a fait Montaigne, c'est Pierre Corneille. Dans ces « petits retraits et ces douces cachettes ancestrales », qu'il avait consacrées à « sa liberté, sa tranquillité et repos »(3), le même goût un peu puéril qui lui avait fait décorer de sentences et de devises les poutrelles de son plafond, le poussait à encombrer de maximes et de vers latins la trame si simple et si souple de son style.

---

(1) III, XIII.

(2) *Ibid.*

(3) Inscript. latine de sa bibliothèque publiée par MM. Galy et Lapeyre, 1861. La tour a seule été préservée dans un récent incendie. Cf. *Visite au château de Montaigne*, par B. de Saint-Germain, 1850, in-8°.

Il s'est dépeint (1) comme manquant de mémoire ; on ne s'en fût guère douté ; mais, s'il a voulu parler même de la mémoire « livresque », ce serait pour faire mieux comprendre de quelle « fraîche nouvelleté » lui riaient toujours les auteurs de sa bibliothèque. Seulement, les anecdotes répandues dans son ouvrage suffiraient à le démentir, et l'on sait de reste qu'un livre paraît d'autant plus nouveau qu'on le connaît mieux. Il faut conclure que sa mémoire défaillait dans la vie pratique ; et il l'y exerçait si peu qu'on ne saurait s'en étonner. Il se mêlait pourtant, encore à sa fantaisie, dans quelques compagnies ; Blaise de Montluc le traitait en familier ; le terrible capitaine s'attendrissait en lui parlant d'un fils mort ; ils rappelaient ensemble le temps des guerres italiennes, ils glissaient sans doute sur les hécatombes de huguenots, ils louaient de concert messire Jacques Amyot, grand aumônier de France, leur ami commun (2).

Mais les heures de solitude étaient les plus nombreuses, dans ce laboratoire où le perspicace alchimiste de la pensée dissolvait lentement toutes les croyances, les mœurs et les opinions humaines. Il avait butiné jusque dans son âge mûr, qui lui paraissait la vieillesse, car on avait alors le beau courage de vieillir à temps ; il avait amassé dans lui-

---

(1) I, ix.
(2) I, xxvii ; — II, viii.

même, autour de lui, partout et près de tous, les faits qu'il ajoutait sans cesse et comparait aux exemples de l'histoire et de la chronique légués par les auteurs anciens. Il allait ajouter encore à cette matière très ample. Les *Essais*, dans leur premier état, venaient de paraître, lorsque l'auteur se mit en route pour un voyage qui fit époque de toute manière en sa vie.

Comment il y accrut la récolte déjà si variée, comment il usa du voyage à cette fin de s'instruire, il a pris soin de le marquer : « J'observe en mes voyages cette practicque pour apprendre toujours quelque chose par la communication d'autruy, — qui est une des plus belles escholes qui puisse estre, — de ramener tousjours ceux avec qui je confère aux propos des choses qu'ils sçavent le mieux » (1). Goethe a repris cette maxime, et, la renvoyant alourdie, l'a fait prendre pour sienne, et pour neuve.

Ce voyage qu'il entreprenait « naïant nul autre projet que de se pourmener par des lieus inconnus », il le soutint avec allégresse, tenu toujours en haleine par une curiosité sans cesse éveillée (2) ; c'était, s'il faut en croire son valet de chambre, le meilleur voyageur et le plus accommodant. Le journal de route subsiste, écrit par moitié dans le style

---

(1) I, xvii.
(2) *Journal du Voyage de Michel de Montaigne en Italie par la Suisse et l'Allemagne*, 1580 et 1581, 2 vol. in-12. Paris, Le Jay, 1774.

de l'acolyte, et, dans la partie où Montaigne a pris la plume, rédigé, pour de longs fragments, en un jargon bigarré qu'il croyait bonnement être de l'italien. Italien si personnel, il faut le dire, qu'on pourrait trouver le pareil dans les seuls intermèdes moliéresques.

Avec cette manie des bains thermaux qui le promenait assidûment à Bagnères, il devait faire à l'occasion une halte dans les villes d'eaux des Vosges; la cure entreprise à Plombières valut à la cité le don honorable d'un écusson où les armoiries de Montaigne s'étalaient. Ensuite, ce fut la Suisse et l'Allemagne qui le menèrent en Italie; il vit Venise, « l'auberge joyeuse de l'Europe » (1) au XVI° siècle comme au XVIII°. Ce fut naturellement Rome qui le retint le plus longtemps ; c'était la tradition, conforme au goût personnel de Montaigne. Ici, le style du journal sent son auteur, non seulement parce que les *Essais* y sont (2) rappelés, mais surtout par le ton qu'il prend lorsque s'élève le sujet, et par exemple, lorsqu'il parle de la Rome antique et moderne (3). On ignore si le valet auquel il donna congé, celui qui « conduisit jusqu'à Romme cette belle besoigne », était le même drôle auquel son maître impute le larcin de certains fragments des *Essais*: dans l'espèce, si Montaigne gagnait à le congédier, les lecteurs y

---

(1) Albert Sorel, *Montesquieu*, p. 47.
(2) I, p. 299.
(3) I, 305.

firent un profit plus sensible encore, puisque le maître prit la plume.

Ce journal n'était point pour le public. On y retrouve cependant les traits du même caractère qui fit le Montaigne des *Essais*. C'est ainsi qu'en son parler pittoresque, il note que les Suisses « repeignent souvent leurs villes, ce qui leur donne un visage tout fleurissant » (1). Fidèle à sa haine pour les singularités, il se plie aux coutumes locales jusqu'à prendre, dans Augsbourg, le bonnet fourré du pays (2). Exempt de la crainte bizarre, et si commune aux Français, d'être plus mal dans un séjour à l'étranger qu'on ne serait en parcourant un pays connu, Montaigne savait à merveille user d'une excursion ou d'un événement pour son plus grand agrément et profit. Il étudia Rome à fond avec des « documents, des cartes et des livres choisis qu'il se faisait lire le soir ». Bientôt il connut la ville dans ses recoins, mieux que les guides de profession, ce qui du reste n'est pas beaucoup dire. Il y vit un livre de saint Thomas d'Aquin « où il y a des corrections de la main du propre autheur, qui escrivoit une petite letre pire que la mienhe ». Çà et là quelque remarque interrompt le récit; il observe « que toutes choses sont ainsin aisées à certains biais et inaccessibles par autres » (3).

(1) I, 113.
(2) I, 165.
(3) II, 14.

Les *Essais* l'avaient précédé, la Censure du Vatican les avait critiqués. Mais Rome, alors puissante, se montrait débonnaire, suivant la règle des pouvoirs qui se sentent forts ; Montaigne usa, dans l'affaire, d'une assez molle diplomatie, et s'en trouva bien. Trop madré pour heurter de front et pour fixer en inimitié l'incertaine ignorance de ses censeurs, il « avouait en aucunes choses », si bien que les avances furent faites par le « Maestro del sacro *palasso* ». Le magistrat, dont Montaigne écorche le titre, était assez imparfaitement instruit, « n'aïant pu juger que par le rapport d'aucun frater françoys. » Ce religieux auquel l'auteur applique un nom de barbier plutôt que de moine, avait si bien embrumé les idées du « Maître du sacré palais » que celui-ci, « n'entendant nullement notre langue, se contentoit tant des excuses que je faisois sur chaque article d'animadversion que lui avoit laissé ce Françoys, qu'il remit à ma conscience de rabiller ce que je verrois être de mauvais goût » (1). La pénitence était douce, mais il faut songer que Montaigne était gentilhomme, d'un rang éminent, et qu'il annonçait l'intention d'aller à Lorette. Au départ, la Curie fit mieux encore ; lorsqu'il s'en vint prendre congé, « on le pria de ne se servir point de la censure de son livre, avec les termes les plus confians et excuses » (2).

(1) II, 35 et seq.
(2) II, 76.

Il quittait Rome avec le titre de citoyen. Pure gloriole, il l'avoue, mais qu'il avait sollicitée avec « tous ses cinq sens de nature, ne fut-ce que pour l'antien honneur, et religieuse mémoire de son authorité » (1). Ce titre, conféré par bulle le 5 avril 1581, il en faisait cas jusqu'au point d'avoir inscrit tout au long, dans son livre remanié, la teneur de la lettre patente; « c'est un titre vein, tant y a que j'ay beaucoup de plaisir de l'avoir obtenu » (2).

Montaigne avait mené à Rome l'existence qui convenait à son rang, et n'ayant rien « si ennemi à sa santé que l'ennui et oisifveté, que mélancholie qui estoit sa mort » (3), il avait fréquenté les compagnies; l'ambassadeur de France l'avait reçu à sa table, en même temps que Marc-Antoine Muret, son ancien condisciple, aux côtés de savants et de diplomates lettrés; on discutait, dans ces repas, sur Plutarque, et l'on attaquait, contre l'opinion de Montaigne, les versions de Jacques Amyot : les savants opposaient le latin d'Estienne, plus exact, plus fidèle ; à la fin Montaigne cédait, quitte à reprendre, après son retour dans sa chambre, l'exemplaire de Vascosan (4).

Il est particulièrement malaisé de mettre en doute la foi catholique de Montaigne et son respect sincère

---

(1) II, 62.
(2) II, 64.
(3) II, 55-57.
(4) II, 17-19.

pour les moindres rites d'une religion vers laquelle
toute son œuvre achemine, lorsqu'on le voit, si
loin de France, presque sans témoins, aller
faire tout exprès un pèlerinage en un lieu qui
n'est pas des plus pittoresques. et ne s'atteignait
point sans peine ; son hommage à la Vierge miracu-
leuse de Loreto n'était point un caprice : il avait longuement prémédité de porter « un vœu dans la
chapelle ». C'est à peine si la presse des pèlerins lui
permit de séjourner, et les ex-voto se serraient si
nombreux sur les murailles du sanctuaire, que le
sien n'y trouva place que « à toute peine, et avec
beaucoup de faveur ». Il était cependant assez magnifique ; c'était « un tableau dans lequel il y a
quatre figures d'arjant attachées : cele de Nostre
Dame, le miene, cele de ma fame, cele de ma fille.
Au pieds de la miene, il y a insculpé sur l'arjant
*Michaël Montanus, Gallus, Vasco, Eques Regii ordi-
nis*, 1581 ; à cele de ma fame : *Francisca Cassaniana
uxor* ; à cele de ma fille : *Leonora Montana filia unica*.
Et sont toutes de ranc à genous dans ce tableau, et
la Notre Dame au haut au devant » (1). Il eut soin
de bien marquer où l'on avait logé son cadre, et
qu'il avait été attaché, cloué, « très curieusement ».
Montaigne fit ses Pâques à Loreto, dans une chapelle privilégiée ; il reçut l'hostie par les mains d'un
« jésuite allemand ». Un miracle venait d'arriver à

---

(1) *Voyage*, II, 100-101.

un jeune homme de Paris : il se le fit raconter « très curieusement » et le consigna tout au long dans ses notes (1).

Sans doute il avait eu quelques peccadilles à confesser devant le jésuite allemand ; son humeur, aisément altière, s'échappait parfois en foucades. Chemin faisant, et malgré ses intentions pieuses, il avait donné un soufflet à son « vetturin », ce qui « est un grand excès suivant l'usage du pays, témoin le vetturin qui tua le prince de Tresignado». Sa bile calmée, il craignait quelque « coltellata », et changea son itinéraire (2).

Après les soins de son âme, pris à Loreto, ceux du corps l'amenèrent aux Bains de Lucques ; ces mêmes eaux, que Henri Heine a décrites en ses *Reisebilder*, virent Montaigne, dédaigneux, en théorie, de toute médecine, confier aux pratiques nombreuses des stations thermales sa gravelle, compliquée d'un catarrhe vésical, et, si les symptômes sont exactement donnés (3), de varices mal situées. Fastidieux dans les *Essais*, les détails de santé accumulés par le valétudinaire sont ici tout à fait insupportables et descendent jusqu'à la plus grotesque minutie ; çà et là, quelques lignes courageuses (4) interrompent le radotage. Mais les eaux, les vents,

---

(1) *Voyage*, II, 108-110.
(2) *Ibid.*, II, 94-95.
(3) *Ibid.*, II, 252.
(4) II, 424-426.

les urines, toute une suite de confidences de Géronte et de Diafoirus encombrent des pages entières ; le souci de laisser ses armes peintes et dorées dans une ville où cette coutume n'existait point, des doléances sur les barbiers italiens, indignes de tondre et de raser un écuyer royal, toutes ces balivernes complaisamment amoncelées prouvent, à n'en point douter, que Montaigne suivait un penchant invincible, et, loin de railler, se modérait assurément dans les *Essais*, lors même qu'il semblait se répandre en détails inutiles et déplacés. Il s'éjouit à rappeler les phases de cette « cholique » trop illustre, il ratiocine à perte de vue sur les causes qui ont « fait faire effet aux eaux » — la cacophonie est heureuse — par derrière, non par devant. « C'est une sotte coutume », dit-il, « de compter ce qu'on pisse » ; c'en est une non moins fâcheuse de le conter.

On ne croit jamais ennuyer autrui lorsqu'on parle de soi. Montaigne, sans cet aveuglement, commun à tous les cachectiques, se serait dit qu'on a déjà bien de la peine à demeurer intéressant pour sa famille, quand la maladie se prolonge ; et que, dès le premier moment, on devient à charge au monde, si l'on ne sait bien réfréner la démangeaison de narrer ses calculs, selles et douleurs. Lorsqu'Érasme, atteint à Venise de la même maladie qui travailla Montaigne, composait l'Éloge de la Folie pour calmer, durant son séjour à Londres, une recrudescence de ce mal qui préfère les gens d'étude, il montrait de l'esprit, et sans doute se distrayait ; Montaigne, lui, tout fasciné par ses diverses incommodités, perdait jusqu'au tact le plus simple : n'écrivait-il pas cette page, aussi inconsciente qu'inconvenante : « Les eaux me firent faire une selle, uriner fort peu, et ce mesme matin je tombe en un pensement si pénible de M. de la Boëtie et y fus si longtemps sans me raviser que cela me fit grand mal » (1). Il cherchait à se distraire, à soutenir le nom français, donnait des bals aux contadines et faisait sauter la vilaine ; une autre fête, plus galante, fut offerte aux dames de la noblesse, et il en fit les honneurs avec une courtoisie parfaite.

Mais il reçut, dans ce séjour aux Bains della Villa, un pli qui lui notifiait sa nomination, par un choix unanime, aux fonctions de maire de Bordeaux. Hésitant d'abord, s'il faut l'en croire, il partit pour Rome, où la nouvelle fut officiellement confirmée, avec injonction pressante de venir occuper le poste que lui conférait « l'amour de la cité ». Il se mit en route, et reprit, en rentrant en France par le mont Cenis, l'usage de la langue française, qui lui réussissait mieux incomparablement que son trop cavalier italien. Il fut de retour à Montaigne le 22 juin 1581. Il a relaté qu'une lettre du roi l'y attendait, qui emporta sa décision encore incertaine, par les instances pres-

---

(1) *Voyage*, II, 175.

que impératives dont elle l'honorait. Jusqu'à plus ample informé, les biographes sont d'accord pour voir dans cette assertion une preuve que son auteur n'était point gascon à demi. Car il n'y a pas d'apparence que l'on revienne si vite lorsqu'on hésite à venir prendre un office, d'ailleurs héréditaire en quelque sorte.

Montaigne rentrait sans illusion dans la vie publique ; « tout croule autour de nous (1) », écrivait-il ; trop peu militant pour s'attacher à l'une des deux factions qui se partageaient la France, sa clairvoyance lui décelait clairement les passions ambitieuses dont la religion n'était que le masque. N'avait-il pas, en voyant la ville de Paris, qu'il aimait extrêmement, prédit tout le mal que feraient, d'année en année, les troubles de la Ligue, sévissant dans la première cité du royaume ? « Dieu chasse loing nos divisions ! s'écriait-il. Entière et unie je la trouve (cette capitale) deffendue de toute autre violence. J'advise que, de tous les partis, le pire sera celuy qui la mettra en division, et ne crains pour elle qu'elle-mesme (2) ». Il ne craignait, aussi, que les Français pour les Français ; l'ami de la Boëtie ne devait pas, au fond de l'âme, avoir un culte sans réserves pour le pouvoir royal ; il voyait son frère attaché à la Réformation ; ce « privilège d'insensibilité

---

(1) *Essais*, III, IX.
(2) III, IX.

qui lui était naturel et qu'il cultivait avec soin (1) », lui rendait facile, au milieu des troubles, de ne se « despartir de soy de la largeur d'une ongle ». Bien lui en prenait, ayant à régir une cité placée au « moyeu » des dissensions, d'avoir « encrousté et espessi » en lui-même le flegme et l'inertie morale.

Il dut à ce calme inflexible d'éviter tout malencontre, et le suffrage des citoyens le réélit, lorsque son mandat expira. En 1583, son influence auprès du roi venait à l'appui des requêtes présentées par les Bordelais. Montaigne fut un magistrat du moyen ordre, trop sceptique pour ne pas plaire à tout le monde. Il perdit sans regret, en 1585, une occasion de faire tout son devoir, et même un peu plus. Un brave homme, un héros, sans grand génie, comme Rotrou, fût demeuré ferme à son poste durant la peste qui frappa la ville de Bordeaux ; Montaigne, dont les fonctions arrivaient à leur terme, jugea plus sûr, étant absent, de ne point courir le grand risque, et son successeur fut nommé sans lui dans la ville apeurée. Il manda de Libourne (2) aux jurats qu'il se tiendrait à portée de la cité, mais que le danger d'y entrer était trop grand pour les personnes venant du « frais air pur », ainsi que c'était son cas. La « lettre n'est point magnanime », dit ingénument un critique anglo-saxon (3).

(1) III, x.
(2) Lettre publiée en 1850 par M. Detcheverry.
(3) Le Rev. L. W. Collins, *Montaigne*, p. 91.

Malgré cette prudence, Montaigne pouvait achever sa vie, dans son domaine, « marchant partout la tête haute, le visage et le cœur ouvert (1) ». Ce cœur était médiocrement large. L'auteur seul subsistait encore, dans une âme qui n'avait jamais connu les mouvements profonds. Un voyage à Paris, en 1588, pour la publication de la nouvelle série d'*Essais*, la troisième, qui complétait l'ensemble, fut le dernier événement d'une existence dont le terme approchait. Toujours diplomate, de l'espèce qui laisse faire et qu'on vient chercher, Montaigne avait l'oreille de celui qui n'était encore qu'Henri de Navarre à la veille de se nommer Henri IV; il tenta peut-être de négocier un rapprochement avec Henri de Guise; ses amis étaient aux deux camps, puisque, embastillé par hasard, il fut, quelques heures après, remis librement dans Paris par l'entremise de la reine Catherine de Médicis. Au nouvel an de 1590, Montaigne écrivait des vœux d'ami pour Henri de Navarre; en septembre de la même année, il intercédait en faveur du maréchal de Matignon, son successeur à la mairie de Bordeaux (2). Il devait mourir avant d'avoir vu le triomphe du Béarnais assuré par l'entrée à Paris.

Montaigne, en vieillissant, laissait se développer en vanité d'auteur son égoïsme souriant; prodigieu-

---
(1) III, 1.
(2) Lettres déc. en 1850 par M. Jubinal, dans la collection Dupuy, à la Bibl. nationale.

sement homme de lettres, vers la fin de ses jours, il en arrivait à l'aveu « qu'il ne sçavoit s'il n'aimeroit pas mieux avoir produict un enfant parfaictement bien formé, de l'accointance des Muses que de l'accointance de sa femme (1) ». Il était une proie facile pour les coureurs d'héritage littéraire, aussi éternels et non moins âpres que les autres ; il eut deux individus de cette gent pour partager sa succession d'écrivain : une demoiselle, Mademoiselle Marie Le Jars de Gournay, un prêtre pédant, moine manqué, Pierre Charron.

Au dernier échut, avec la faveur de Montaigne, l'héritage des armes, des fameuses armes dont l'emblème ornait les stations balnéaires, et que l'écrivain a dépeintes par le menu ; Montaigne, à ce don, ne pouvait ajouter celui de son talent ; il ne légua que son système, dénué, sous la plume aride d'un continuateur servile, de tout ce qui pouvait en faire la grâce et l'excuse : la prose décharnée de Charron ne fut pas même un « clair de lune » ; en somme, il n'hérita de rien.

Mademoiselle de Gournay s'occupa des affaires posthumes, qui touchaient la gloire du maître ; Montaigne l'avait visitée en ses terres, où la sage demoiselle vivait, au fond des pays, à Gournay-sur-Aronde, en compagnie de sa mère. La protégée, nullement compromise, devint la « fille d'alliance »,

---

(1) II, VIII.

et les lettres comptèrent une femme écrivain de plus; ce fut une recrue pour ces créatures d'espèce déviée; les vieux hommes de lettres ont ainsi des suivantes volontaires, qui les aiment de la tendresse qu'elles reporteront plus tard sur leur bichon ou sur leurs chats. Mademoiselle de Gournay, plus dévote qu'éclairée dans son culte pour Montaigne, fit entrer assez au hasard, dans l'édition posthume, des notes jetées en marge sur un exemplaire de 1588; elle intercala son éloge propre (1) qui ne la sauva pas du ridicule attaché à sa classe; car on peut parler librement de telles femmes; elles perdent leur nom de femmes, en se faisant dames de lettres. Au mérite d'avoir gâté la véritable édition des *Essais*, Marie Le Jars a joint celui d'avoir servi de précurseur à Mademoiselle de Scudéri; certains historiens du roman au XVII° siècle ont naguère prétendu réhabiliter ces indigestes balivernes; leurs propres romans les rendaient indulgents pour le médiocre. Mais le procès est bien jugé, sans appel; et les pénibles divagations de Mademoiselle de Gournay ne le feraient point reviser : elle finit sa longue vie en dépensant son bien à la recherche de la pierre philosophale, et termina paisiblement entre sa servante et son chat, ses inoffensives folies.

Montaigne n'avait pas souffert pour entrer dans sa fin. Une douce paralysie l'anéantit en peu de jours.

(1) II, XVII.

Etienne Pasquier, qui put l'assister aux derniers moments, le vit, parfaitement lucide, bien que privé de l'usage de la parole, recevoir la communion avec une piété grande (1). Il touchait à ses soixante ans ; « nous perdîmes un grand homme », écrivait Juste Lipse, d'une formule qui pouvait être bonne à d'autres décès. La phrase qui suit est mieux dans l'esprit de Montaigne : « Il se gausserait de nous, s'il nous savait le pleurant ». Ce fut Madame de Montaigne qui pria la « fille d'alliance », accourue à vives étapes, de préparer une nouvelle édition des *Essais*. Ce fut la besogne de quinze mois, et l'effet n'en fut point heureux. Mais la demoiselle a fixé son nom contre celui de Montaigne, récompensée, comme Pierre Charron, d'avoir su trouver le chemin du cœur, chez un écrivain illustre ; chemin frayé, mais où l'on marche seulement par certaine grâce d'état, puisque c'est toujours et tout uniment celui du plus plat valetage et de l'admiration brutale

Michel, seigneur de Montaigne, fut un de ceux qu'il a décrits, et qui « veulent, vivans et respirans, jouyr de lordre et honneur de leur sépulture et qui se plaisent à voir en marbre leur morte contenance » (2). Il trouvait « gualand » ce souci de sa propre sépulture ; et jusque sur son tombeau, qui s'est conservé, nous le voyons tel qu'il eut dessein de se montrer.

(1) Pasquier, *Lettres*, XVIII, I.
(2) I, III.

Malgré les fâcheux pronostics d'une jeunesse assez dépensière parce qu'elle était sans argent, Montaigne, bientôt assagi, laissait sa maison en fort bon point. Comme maint autre, le gouvernement de ses biens l'en avait rendu ménager. Il les quittait « comme il y entra, sinon un peu mieux » (1). Les *Éphémérides* de la famille mentionnent, à la date du 13 septembre, que « cette année 1592 mourut Michel, seigneur de Montaigne, âgé de 59 ans et demy. »

Son cœur fut déposé en l'église de Saint-Michel de Montaigne, son corps en celle des Feuillants à Bordeaux, où le sépulcre était prêt. Après avoir émigré au musée de la ville durant la Révolution, le tombeau fut replacé par autorisation du préfet, père d'Eugène Delacroix, le 2 messidor an XI (2); il demeure, à l'ancienne place, dans l'église qui est devenue la chapelle du Lycée. Fait d'un socle et d'un sarcophage rectangulaire, il supporte la statue de Montaigne, allongé sur la pierre et revêtu de son armure. Derrière le chef est posé le casque ; auprès du flanc, les gantelets. Un lion repose sous les pieds. Le fameux ordre de Saint-Michel enceint les armoiries si complaisamment décrites par Montaigne comme « d'azur, semé de trèfles d'or, à une patte de lyon de mesme, mise en fasce ». L'écusson est flanqué de

---

(1) III, IX.
(2) Malvezin, p. 180.

deux épitaphes, grecque et latine : en celle-ci l'on a gravé un mot heureux : « *Viro ad naturæ gloriam nato* » : « homme né pour la gloire de la nature » (1).

Il avait eu la mort qu'il souhaitait, prompte et douce. Elle ne l'avait point surpris : son ombre passe à tout instant dans les écrits du philosophe. Il la reçut en chrétien ; il l'avait attendue avec des maximes antiques et l'épicuréisme stoïque d'un païen ; conservant ainsi dans son existence intime, et jusqu'à la fin, ce double caractère que montre l'étude de son œuvre. Mourir à son temps, avec ses aises, en galant homme, ce souhait ne ressemble en rien aux pensées qui préoccupèrent le siècle suivant, si souvent enfoncé dans l'idée tragique de mort. L'alliance de l'esprit antique avec le sentiment moderne ne défaillit pas chez Montaigne, même dans la crise suprême, et touchant le point où l'on a toujours coutume d'être franc avec soi-même. Cette persistance des deux éléments prouve combien son caractère, qui nous apparaît dans sa vie jusqu'au terme même, fut d'accord avec son génie, que ses ouvrages manifestent.

(1) Reinhold Dezeimeris, *Rech. sur l'auteur des épitaphes de Montaigne.*

L'ŒUVRE ET L'ESPRIT.

I

Montaigne a pris soin de marquer à mainte reprise quel dessein avait donné naissance à ses *Essais*, et vers quelle fin ils tendaient, si toutefois ces termes mêmes ne sont pas trop précis pour une œuvre qui affecte, avant tout, d'aller suivant le caprice, à bâtons rompus. Dans sa retraite, il prétendait éprouver « les facultez naturelles qui étaient en luy, dequoy c'estoit icy *l'essay* » (1). La plus éminente était sans contredit, chez lui, celle que son plus illustre admirateur devait nommer « l'esprit de finesse »(2), cette « bonne vue » dans les choses communes et le train ordinaire de la vie. C'était aussi, et à son insu, certaine mollesse de génie et de caractère qui le rend merveilleusement propre à réunir en lui-même, en dépit de son indépendance intellectuelle et morale, les tendances de son époque. Trop vigoureux, en effet, trop personnel dans l'invention, l'écrivain s'élève au-dessus de son temps et n'en

---

(1) I, ix ; — I, xxv.
(2) Pascal, *Pensées*, art. vii, ii, 2, p. 101, éd. Havet, 1852, in-8°.

subit plus l'influence autant que l'a fait Montaigne, vrai miroir du xvi⁰ siècle à son déclin.

Il a, de la Renaissance, la passion pour les « histoires », le culte de l'antiquité païenne et surtout de l'hellénisme gréco-romain et des moralistes latins. Il cite, jusqu'à devenir fastidieux : aussi les plus raffinés des admirateurs préfèrent-ils l'édition de 1588, la dernière qu'il ait donnée de son vivant ; elle contient le *livre* qui manquait à la précédente ; mais elle n'est pas surchargée des additions qui encombrent celle de 1595 ; dans celle-ci, l'indiscrétion de Mlle de Gournay a pêle-mêle intercalé toute une rhapsodie de notes mises en marge par Montaigne, bagage onéreux lorsque l'écrivain a cité, surcharge souvent malheureuse à la plus ancienne forme de l'ouvrage, si nette, si alerte, si légère. Il y a des grossièretés, aussi, qui gâtent des phrases naguère expressives ou délicates, de longues tirades et des remarques alambiquées dont le ton quintessencié semble incohérent, au milieu du texte primitif. Montaigne s'avouait lui-même « envieilly de huit ans depuis ses premières publications » qu'avait accueillies la « faveur publique » (1) ; le progrès naturel de l'âge avait alourdi sa main ; la maturité conteuse avait fait place à la bavarde vieillesse. Il s'était répété, dans les variantes qu'il entassait, sans compter qu'il changeait les termes des fragments em-

---

(1) III, ıx.

pruntés. Des mots heureux, qu'il s'appliquait, ce nom de « brouillons » (1) par exemple, qui définit sa manière et son livre, on ne les voit plus dans l'édition qui passa longtemps pour la plus complète : complète, soit, mais à la mode de l'érudition moderne, qui étouffe l'esprit du livre sous les remarques parasites et les notes superflues (2).

(1) II, IX.

(2) Il serait à souhaiter d'ailleurs que l'on reprît, après le regretté Léon Manchon, dont la tâche fut cruellement rompue, l'édition *Variorum* qui nous manque. Il conviendrait d'y annexer un glossaire bien fait, qui manque pour tous nos grands écrivains du XVIe siècle, et, pourtant, est plus nécessaire qu'on ne saurait dire à tous ceux que l'histoire vraie de la langue intéresse ardemment. Le manuscrit des *Essais*, auquel Léon Manchon, ancien élève de l'Ecole normale, mort professeur au Lycée d'Orléans, consacrait une étude détaillée, est, d'après les notes qu'a bien voulu me communiquer la famille de l'érudit, toujours plus expressif que l'imprimé ; surtout le texte revu par Mlle de Gournay est alourdi, rallongé ; la femme éditeur hait particulièrement la force et la brièveté. C'est ainsi qu'elle substituera « *ranger mes opinions et conditions* », à « *mes humeurs et conditions* » ; elle a l'horreur puérile du mot répété, inconnue aux écrivains vraiment grands, à Pascal. Elle se permet de rajeunir l'expression. « *Targue* » fait place à « *garde* », « *signamment* » à « *spécialement* ». Elle épluche l'édition de 1588, n'use qu'à tort et à travers des notes et du manuscrit. Elle place un affreux vocable, « *dislocation* » au lieu du vieux mot « desloueure », met « débiter » pour « employter », que l'édition de 1588 conservait. Elle épaissit : « *Qu'on voie*, dit le premier jet, *en ce que j'emprunte, si j'ai su choisir de quoi rehausser mon propos* », — « *de quoi*, imprime l'édition posthume, *rehauser ou secourir proprement l'invention qui vient toujours de moi* ». Ceci du manuscrit, « *car je ne considère pas moins curieusement la fortune et la vie de ces grands précepteurs du monde que la diversité de leurs dogmes et fantaisies* », devient : « *car je suis passablement curieux de cognoistre les fortunes et la vie de ces grands précepteurs*

Dans le livre des *Essais* même, tel qu'il se publia sous ses yeux, Montaigne a soin de distinguer ses premiers et ses seconds Essais ; les premiers sont composés des deux premiers livres. A vrai dire, il y a là tout l'essentiel, et la vieille édition de 1580 donnait le meilleur de Montaigne. Plus parfait avec le troisième livre, ou, pour mieux parler, plus fidèle à refléter l'auteur tout entier, l'ouvrage se chargeait de pages où la préoccupation des plus infimes parmi les détails personnels descendrait jusqu'au racontage, si la manière de dire ne faisait passer ce qui est dit. Hélas ! la fameuse « cholique » était survenue, et ce style qui gagnait encore en puissance, s'il perdait en grâce, ce style plein, d'une force inconnue naguère à Montaigne et d'une simplicité neuve (1), servait trop souvent, tout en même temps qu'aux idées capitales, pour exprimer les anecdotes et les réflexions terre-à-terre.

Ce serait un jeu puéril que d'insister dès le premier abord sur ces quelques travers, si l'on n'y pouvait découvrir justement le secret du mécanisme intellectuel et moral chez Montaigne, et la clef de la double voie où se laisse entraîner cet esprit complexe. « Il en est, dit l'auteur en son premier livre, qui ne sont pas les pires, lesquels n'y cher-

---

du monde, comme de cognoistre la diversité de leurs dogmes et fantaisies. » Enfin, une image hardie: « *Juge ces images respectueuses et inciviles,* » se trouve-t-elle, elle est supprimée.

(1) III, v.

chent (dans la vie) aultre fruict que de regarder comment et pourquoy chaque chose se faict, et estre spectateurs de la vie des aultres hommes, pour en juger et regler la leur ». (1)

Montaigne a fait cela sans doute : c'est l'œuvre propre des moralistes, de tous ceux qui étudient l'homme, sous quelque forme littéraire que ce puisse être : n'appelait-on pas Molière, par dérision, « le Contemplateur » ? Mais Montaigne a suivi tout autant la méthode inverse, qui est de se juger soi-même, de s'étudier, pour ensuite appliquer à l'humanité le résultat de son expérience. « Je n'y cherche, disait-il encore, que la connaissance de moy-mesme et qui m'instruise à bien mourir et à bien vivre. » Cette connaissance, la Grèce, avec Socrate, avec Platon, l'avait préconisée déjà. Illusion sans doute, comparable à celle d'un savant qui prétendrait étudier un instrument, un microscope, avec ce microscope même; doctrine immortelle pourtant, qui fonde la science de l'âme, créera le cartésianisme, jusqu'au jour où la prestigieuse analyse du premier philosophe qu'ait l'Allemagne, en ce siècle-ci, la fera se retourner contre soi, et détruire sa puissance par cette puissance même.

Montaigne n'a point de ces doutes, et du reste il n'a point souci d'approfondir autant. « Quelque matière de propos universel », voilà son champ ;

(1) I, xxv.

son « entendement naturel », voilà son instrument ; la « rapsodie », la fantaisiste allure qui va « gayement et librement », c'est sa méthode (1). Il aimait les anecdotes, c'est un goût commun à son siècle, à son pays et à sa race. Ces faits, ces exemples, l'histoire les lui fournit de toutes mains ; puis, viennent les maximes énoncées par ces écrivains qui les ont gravées comme sur pierre dure ; puis, l'opinion « commune » suit ; tout cela nullement ambigu, point périlleux pour l'assurance tranquille de l'esprit. Subitement, une réserve s'insinue : c'est l'auteur qui parle, et qui glisse son « toutefoys » ou ses « voyons s'il se peut maintenir ». Et tout s'effondre, les exemples perdent leur air de certitude, les contradictions s'affirment crûment, tout l'édifice se lézarde, et, sans avoir l'air d'y toucher, Montaigne, on s'en aperçoit bien, le minait sourdement, avec une impassible sûreté.

C'est que les premiers temps du siècle n'étaient plus, où l'esprit nouveau, jetant les chaînes, s'élançait affamé de joie et de liberté. L'homme, assagi par les troubles et les fléaux des derniers règnes, n'avait plus tant de foi dans les « conjectures ». Il revenait sur lui-même, il n'abjurait pas son amour pour l'antiquité ; mais, en présence de l'infini qui s'était rouvert devant lui, sous l'âpre, l'inclément soleil de la science, il se prenait à songer qu'il

(1) I, xi.

avait connu l'asile d'un port fermé, mais sûr, l'abri de croyances que rien n'altérait dans leur calme absolu.

Ces deux sentiments de son siècle, Montaigne les contient en lui. Ce problème de la science et de la foi, qui fut remis en question par la Renaissance avec une force jusqu'alors inconnue, il s'y attache constamment, quoiqu'il en touche rarement les plus graves données, et semble se dérober à le résoudre. Les historiens et les poètes de l'antiquité que choisissent ses plus dévotes préférences, ce sont les auteurs où se lève l'aurore de l'âme moderne : c'est Virgile et Sénèque, c'est Plutarque et c'est Epictète (1). Avec ces écrivains, surtout dans ceux de Rome, une inquiétude commence à poindre, inconnue à l'antiquité dans ses âges héroïques, et qui sera le fond nouveau du christianisme. L'antiquité réduisait l'homme à lui-même, en l'émancipant des dieux ; le christianisme s'efforça de le réduire à lui-même, et, lui montrant le peu qu'il est, de le jeter aux pieds de Dieu. Les anciens voyaient l'homme libre, fort et souverain. Il suffit de voir ce qu'en a fait Montaigne pour sentir à quel point les siècles de christianisme ont changé l'essence même du pyrrhonisme stoïcien qu'il paraît adopter.

Sans doute, les âges antiques avaient connu le doute philosophique ; mais ce doute, s'il admettait

(1) V. le travail délicat de M. O. Gréard sur *la Morale de Plutarque*, et celui de M. Martha sur *les Moralistes romains*.

le cynisme ou la raillerie, n'admettait pas l'humilité. Montaigne a rabaissé l'esprit, les mœurs, les sentiments humains ; il peut citer les anciens à tout propos ; tout son génie est moderne, et c'est sa grandeur.

Un autre mérite de la méthode qu'a suivie Montaigne, et l'excuse de ce sempiternel caquetage sur lui-même, c'est que sa furie d'anecdotes personnelles, trop socratique à notre gré, le sauve des prétentions communes à presque tous les moralistes. « L'homme », « le cœur humain », tous ces fantômes chimériques, d'une impossible connaissance, n'encombrent point son livre ; il n'a pas le projet bizarre d'étudier les phénomènes infiniment complexes de la vie sociale et morale, comme on ferait pour des fossiles ou pour un genre botanique. Sa fantaisie, la trame lâche et bigarrée de ses propos, le sauvent d'une outrecuidance dont la vanité seule ou l'indifférence des hommes saurait expliquer le succès. En allant, ainsi, sans doctrine impérieuse ni cadres préconçus, le train de ses idées, et suivant ses penchants d'esprit, il se trouve qu'il a donné clairement l'image d'une intelligence où les questions capitales d'un temps fertile et agité se posaient, avec la puissance, l'ambiguïté, l'enchevêtrement aussi, qui marquent essentiellement les événements humains, complexes dans leurs effets aussi bien que par leurs causes.

Le paganisme qui flottait dans les âmes renouvelées, un évêque l'avait propagé lorsqu'il traduisait Plutarque, et recevait en récompense la grande aumonerie de France : intronisant ainsi cette mode d'héroïsme à l'antique, dont la Révolution même fut si profondément marquée. Montaigne en tenait aussi : ces admirations se mitigeaient, chez lui, par l'esprit critique naturel à son terroir, cet esprit avisé, prudent, que Montesquieu devait appliquer aux lois « n'y touchant que d'une main tremblante ». Son livre de raison, seul confident en sa retraite volontaire, ne pouvait lui servir, comme à son ami le maréchal de Montluc, « à tenir registre de sa vie par actions » (1) ; on peut soupçonner qu'il le regrettait ; du moins se donna-t-il le champ libre, et, « fortune le mettant trop bas », son humeur de gentilhomme lui fit suivre ses fantaisies, qui représentèrent au vif le caractère le plus ferme et le plus modéré du siècle.

On pourrait aisément juger qu'il se rendit médiocrement compte du mérite particulier qu'aurait son livre, bien qu'il prisât fort ses ouvrages, et c'était mal se connaître et le connaître, que d'écrire : « on en pourrait faire un abrégé » (2). Quel abrégé ne ferait perdre toute l'excellence à l'ouvrage : cette variété, figure de la vie, cette bigarrure, image de l'esprit humain ? Un tel livre donne la preuve la plus forte de cette vérité, mise en lumière chaque jour par la psychologie moderne : à savoir que le caractère

---

(1) III, ix.
(2) On l'a fait cependant, et plus inutile encore qu'il n'eût été loisible de le croire. Cf. *Etude (?) sur les Essais de Montaigne*, par A. Leveaux, Paris, 1870, Plon.

de l'homme n'est pas homogène, et que, résultante complexe de puissances hétéroclites, il offre, ainsi que l'esprit même, des propensions contradictoires, une tyrannie successive de penchants amenés par l'âge ou les événements de la vie, un flot trouble et divers formé par mille sources inconnues, par des tempêtes ou des calmes dont le secret n'est point à nous. Montaigne faisait des « Essais, ne sachant faire des effects » (1), et, par là, n'allait à rien moins qu'à livrer les premières causes des « effects » eux-mêmes. Aussi l'abréger serait-il l'anéantir; ce serait dépouiller, par exemple, un traité scientifique, des figures et des observations.

Il n'aimait pas la brièveté ; et il se sentait prolixe. Loin de se réformer pourtant, il s'abandonnait à cette forme, essentielle pour que son dessein pût s'expliquer.

On est surpris, au premier abord, de cette marche capricieuse, comme incertaine, d'une pensée qui se replie sur soi-même, va, revient, retourne, sans règle apparente et sans but ; on se laisse conter la suite de ces anecdotes aux titres surprenants, sans démêler trop le dessein de l'écrivain. N'y aurait-il donc là qu'un ramas de ces bons contes et de ces extraits, si prisés de nos pères ? Eh quoi ! la tristesse, les menteurs, les prognostications, le pédantisme, les cannibales, la solitude, l'incertitude de notre juge-

---

(1) III, IX, 307, éd. J.-V. Leclerc, in-12 (ajouté en 1595, où les *concetti* se multiplient).

ment, les destriers, l'yvrongnerie, les livres, et jusques aux coches, tout est matière d'entretien ! Où va tout ce vagabondage, cette débauche de verve effrénée ? On ne sait ; pourtant, voici que bientôt le jour se fait, l'on aperçoit que cette allure singulière, cette composition bigarrée, c'est l'essence même de cet esprit, la marque propre de ce livre ; l'on nous avait accoutumés à de rigoureux moralistes, dont l'analyse était logique, les déductions inflexibles : celui-ci, pour mieux faire voir les apparences infinies de la forme, et les innombrables contradictions dans le fond, d'un monde toujours variable, se fait ondoyant comme la nature, divers à plaisir ainsi que les hommes. Tandis qu'un La Rochefoucauld quintessenciera des maximes précises comme des oracles, et qu'un La Bruyère, après Montaigne encore se servant d'exemples, le forgera de toutes pièces, créera des types concentrés, unira laborieusement les traits arrêtés d'un modèle, cet auteur-ci montre une haine pour cette synthèse qui nuirait à son objet, et qui sans doute lui semblait factice ; c'est l'histoire, c'est la chronique, c'est lui-même, qui pêle-mêle fourniront ces faits innombrables, produiront ces alluvions de toute nature, amas d'expérience où serpente un style merveilleusement propre à de telles matières. « C'est le subject de toutes gens » (1), cette lecture, et c'est l'image de toutes gens et de toutes choses.

(1) I, xvii.

Dans l'édition de 1595, Montaigne a plus amplement exposé sa méthode pour la composition de l'ouvrage. Il a fait lui-même un rapprochement qui viendrait à tous les esprits nourris dans la philosophie ancienne ; il a comparé ses entretiens avec les dialogues platoniciens. A mesure que les *Essais* devenaient plus amples, un progrès se faisait dans sa manière ; il renonçait à « la coupure si fréquente des chapitres », « de quoy il usoit au commencement » ; elle lui avait « semblé rompre l'attention avant qu'elle soit née et la dissoudre ». L'intention du livre était plus clairement avouée, et la fantaisie, qui ne fait jamais alliance avec l'âge mûr, s'éloignait sensiblement. « C'est, disait-il, afin d'appeler l'attention du lecteur et de le bien mettre en éveil, c'est l'indiligente lenteur qui perd mon subject, non pas moy ; il s'en trouvera toujours en un coing quelque mot qui ne laisse pas d'estre bastant, quoy qu'il soit serré (1). »

Ce mot, qui livre le secret, souvent énigmatique à dessein, de développements insidieux, c'est parfois un aveu hardi, la plus libre pensée et la moins attendue. Après maints replis et maintes brisées, marches et contremarches, dans ce xiv° chapitre du livre Ier, où il traite de la douleur et de la mort, après avoir accumulé les exemples pris à l'histoire, par-dessus ses expériences personnelles, fait cent

---

(1) III, ix, p. 311-12, éd. J.-V. Leclerc, in-12, qui reproduit le texte de 1595.

détours et cent crochets, il arrive à faire, tout net, l'apologie du suicide, et le prône en une petite phrase brève, à l'extrême fin de son propos.

Sans relâche, il se plaît à mêler le petit, l'infime, aux plus grandes choses, à les entretisser, « afin qu'ayant en l'imagination cette continuelle variation des choses humaines, nous en ayons le jugement plus éclairé et plus ferme » (1). Tout peut servir à cette tâche d'éclairer l'esprit, même les vérités de grosse évidence, et il ne les dédaigne pas toujours (2). Qu'il veuille le rendre ferme, ceci peut paraître d'abord assez inattendu : c'est pourtant l'intention constante du philosophe. Le γνῶθι σἑαυτὸν, tel qu'il en pratique la maxime, doit acheminer à cette perfection de « gentilhomme », « d'honnête homme », — le mot est tout prêt pour le siècle suivant, — à l'épicurisme stoïque, où la vie trouvera sa règle. La première affaire est de n'être point dupe; car la duperie mène au mal ; la persuasion de l'universelle vanité ne laisse subsister dans l'âme qu'un seul appui moral, l'honneur. C'est l'originale tentative de Montaigne que de mêler, en ce siècle où s'éteignait la suprématie du faux Aristotélisme (3), les inspirations socratiques à celles des anciennes sagesses, sensualistes ou pyrrhoniennes, de l'antiquité. Les *Essais* vont se clore sur les maximes de la philosophie pra-

---

(1) I, XLIX.
(2) I, XV, fin.
(3) Launoy, *De variâ Aristotelis fortunâ*.

tique, par une sentence que Pascal refera sienne : « Ils veulent se mettre hors d'eux, et eschapper à l'homme, c'est folie ; au lieux de se transformer en anges, ils se transforment en bestes ». La perfection absolue « et comme divine », c'est « de sçavoir jouyr loyallement de son estre. Les plus belles vies sont, à mon gré, celles qui se rangent au modelle commun ». Les hommes de Plutarque sont loin d'une telle doctrine ; au siècle qui va venir, ainsi d'ailleurs qu'en tous les temps où vécurent des moralistes, la philosophie morale se va partager entre ceux qui cherchent, comme Montaigne, la règle de la vie présente, et ceux qui, pareils à Pascal, font de cette vie mortelle une étape vers la béatitude dans une autre existence, qui est la mort.

« Nature est un doux guide », pense-t-il ; mais elle l'entraîne vers la fin à de séniles obéissances, et dans de bizarres chemins, lorsqu'il se fourvoie jusqu'à donner ces détails sur sa personne, dont il a, pour le malheur des lettres, introduit l'usage chez nous ; l'abus en est devenu grand, et destitués du talent qui les fait passer chez Montaigne, ces verbiages rendront caduques, et bien vite, les plus à la mode entre nos œuvres contemporaines.

C'est que, railleur et critique à froid, Montaigne n'avait point la curiosité féconde, la puissance de réflexion que Rabelais devait au moyen âge. Il y a, pour les matières, un fonds commun entre eux, et l'auteur gascon a tout un chapitre sur une maxime omise dans *Gargantua* (1). La Renaissance, dont il est l'adepte parfait et le fruit avancé, lui avait fortifié le génie observateur et le sentiment de libre examen, déjà vivants en lui par son sang girondin, par cette race ennemie des extrémités, incapable de s'emporter en aucune voie, encline même aux prud'hommeries (2). Cette qualité particulière rapproche, si l'on veut, sa manière de nos méthodes actuelles : « Les autres forment l'homme, disait-il. Je le récite » (3). Pourquoi se prononcer en juge, lorsqu'on peut parler en témoin ? Le vrai blason du philosophe, à son gré, c'est une balance vide, avec « que sçays-je ? » en exergue sur le fléau. De plus sceptiques que lui-même pourraient voir, dans cette emblématique armoirie, une dernière illusion ; puisqu'enfin le philosophe prouve du moins sa créance dans la justesse des plateaux, l'impeccabilité du fléau, dans le pouvoir qui demeure, en dernière analyse, au doute, et qui lui permet d'exister, de peser, de résoudre.

Mais cette querelle serait bien vaine ; quel lecteur se soucie, en prenant Montaigne, de sa philosophie ? C'est son talent, et non le jeu puéril de son pyrrhonisme, c'est lui-même, lui seul, et point les arguments repris des Grecs, qui subsistent. Le scepticisme ne pourrait-il pas être, en somme, la plus ingénue des théories en même temps que la plus affectée,

---

(1) « Qu'il n'y a meilleur remède de salut à gens étonnés », etc.
(2) Les *Girondins* de la Révolution.
(3) III, II.

par l'importance qu'elle attache au fondement des opinions ?

Ce fondement-là, pour Montaigne, est unique : c'est l'honneur ; Kant dira plus tard « le devoir au fond de nos cœurs », par un même paralogisme. Cette idée garde à la doctrine une valeur et un intérêt ; et « la fierté généreuse qui accompagne une bonne conscience » rehausse l'accent de son style. Nullement apôtre du reste ; on l'a vu, même, un peu plus que prudent ; mais soigneux toujours de son intégrité morale, dans une époque où de tels soucis étaient assez cavalièrement mis de côté. Le spectacle des événements le faisait se replier de plus en plus sur lui-même, à mesure que le monde se montrait plus déréglé. « La vraye liberté, pensait-il, c'est pouvoir toutes choses sur soy (1). » C'est pourquoi tous ses efforts avaient tendu à « former sa vie » (2), et non point, s'il fallait l'en croire, à s'acquérir le nom d'auteur. Si foncièrement homme de lettres, et par tous ses travers gros ou menus, il reniait cette qualité. Il ne pouvait la dépouiller, mais il fut mieux encore, et le grand sens, la clairvoyance qui le guidaient, lui ont permis de poser les termes critiques du problème qui s'agitait dans la Renaissance.

Question éternelle, parce qu'elle tient à l'essence de l'esprit même, et aux fibres les plus intimes du raisonnement ; mais chacune des époques marquantes

(1) III. XII.
(2) A Mme de Duras, II, fin.

dans la civilisation la reprend à son tour, pour lui inculquer son caractère spécial.

La Renaissance fait surgir la science en face du dogme ; schisme inconnu des temps antiques, la science se déployant prétendait opposer son règne à l'empire, jusque-là souverain, de la Foi révélée. La lutte s'était laissé présager dès le moyen âge ; combat entre le réalisme et le nominalisme, suscitant Guillaume d'Ockham, qu'est-ce, au fond, sinon le débat inextinguible (1) ? La métaphysique scolastique, plus tard la métaphysique de l'Allemagne, le posent sur les éléments constitutifs de l'esprit. Montaigne, moraliste, ne fouille pas aussi avant ; les causes premières sont hors de sa compétence, il s'en tient aux effets, aux phénomènes réels, tangibles. La partie élevée sera reprise par Descartes, qui la maintiendra sur le terrain métaphysique, jusqu'au jour où des philosophies étrangères, plus radicales encore dans l'examen transcendantal, se fonderont, au point de vue pratique, sur la modeste base où Montaigne crut asseoir la certitude, tout au moins la sécurité morale.

Son père l'avait exercé dans des études qui les séduisaient tous deux, puisqu'il lui avait fait traduire, si peu de temps avant sa mort qu'il n'en vit point l'impression (2), la *Théologie* de Sebond. Ce devait

---

(1) Hauréau, *De la phil. scolast.*, II. XXVIII-XXX.
(2) En 1569, à Paris, avec épître dédicatoire. Cf. Lettres, II° 1.

être bientôt, par l'examen que fournit l'ouvrage, la clef de voûte des *Essais*.

II

Ce n'est pas Aristote qui aurait retenu l'esprit de Montaigne ; il peut l'appeler le « monarque de la doctrine moderne », il n'en sera ni plus ni moins. Le premier livre des *Essais* n'a d'ailleurs que les ambitions modestes d'une doctrine tempérée, pratique, et ne traite point le fond même, qui viendra plus tard, assez vite. Le premier des chapitres où le style même, à qui possède bien Montaigne, indique le soin, la passion pour les idées exprimées, c'est celui sur l'institution des enfants. Où serait la source d'erreur, si le philosophe ne la découvrait dans les premiers âges ? où le remède, s'il fallait s'en tenir à réformer des hommes déjà déformés et roidis par la fausse méthode ? Aussi, réveillant le plus vif de ses souvenirs, Montaigne trace le tableau du faux, et l'image du vrai qu'il faudra lui substituer : complément de Rabelais, modèle constamment présent à Rousseau, ce chapitre montre d'abord le but qu'il convient de montrer au maître. « Ayez plutôt envie d'en réussir habile homme qu'homme sçavant. » *Habile*, dans la saveur latine du terme, l'enfant une fois institué produira l'homme capable de se plier, de s'adapter à toutes choses, un esprit souple, ouvert. Le maître même gagnerait à posséder « plus, les mœurs que l'entendement de la science, plustost la teste bien faicte que bien pleine ». Combien en effet l'enfant laisse-t-il fuir des sciences qu'on lui entonne! au lieu que pas un des exemples, s'il s'agit des mœurs, et fort peu des préceptes, s'il s'agit de la conduite, se trouvent perdus avec lui, principalement lorsqu'ils sont mauvais ou faux.

Sans avoir cure d'une éducation populaire ni se placer jamais au point de vue social, Montaigne condamne l'enseignement dont le profit se restreint à deux privilégiés ou trois ; puisqu'il ne « vise qu'à former le jugement », il est aisé de le former à plus de gens ; le doute même n'est pas de trop ; l'essentiel est l'originale valeur de chaque enfant. Les voyages, où l'on tiendra la curiosité sans cesse en éveil, formeront l'esprit, roidiront les muscles et l'âme. C'est Plutarque, c'est Tite-Live qu'il faudra lire, car ils sont « l'anatomie de la philosophie ». Mais un autre livre est ouvert, plus vaste, et qui montre la vie même de cet organisme disséqué par les moralistes : c'est le livre du monde. Ici, Montaigne, qui prétend avec juste raison durcir et bronzer le caractère, a le tort de se proposer secrètement son propre exemple ; il rabat à l'excès l'orgueil, vertu mâle, source de force, père de courage et de mépris. Toujours fidèle à son propos général, la morale épicurienne et les règles de la conduite stoïcienne dans la vie publique et privée lui suffisent; régler ses mœurs et son sens, « se cognoistre », savoir bien mourir et bien vivre, voilà l'essence de la doctrine.

Montaigne ne songe point, qu'à se vouloir si bien régler, il se peut qu'on se diminue, que la volonté négative n'est pas toute la volonté, n'en est même pas la partie supérieure et essentielle. C'est Jean-Jacques qui remettra en honneur, sauf à l'exagérer, cet égoïsme militant, agent direct des fermes destinées.

Montaigne prouvait combien l'institution morale prenait, à ses yeux, le pas sur celle de l'intelligence; car il s'occupait avant tout du choix d'un bon gouverneur et lui adjoignait, au besoin, « un homme de lettres ». Mal disposé pour l'aride philologie, réduite alors au plus étroit formalisme, il faisait valoir l'attrait de la philosophie. C'est la philosophie pratique, la nécessaire, puisque, ordinairement « nous apprenons à vivre, quand la vie est passée. » C'est, pourrait lui répondre un autre, que la vie ne saurait s'apprendre qu'en vivant, et par elle-même ; et, le jour où l'on sait conduire vaille que vaille sa monture, voici qu'il est justement l'heure d'aller au pas ou de débrider.

La question des amours n'est pas sans occuper le philosophe; il se montre en cette matière d'une étrangeté qui se retrouve dans sa conception de l'amitié ; ce sont des manières d'androgyne, les Bradamante, les Angélique, vêtues et coiffées à la mode masculine, qu'il offre aux rêves de ses adolescents ; il va jusqu'à ce mot singulier : « il fera masle son amour mesme » L'essentiel, en apprenant la manière de vivre à l'enfant, c'est de le disposer afin qu'il « aime la vie, » et qu'il l'aime en homme d'une « âme libérale. » S'il n'est point doué de telle vertu, « qu'on le mette pastissier dans quelque bonne ville, fut-il fils de duc. » Qui saura, peut-on dire, sinon chez les enfants précoces, trouver matière à décider ces épineuses questions ? Car l'enfant ne grandira guère à l'école ; il ne doit au pédagogue que ses premiers quinze ou seize ans. Le reste est dû à « l'action. »

Mot nouveau, celui-ci, et que Montaigne nous décoche tout à trac. Voilà le secret pourquoi les instructions doivent être réduites à l'essentiel : on leur donnera peu d'années. Et je crois que si l'on poussait un peu Montaigne, on trouverait dans l'écrivain dont on a fait, c'est convenu, le patron des nouvelles études, leur plus formel adversaire ; il n'est pas jusques au dernier refuge qu'il ne fût capable de saper ; c'est lui qui a dit : « Il n'est rien de si gentil que les petits enfants de France. Ce sont les collèges qui les rendent ineptes et abrutis. »

Un homme, s'il est bien dressé, doit être capable de tout faire galamment, voire même la débauche : Alcibiade enchantait Montaigne, comme il avait fait Socrate. Lieu de plaisance pour les yeux et pour l'esprit, décor féerique orné de fleurs et de statues, tel qu'il sied à la Renaissance, c'est le collège de Montaigne, son utopie de gentilhomme humaniste ; à lui, qui voyait les *Capettes* de Montaigu, les *galochiers* de la montagne Sainte-Geneviève (1).

Le charme de toutes ces pages, c'est la douceur qu'elles témoignent, et leur effort vers la bonté. « Tout autre science est dommageable, avait écrit auparavant Montaigne, a celuy qui n'a la science de la bonté. » C'est l'honneur d'un tel écrivain que d'avoir mis avant toute autre une telle vertu, d'avoir aussi prononcé cet aveu : « je ne sçais rien si bien faire qu'estre amy ». Le bonheur dont il se montrait digne lui échut, et il put connaître une amitié si profonde, qu'elle mit en lumière ses pleines facultés d'âme et de cœur. On peut dire que la liaison fraternelle avec Estienne de la Boëtie fut le point fixe et la racine humaine de cette âme trop indécise et si fort éprise de soi ; divin illogisme, qui fit un croyant de ce sceptique, et le rendit accessible pour une foi tout étrangère à son égoïsme.

Comme il arrive presque toujours, les deux hommes qui se lièrent par une chaîne à toute épreuve

---

(1) Cf. Duboulay, *Hist. de l'Université*, t. V, VI. — Etienne Pasquier, *Rech. sur la France*, IX, ch. XVII. — *Règlemens de Montaigu*, 1502, publ. par Félibien, t. III, p. 727. — 2º règlement, 1509 ; en manuscrit à l'Arsenal, *Hist. latine*, nºˢ 127-128. — Thurot, *De l'organisation de l'enseignement dans l'Université du moyen âge*. — R. Goulet, *Heptodagma seu septem pro eligendo gymnasio documenta*, ch. VII.

étaient différents de nature, sinon opposés : l'un ferme, ardent, et qui disait « je sçay aimer, je sçay haïr aussi », prouvant l'un et l'autre par ses sonnets amoureux et par son « *Contr'un* »; précurseur emphatique et roide de notre Révolution, initiateur ingénu du classicisme de parade qui dévia si cruellement l'esprit politique en France; l'autre, à coup sûr le moins crédule et militant qui fut jamais, indulgent à l'enthousiasme de son ami, puis admirant la vigueur de cette trempe : en commun, cette idée intense de la « dignité humaine », cette image de « l'honnête homme » qu'il convient d'être.

Les grandes amitiés, ainsi que les grandes amours, ont souvent à leur début une phase d'hésitations; on recule à river la chaîne, sentant qu'elle sera de toute puissance et de toute durée. Puis, les premières trames faites, on vient à s'entr'appeler du nom « de mon frère » (1). Jusqu'à son heure dernière, devant Montaigne retiré dans ses réflexions tranquilles, la Boëtie se souciait ardemment pour « la chose publique et la société humaine. » S'il ne convertit point son ami, ne lui put jamais inspirer grande ardeur pour la masse des hommes, il lui laissait au cœur, après leur brève communion morale, un ineffaçable regret, qui fait partie de la vie même et comme du souffle, en Montaigne. Venant à la fin des *Essais*, au couchant de sa carrière humaine, Montaigne pous-

(1) *Lettres*, I.

sait encore ce cri de l'âme : « O un amy ! » ce cri qu'admira Michelet (1) souffrant aussi par l'amitié. Ne disait-il pas qu'il l'irait quérir jusqu'au bout du monde ? La nature avait sa revanche sur cet homme éloigné des femmes. La Boëtie avait reçu ces aveux de l'âme même, que les réciproques défiances ou les malentendus trop souvent empêchent entre les amants et même entre les époux les mieux unis. Avec ce seul ami, Montaigne s'était livré ; « luy seul, s'écriait-il, iouissoyt de ma vraye image, et l'emporte » (2) ! Jamais Montaigne ne s'était, malgré son zèle d'éditeur, rangé aux opinions de son ami ; tandis que, de son propre aveu, la Boëtie, par une double illusion, eût préféré naître citoyen de Venise que de Sarlat, Montaigne réfutait la pensée même de son ami : « Nos loix, disait-il, sont libres assez, et le poids de la souveraineté ne touche un gentilhomme françois à peine deux fois en sa vie... il est aussi libre que le duc de Venise » (3). Plus heureuse la France, si ces sages paroles avaient prévalu, si le sens pratique n'avait pas été corrompu par je ne sais quelle inquiétude de progrès en l'air, d'utopie étrangère aux réalités, aux lois essentielles des faits. Mais cette divergence d'idées ne nuisait en rien à l'accord, ne diminua pas la peine du survivant ; il est assez triste déjà que le monde ait besoin d' « idées » ;

(1) *Mon Journal*, p. 76.
(2) III, IX.
(3) I, XLII.

la bienheureuse inconséquence de l'homme permet du moins que les émotions, dans les âmes nobles, puissent prévaloir sur les fantômes de l'intelligence spéculant à vide, et ne laissent point gâter le meilleur de nous-même, qui est le cœur.

Cet écrivain, qui pour les femmes semble avoir connu seulement, et fort mal, ce que Balzac méprisait sous le nom d'« amitiés d'épiderme » (1), est intarissable lorsqu'il parle de l'amitié virile ; son scepticisme l'abandonne : il va presque jusqu'au lyrisme. C'est, à vrai dire, le chapitre sur la Boëtie qui forme, dans le premier livre, le centre lumineux et le tableau capital ; il y tient la place qu'occupera, dans le II, l'apologie de Raimond Sebond. Le texte donné par Montaigne l'offre dans sa pure beauté. L'édition posthume, trop expressive, ici surtout, l'encombre de détails personnels ; un passage s'ajoute, touchant des mœurs particulières aux civilisations anciennes ; en 1588, ce n'était que l'affaire d'un mot, une brève remarque ; cela devient, avec le livre de 1595, des pages in-folio, cruellement déplacées en pareille matière ; cette maladresse montre chez Montaigne une vive inspiration des dialogues platoniciens, et ferait trop bien souvenir qu'il a vécu sous le règne de Henri III.

Il est presque impossible, au demeurant, d'inspirer une pleine sympathie lorsqu'on touche cer-

---

(1) Lettre à Mme Hanska.

tains sentiments d'une délicatesse extrême. Le fait même de les pouvoir étaler semble en altérer la sincérité. Sur les matières de raisonnement que Montaigne agite d'ordinaire, la dispute est aussi aisée qu'elle est infinie ; dans l'ordre des affections, des sentiments, elle devient vaine, puérile, on dirait presque : impudique. Les froissements sont trop aisés, et font renoncer aux critiques. Le philosophe cite l'ancienne maxime, chère aussi à La Fontaine :
« Est-il rien de plus beau qu'une amitié fidelle. »
On est tenté de lui répondre, après tant de descriptions de ces penchants indescriptibles, par l'autre sentence célèbre :

« Ils n'ayment pas pour moy, je n'ayme pas pour eux. »

Bien des écrivains, parmi les premiers maîtres, ont connu « cette tendre amitié qui tient tant de l'amour » (1). Pour Chateaubriand, c'est Gesril ; pour Byron, ces camarades qu'il ne put revoir sans défaillir ; c'est Virieu, pour Lamartine ; et, pour Michelet, Poinsot ; la suite en est longue, de ces affections qui embellirent les enfances, affermirent les incertitudes de jeunesse, firent la vie, aux premiers pas, moins triviale et moins rigoureuse. Mais le seul Montaigne a poussé sa familière intempérance jusqu'à tout découvrir ; ignorait-il que pouvoir faire l'analyse d'une passion, c'est la

---

(1) Shelley, *sur le groupe de Bakkos et d'Ampelos, à Florence.*

sentir en soi déjà languissante et morte à demi?

On peut douter si l'autre ami, Montaigne mourant le premier, aurait suivi cette conduite. Du moins cette affection quasi paternelle dont Montaigne, bien que plus jeune de trois ans, mais plus assagi, moins ardent, suivait la personne et entoura la mémoire de la Boëtie, cette espèce de culte a donné cet effet, de nous sauvegarder les œuvres laissées inédites par la Boëtie. L'auteur du *Contr'un* se souciait peu de publier; il n'eut aucune part à la fortune de ses livres, parus après lui et hors de lui (1).

Outre ses vers français, latins et grecs, il avait traduit divers ouvrages anciens. Montaigne, indolent d'ordinaire, rompit avec sa nonchalance; il prit tous les soins qu'il put, afin de mettre au jour et de répandre ces écrits, en mémoire de leur auteur; il adressait la traduction de la *Mesnagerie* ou, comme on dit aujourd'hui, beaucoup plus mal, de l'*Œconomique* de Xénophon, à Monsieur de Lansac, à Henri de Mesmes, ce Henri de Mesmes bien fait pour l'apprécier, lui que l'on avait vu réciter, au sortir du collège, Homère tout entier par cœur. Le chancelier de l'Hospital, excellent poète en latin, recevait les vers laissés en cette langue par la Boëtie ; à Monsieur de Foix, Montaigne offrait les poèmes fran-

---

(1) Montaigne, Avertissement en tête des traductions de la *Mesnagerie*. (Paris, Frédéric Morel, 1571, in-fol., etc.) — J.-V. Leclerc, t. III, p. 516. V. aussi *Œuvres complètes d'Etienne de la Boëtie*, publié par Léon Feugère. Paris, 1846, in-12.

çais; Françoise de la Chassaigne, c'est-à-dire Mademoiselle de Montaigne sa femme, avait pour son partage la traduction de la Lettre de Plutarque à sa femme, une de ces *Consolations* si nombreuses dans les philosophes gréco-romains ; Montaigne, mari bien appris, en agrémentait l'hommage d'une lettre galante et piquante, et déposait, chemin faisant, cette maxime où sa sagesse domestique est codifiée: « Vivons, ma femme, vous et moy, à la vieille françoise » (1).

Un imitateur de Rabelais et de Montaigne, pour le langage, et, quant au génie, leur plus certain héritier dans ce siècle-ci, donna la formule de cette amitié, qui fut le point fixé dans l'existence de Montaigne : « Ils estoyent mieux que les frères, qui ne sont conjoincts que par les hasards de la nature, veu qu'ils estoyent fraternisez par les liens dung sentiment especial, involontaire et mutuel (2). »

C'est ainsi que Brunetto Latini, ce maître de l'Alighieri, plongé dans l'Enfer par son disciple, pour avoir trop aimé l'amitié, marquait en son *Tesoro* les caractères du sentiment qu'il poussait jusqu'à son excès; en ce livre de raffinés, après maintes citations qui le rapprochent de la manière chère à Montaigne, le doux savant prononce que la véritable façon, la meilleure, est celle « d'aimer notre ami de sorte que

---

(1) Lettre du 10 sept. 1570.
(2) Honoré de Balzac, *Les contes drôlatiques*, I. — *Les frères d'armes.*

nous nous aimions tout ainsi que nos propres membres absolument et l'un et l'autre (1) ».

III

Dans l'apologie de Sebond, qui forme plus de la moitié, pour l'étendue, en son second livre, et, pour l'importance, dans les *Essais* tout entiers, Montaigne sembla déployer avec prédilection ses coquetteries de pensée et ses subtilités coutumières, même en exposant son sujet. Le prétexte du débat, c'est la *théologie naturelle ou le livre des créatures*, un de ces lourds traités de religion scolastique, à peu près aussi sérieux que les almanachs, mais plus prétentieux et plus épais. Montaigne avait traduit pour son père tout ce fatras, qui n'était pas même en bon latin. C'était une de ces copieuses démonstrations où les auteurs prétendaient démontrer la sagesse divine par le plan naturel de la création ; des *Etudes de la nature* en espagnol latinisé, plaidoyer pour cette doctrine des causes finales que releva le génie de Leibnitz, et dont notre temps a vu l'agonie entre les mains des derniers disciples formés par un vulgarisateur.

Mais, pareil à ces avocats de talent qui laissent le

(1) *Tesoro*, I. VII, p. 167 au verso, éd. de Venise, Marchio Sessa, 1539, in-12.

fond d'une cause médiocre, et plaident à côté, Montaigne saisit le problème en sa propre essence, et laisse bien vite Sebond et ses contradicteurs. Il répète qu'il veut user de « sa fantaisie » pour seul instrument, « on n'y employant que ses propres et naturelz moyens ». Et, ces moyens, il en a fait ailleurs l'aveu formel, ce sont les expériences des sens (1) ; c'est le sensualisme qui va régler la connaissance, en dernier ressort. Non qu'il omette, et dès l'abord, de proclamer que toute foi doit être inspirée par la Grâce divine, mais il y aura lieu de voir si le ton de cette maxime est sincère, quoique le retour en soit constant jusqu'à devenir un refrain.

Une preuve, aussi simple que forte, assure comment, le sensualisme est la pensée fondamentale, « la pensée de derrière », dirait Pascal tout imprégné de ces pages-ci. Cette preuve, on la trouvera dans l'importance donnée à la douleur. Au reste, sur quoi donc se fondait la partie morale du stoïcisme, de l'épicurisme ? Et cette doctrine sensualiste, que reprendra trop grossièrement et sans nuances le xviiie siècle, héritier de Montaigne pour tant d'idées, cette théorie trop décriée ne prépare-t-elle pas bien, justement parce qu'elle annihile presque toutes les autres, une furieuse rébellion contre l'autorité des sens ? Il appartenait à la philosophie de notre siècle de placer enfin la volonté au rang de facteur primor-

---

(1) I, xiv.

dial et souverain. Mais, au temps où Montaigne ouvrait ses voies à l'esprit spéculatif et à la critique morale, tout oscillait, entre le pyrrhonisme, ou le plus vague panthéisme, et la foi mystique.

Qui croirait lui voir faire l'apologie des sens et des puissances humaines, serait cruellement déçu. Oui, la nature seule est vraie; mais combien faible, imparfaite, contradictoire, pleine de pièges et d'erreurs ! Il la faut suivre, cependant, suivre jusqu'aux dernières conséquences, aux effets les plus bas, serait-ce même la faiblesse physique ou morale. N'a-t-on pas été persuadé « qu'il semble que nous puissions appeler à garant cette mesme nature pour nous avoir laissés en telle imperfection et défaillance (1) » ? Débilité, ignorance, imperfections naturelles, excusables par conséquent. Ce que nous ne comprenons point, ce qui semble surnaturel, « les miracles, sont selon l'ignorance en quoy nous sommes de la nature, non selon l'estre de la nature (2). » Ces paroles qui atteignaient, d'un double tranchant, la science autant que la foi, Montaigne leur donne un ample commentaire dans les longs développements où sa malignité s'épanche.

Tout lui sert, et de toutes mains il prend, suivant son procédé familier, afin d'étayer ses négations, de faire bien s'entre-choquer les singularités, ricocher l'un contre l'autre les exemples contradictoires;

---

(1) I, xvi.
(2) I, xxii.

pour émietter toute croyance, pour confondre toute logique, il ne recule devant rien, il acceptera l'apparence d'une extrême crédulité, prendra dans Pline l'Ancien cette encyclopédie de bric-à-brac scientifique, puis citera d'un ton fort grave les loups-garous et leurs exploits dûment constatés, à la fin retombera dans son auteur favori, rappellera Plutarque, sans souci de le compromettre en cette compagnie mêlée.

On pourrait n'y prendre point garde, tant il chemine doucement et par un progrès tortueux ; et cependant, phrase après phrase, l'arsenal des négations s'enrichit. Tout est nié, science, âme, Dieu, suivant cette façon perfide, efficace, qui fait appel aux seuls exemples de l'usage le plus courant, ou qui s'appuie sur un appareil de citations. Elles se raréfient pourtant, ces citations naguère si fréquentes ; comme si l'auteur tendait plus fortement à prendre la parole en son propre nom. Et, par une marche inflexible sous son ondoyante apparence, le nihilisme philosophique s'établit ; c'en est proprement le bréviaire, la *Somme*, faite pour le médiocre effort d'esprits mondains ou mal instruits. Montaigne assure « qu'il sonde le pied des opinions ». Lorsqu'un paysan voit dépérir une plante hier vigoureuse, s'il cherche jusqu'en la racine, il y découvre une larve qui la rongeait et qui la tue : ce ver « sondait le pied » aussi.

Cet anéantissement universel n'était pas pour déplaire au catholicisme, triomphant encore, bien que déjà schismatisé. Cette « religion d'esclaves », comme l'appelait Lamartine (1), devait voir son apologiste commencer par se mettre tout à l'école de Montaigne. Quel règne plus souverain que celui d'une foi trônant sur des intelligences nulles, au fond de consciences vides? Montaigne d'ailleurs avait pris ses précautions en homme sage ; il ne cesse de réserver la religion, de la mettre bien haut, si haut qu'on ne la discernera plus, quitte à glisser tout au-dessous les hérésies les plus flagrantes. Il faut voir le même jeu, tout de nuances et de tact, repris avec la patte balourde d'un Pierre Charron ; les lignes estompées deviennent crues et brutales ; le ton, que le disciple fait criard, laisse à découvert ce que voile le miroitement de la phrase et de la pensée chez le maître. Et, pour descendre encore plus bas, la grimace et la parodie, en ceci comme en toutes choses, a été donnée par Voltaire : l'esprit de négation tombé jusqu'aux niaiseries, n'est-ce pas la Bible *expliquée?* sans nommer tant d'autres chefs-d'œuvre nés de la pire corruption, — la corruption du bon sens ?

Montaigne, malgré les écarts d'une piètre philosophie, ne déchut jamais jusque-là. Pour inintelligent

---

(1) Ch. Alexandre, *Souvenirs de Lamartine*, p. 272. Au reste, pas un des poètes du siècle, ni Vigny, ni Victor Hugo, ni Musset, ne furent chrétiens, un moment, que par attitude. Pour Chateaubriand, l'athéisme est formellement énoncé dans ses *Mémoires d'outre-tombe.*

que soit, et peut-être de parti pris, son point de vue philosophique, il raille partout, mais il ne va nulle part jusqu'à gouailler.

Son sourire n'est pas bouffon : il n'en est que plus acerbe, et, quoi qu'on fasse, on a grand'peine à ne pas tenir en suspicion un écrivain qui glissait une telle phrase : « Je laisse à part la grossière imposture des religions, de quoy tant de grandes nations et tant de suffisants personnages se sont vus enyvrez ; car cette partie estant hors de nos raisons humaines, il est plus excusable de s'y perdre à qui n'y est extraordinairement éclairé par une faveur divine (1) ». Est-ce un aïeul de Diderot? Est-ce le maître de Pascal?

Ambiguïté volontaire, où les contemporains et les hommes du siècle qui vint immédiatement après ont surtout considéré le rôle du scepticisme, et démêlé l'incrédule. Double caractère peut-être, à coup sûr affectation de « révérence » pour la foi, tout en même temps que de mépris pour la raison. Car, à tout instant, Montaigne prodigue les protestations de respect profond à l'égard de l'Eglise catholique, de ses dogmes, de sa discipline, de son « ordonnance », en dehors de laquelle il ne saurait rien être qu'indiscrétion et qu'erreur ; sans omettre, à chaque nouvelle déclaration, de proclamer incommunicables autant qu'incompréhensibles toutes ces qualités divines.

(1) 1595, I, xxii.

Le jansénisme (1) peut venir ; il n'ajoute rien d'essentiel ni de décisif aux idées que le philosophe énonçait, en fixant dans les termes mêmes les fondements de la doctrine : « La participation que nous avons à la connaissance de la vérité, quelle qu'elle soit, ce n'est pas par nos propres forces que nous l'avons acquise... nostre foy ce n'est pas de nostre acquest, c'est un pur présent de la libéralité d'autruy... Tout ce que nous entreprenons sans son assistance (de Dieu), tout ce que nous voyons *sans la lampe de la grâce*, ce n'est que vanité et folie (2) ». Il n'est pas outré de prétendre que, si Pascal et tout Port-Royal auraient pu s'approprier ces lignes, leur netteté les rendait faites, encore, pour être signées par Jean Calvin (3).

Manière aussi commode d'ailleurs qu'elle est politique, afin de se donner champ libre, sur tout autre terrain que le modique espace si pieusement réservé, révéré. Le philosophe ne s'en fait faute. Personne n'emportera de lui ni certitude, ni espérance ; la croyance d'une révélation possible n'est point laissée même par une telle critique ; on sent clairement que la confusion est à ses yeux irrémédiable, universelle ; il ne bâtit qu'une Babel de l'esprit et des mœurs humaines.

---

(1) Jansénius naissait l'année même où les premiers *Essais* parurent, en 1585.
(2) II, XII, *passim*.
(3) V. le chapitre III de ce livre.

Pourquoi, lui demanderait-on, si l'on n'était trop bien fixé sur l'intime pensée du livre, pourquoi donc, puisque la grâce se laisse communiquer à certaine élite, ne pas asseoir la certitude sur les opinions de ces âmes choisies, qu'elle illumine? Est-ce que leurs lumières mêmes sont incommunicables? Mais la dispute est hors de saison, où les intentions sont si claires. Aussi, dans ce vide de tout, la pensée de la mort, absente chez Rabelais, revient ici sous un aspect nouveau, que le moyen âge lui-même, cette époque où la Mort régna souveraine, n'a point connu; corollaire inévitable et terme de toute étude approfondie touchant la vie humaine, la Mort fait dire au philosophe, ou plutôt à Dieu qu'il laisse parler : « Si vous n'aviez la mort, vous me maudiriez sans cesse de vous en avoir privés ». Mot stoïcien, si l'on veut, chrétien, si l'on aime mieux ; car, jusqu'au dernier moment, on ne se résout point à mettre une affirmation de doctrine sur cet océan de doutes et de contradictions. Toute cette philosophie ne commenterait-elle pas, si l'on y tenait, ce passage de l'*Imitation* : « Mieux vaut savoir modique, avec humilité et petit intellect, que grand trésor de sciences avec vain contentement de soi. Mieux est pour toi posséder moins que trop, d'où te pourrait venir la superbe (1) ».

Cette grâce pourtant, qu'il faut cacher, suivant les mystiques, quand le don vous en est échu, sa pré-

---

(1) *De Imit.* III, vii. — *De occultanda gratia*, etc.

sence dans la doctrine de Montaigne ne peut sembler que celle d'une froide idole. Le scepticisme transparaît de toutes parts. Quoi donc ! si la grâce n'est là qu'en parade, rien ne va-t-il subsister ? rien, assurément, car, suivant le mot d'un ferme esprit, « on ne fait pas au scepticisme sa part ; une fois qu'il a pénétré dans l'entendement, il l'envahit tout entier ».

Royer-Collard, en ces paroles, n'a point parlé du caractère. Montaigne, ici, conserverait quelque dernière certitude, et laisse à l'existence humaine une raison unique et suprême, l'honneur. Culte sans fondement certain, qu'il impose comme un dogme ; attendons, d'autres iront plus loin encore, ou, si l'on veut, plus bas : Montaigne avait laissé, subsistante sur tant de ruines, la conscience et la dignité de l'homme. Ecoutons Richard III, monstre couronné par Shakespeare :

« Conscience is but a word that Cowards use,
« Devis'd at first to keep the strong in awe (1). »

Mais un mérite impérissable de la critique de Montaigne, aux yeux même des plus hostiles à ses négations, c'est d'avoir pour jamais rendu ridicule ce médiocre compromis qui est le rationalisme, et d'avoir jeté sur tout accord hybride et mesquin, en-

---

(1) *King Richard III*, act. V, sc. III.

tre la foi rapetissée et la raison pervertie, le plus tenace des discrédits. Et comment aussi ne serait-on pas animé de toutes les indulgences envers les critiques tranchantes, lorsqu'on a le malheur de vivre, ainsi que nous faisons présentement, parmi les fabricants sans conviction de dieux sans matière ni forme, de religions inconsistantes et amorphes?

Affirmons, pourtant, les deux forces qu'a négligées Montaigne, et qui subsistent au-dessus de sa critique terre-à-terre : l'une, il ne l'a que soupçonnée, même dans ses meilleures phrases, même dans son amitié : c'est le sentiment ; l'autre, il n'en a développé que les puissances inférieures, celles de l'homme social, non point celles de l'homme même : c'est la volonté. Quand la science, à l'abri désormais de ces railleries qu'il prodigua, tremble, renonce, et semble dire, en face de certains problèmes : « le monde ne vaut pas la peine d'exister ni d'être connu », le rôle qu'elle est impuissante à soutenir, la royauté qu'elle abdique, un autre pouvoir les ressaisit dans l'âme humaine ; ce pouvoir, c'est l'effort, qui met un peu du plus divin en l'homme.

Montaigne n'eut garde d'ouvrir son esprit, content des régions moyennes, aux inquiétudes dont le monde alors fermentait, et qui trouveront en de grands esprits chrétiens leur expression définitive. Que ses *Essais* fussent capables de « vivoter en la moyenne région des esprits », il le croyait, il l'espérait. Son ambition se bornait là. Cette moyenne région est, l'a-t-on jamais remarqué ? celle-là même où il logeait les incrédules.

IV

Former en une suite logique, ou simplement continue, les opinions sur le monde et sur l'époque, dont les *Essais* sont parsemés, serait dénaturer l'esprit même du livre. Pour user de la comparaison employée par un juge compétent en matière de scepticisme, ces jeux d'un esprit qui s'ébat sont « comme la bulle de savon, d'autant plus brillante et colorée qu'elle est plus vide » (1). Or, il est malaisé de saisir les bulles irisées. Quelques traits suffisent pour mettre en leur jour les principaux aveux jetés çà et là par Montaigne au courant de ses entretiens.

Il fait peu d'estime de l'homme, et le traite avec une pitié méprisante ; puisque le monde est folie, l'homme est le fou. « O homme, tu es le scrutateur sans connoissance, le magistrat sans juridiction... et, après tout, le badin de la farce (2) ! » Triste farce, où l'homme moyen, celui précisément que rêve Montaigne et qu'il prétend former, n'a ni place bien stable, ni bonheur en espérance, « car il n'y a

---

(1) Renan, *Hist. du peuple d'Israël*, p. 192.
(2) III, IX, *ad finem*.

satisfaction ça-bas que pour les âmes brutales ou divines » (1). Aussi serait-ce la pire des duperies que de rien vouloir déranger à cette comédie, mal faite, mais qui n'est susceptible d'aucune amélioration. Nullement sensible, puisque la torture ne lui déplaît qu'au point de vue logique, Montaigne ne songe point aux victimes que pourra faire l'ordre établi. D'ailleurs, il est persuadé qu'un changement empirera toujours les choses. Il faut se garder de toucher à rien. Conjectures partout, aussi vaines les unes que les autres, de trop vil prix pour entraîner une action quelconque.

Ses illusions sont nulles, sur la valeur des institutions et des lois. Veut-il défendre l'Eglise, après avoir blâmé Calvin, le respect ne l'anime guère ; la conviction, moins encore : « Ceux-là, dit-il, se sont donnez beau jeu en nostre temps, qui ont essayé de choquer la vérité de nostre créance par les vices des gens d'église : elle tire ses témoignages d'ailleurs : c'est une sotte façon d'argumenter et qui rejetterait toute chose en confusion. Un homme de bonnes mœurs peut avoir des opinions fauces, et un meschant peut prescher vérité, voyre celuy mesme qui ne la croit pas » (2). C'est de la bonne comédie, et les gens ainsi défendus auraient certes mauvaise grâce à n'être pas complètement satisfaits.

Son livre même est moins que rien, s'il faut l'en

(1) III, ix.
(2) II, xxxi.

croire. Il y entasse des « ravasseries », et il n'est
« subject si vain qui ne mérite un rang en cette rhapsodie ». Prétexte admirable pour s'y donner
toute licence, et détailler par le menu ses goûts personnels, à l'égard, par exemple, des obligations sociales. Ami de ses aises, en son privé comme dans
son livre, il bannissait toute étiquette, « en sa tanière », et toute cérémonie importunait son indolence (1). « Nature mesme » (2) peut bien être sa souveraine, il ne lui déléguera pas pour cela toute
autorité. Le « paisible regard dont il faut tout embrasser » n'est pas, chez lui, n'est en rien la grande
vue à la Lucrèce ; c'est une fine clairvoyance
d'homme qui ne veut être dupe. Quant aux coutumes, « ce qui est reçeu de tout temps » (3), fera
foi, quitte à sembler étrange pour un ironique
examen. Partout, il songe à (4) tout ce qui convient
à l'honnête homme ; mais, en même temps, il se
trouve incessamment préoccupé de tous les divers
détails et des mille restrictions qui peuvent se mêler à ces semblants de règles, et les changer subrepticement, infirmer ce qu'elles pourraient établir de
trop absolu.

La « vanité persévérante » au milieu de tout
cela, la fausse humilité qui perce en ce papotage où

---

(1) I, XIII.
(2) I, II.
(3) I, III.
(4) I, XII.

jamais on ne sent l'effort réel pour se diminuer soi-même, explique le cri de Pascal déclarant ce « moi haïssable ».

L'âcre tristesse qui pénètre les aveux de Jean-Jacques, la chaleur de son génie réformant, mettent les *Confessions* en dehors d'un pareil reproche, si elles en méritent d'autres, et plus graves ; mais pour trouver un égoïsme exaspérant autant que celui de Montaigne, et davantage, un « moi » plus détestable encore, il faut aller jusqu'à Voltaire, — j'allais presque dire : — descendre.

Une des plus naturelles conséquences qu'amène un pareil état d'esprit, et ce néant moral, est une passion pour l'autorité domestique, un culte de ses volontés propres à l'exclusion de toute autre. Il n'existe point de principes que les préférences individuelles, puisque « divers événements » résultent de « mesme conseil ». Si l'honnêteté doit être suivie, c'est encore par incertitude, « puisqu'on est en doubte du plus court chemin, tenir tousjours le droit » (1). C'est une vertu négative, et lorsqu'on a connu Montaigne, on sait combien il se défend de pousser à aucun effet.

Un tel esprit, si dénué de préjugés, si bien armé pour la critique, a déployé ses qualités les plus délicates dans les jugements littéraires. Assoupli dès son plus jeune âge aux difficultés matérielles du lan-

---

(1) I, XXIII.

gage latin jusqu'à ne les sentir plus, c'est dans les écrivains romains surtout qu'il s'est allé nourrir de la meilleure sève antique. Son ingénieux dilettantisme ne perd cependant point de vue, dans cette cueillette abondante, le but constant de l'ouvrage. Ses exemples perpétuels, en ceci comme en toutes autres matières, servent et concourent, par un dessein subtil, à nier ce que l'on appellerait présentement « le progrès ». Il lui échappa de le confesser en bonne forme, à propos d'Homère : « Cet exemple, dit-il, est contre l'ordre de la nature ;... car la naissance ordinaire des choses, elle est foible et imparfaicte » (1). Aussi prend-il soin de s'y étendre avec complaisance.

« Il ne nous faut pas, pensait-il, beaucoup de doctrine pour vivre à l'ayse. » Et les bonnes gens des campagnes lui paraissaient meilleurs philosophes que l'auteur des Tusculanes (2). On a pu faire cependant (3) un recueil de ses opinions littéraires; ses jugements ne sont peut-être pas aussi arrêtés qu'on l'a voulu croire; mais un très clair instinct le guide; l'antipathie pour le pédantisme, qu'il devait haïr doublement, à cause de sa suffisance, et par l'horreur naturelle que lui inspiraient, à lui gentilhomme élégant, proplet, parfumé, testonné,

(1) II, XXXVI.
(2) III, XII.
(3) E. Moët, *Des opinions et des jugements littéraires de Montaigne*. Thèse de doctorat, 1859. L'auteur est un humaniste orthodoxe à la mode de son époque universitaire.

« ces savants pituiteux, chassieux et crasseux » qui veulent « mourir ou apprendre à la postérité la mesure des vers de Plaute et la vraie orthographe des mots latins » (1). Pour ces grotesques, dont la race n'est pas perdue, et refleurit même sous des influences transrhénanes, il ne tarit pas en mépris. Et pourtant, il n'est point « à cet humain voyage de meilleure nourriture que celle des livres ». Qui donnera ce viatique? Non point les auteurs admirés par les conventions des cuistres, mais les écrivains francs, naturels, d'un talent propre et ingénu ; foin du style cherché! Montaigne, avec un goût trop rare en France, va jusqu'à railler l'éloquence, cette mère de fausseté, qui ne séduit point un esprit ferme et de bon aloi. Ce qui convient, c'est le parler net et droit, « plutôt soldatesque ». Office de noble autrefois, la poésie lui plaît, surtout parce que « l'écrivaillerie » n'y réussit point. Il a bien compris, lorsqu'il cite « les saints exemples des anciens » (2), qu'ils ne furent point gens de lettres, et que leur talent, leur génie, naquit spontanément de leur expérience dans les offices naturels d'une vie utile. Ce qu'il rejette, dans son aversion pour Cicéron, n'est-ce pas la vanité d'auteur et le parlage avocassier dont l'intarissable bourgeois romain fut le premier exemplaire? Les « riches âmes » du passé l'enthousiasmaient, jusqu'à lui faire trouver, pour les louer, un style

(1) I. XXXVIII.
(2) II, XVII.

dont le secret se reperdra jusqu'au moment où le duc de Saint-Simon prendra la plume (1).

Il a senti les charmes des chansons populaires aussi bien qu'il a goûté la naïve et ronflante emphase de ce Lucain, qu'il admirait, sans doute, pour lui rendre un peu d'Estienne de la Boëtie. Si l'on veut songer qu'en son temps, où la critique était assez mauvaise pour gâter encore une partie du XVIIᵉ siècle par contagion, il a surtout loué Lucrèce, Virgile, Homère, et, dans les prosateurs, Plutarque et Tacite, on peut reconnaître que la France n'a point perdu d'avoir pour maître de lecture un tel esprit, et pour recueil un pareil livre. Trop léger sur les philosophes anciens, qu'il connaissait mal, il se relève en rendant justice à Sénèque, cet esprit délié, profond et fier, bientôt compagnon préféré de Pierre Corneille. Les sentiments littéraires de Montaigne, outre qu'ils éclairent sur les tendances foncières de son esprit, offrent encore un autre intérêt : ils révèlent un peu les secrets de son style, ils montrent le sol où puisa cette plante pleine de suc.

Les sciences ne pouvaient tenir place dans une intelligence aussi « prime-sautière » que sceptique. Une seule, qui n'était guère science qu'à demi dans ce temps, l'occupait par les rapports trop directs qu'elle le forçait d'entretenir avec ses suppôts : c'était la médecine.

(1) I, xxv.

Il n'en faisait pas grand état, lorsqu'il n'y avait point affaire ; il la couvrit de railleries, quand la maladie lui imposa le ridicule d'y recourir. Il n'est bonne haine que de valétudinaire, Montaigne le prouvait avant Molière ; il choisit « un ou deux exemples — », et quels exemples ! à peu près aussi curieusement triés que ses anecdotes d'amour, qui laissent transparaître un fonds équivoque et même pis que cela ; — « car autrement, dit-il, nous nous perdrions dans cette mer trouble et vaste des erreurs médicinales » (1). Outre l'homme que l'on soupçonne assez, lorsqu'il traite la pudeur « d'allèchement à la volupté », le malade rancunier donne ici la comédie de ses griefs. Le temps lui avait amené la fameuse « cholique » dont l'écho rebat le lecteur : à mesure que s'aggravait le mal, les *Essais* arrivaient à leur achèvement, et les brocards y foisonnaient contre les impuissants guérisseurs ; c'est que, confesse-t-il avec naïveté, « je remarque plus volontiers les exemples qui me touchent » (2). Il ne s'est jamais demandé s'ils toucheraient autant les autres.

C'est que « la base n'est pas de la statue », mais il faut avouer que souvent la première cache l'autre. Son culte de son propre corps ne lui faisait pourtant pas croire à l'excellence et à la précellence de l'espèce humaine. « Le plus excellent animal, confes-

(1) I, XII.
(2) II, XXXVIII.

sait-il sans aucun préjugé, est plus approchant de l'homme de la plus basse marche que n'est cet homme d'un autre homme grand et excellent. » Infatué de sa noblesse, d'autant mieux qu'elle était de plus fraîche date, ces sentiments de gentilhomme et son dédain philosophique lui rendaient la Réforme abjecte. Les « nouvelletez de Luther » ne pouvaient produire, à son gré, que le plus « exécrable athéïsme » chez le vulgaire ; comment des esprits qu'il couvrait de son mépris seraient-ils aptes à manier le libre examen, apanage philosophique ? Il ne se faisait du reste point faute, quand il lui plaisait, de mêler à tous les *items* qui émaillent le chapitre *Des Noms*, une louange de cette même Réforme ; mais si brève, et d'un ton si bien mêlé, figue et raisin, qu'on doute, à lire ce passage. Le doute s'accroît, lorsqu'on se souvient avoir vu le même livre qualifier les Réformés de « brouillons criminels, qui font une source de maux » (1), et qui n'ont, au fond, « ny loy ny ordre que de suivre leur avantage », en politiqueurs qu'ils sont.

Cet homme, en qui l'on a voulu voir « la nature sans la grâce » (2), s'il n'est pas la nature complète, en offre du moins les tendances vers le moindre effort, et la voie la plus aplanie. « Je laisse faire nature, avait-il écrit en des termes qui présagent le mot de

---

(1) I, xxii.
(2) Sainte-Beuve.

Bichat (1), pour maintenir cette contexture de quoy elle fait la dissolution. » Dans l'état social, c'est encore « maintenir cette contexture » qui lui semble la vraie sagesse. Ne « rien remuer » est le meilleur, car « l'aller légitime est un aller froid, poisant et contrainct, et n'est pas pour tenir bon à un aller licentieux et effréné. » Que feraient tant de changements, sinon pervertir le peu de bien que le calme laisse fleurir dans l'ordre social ? « Les incommoditez des guerres dernières ont presque banny les lettres pour faire place à la barbarye », clamait douloureusement, en son Avis au lecteur, Jeanne Ravel, veuve de Gabriel Buon, libraire au Clos-Bruneau, lorsqu'elle publia, deux ans après Montaigne mort, une édition de Ronsard (2). Les plaintes de la pauvre libraire, Montaigne les présageait. C'est qu'il ne se fiait à rien, et voyait clair. Rien ne l'attachait ; « la domination populaire... me semble, avouait-il, la plus naturelle et équitable » (3) ; et tout aussitôt il s'étendait sur les crimes qu'elle a fait naître. Les princes sont d'humeur contraire, le même conseil fait tel effet sur l'un, et réagit sur l'autre d'une manière opposée (4). La justice a plus d'un défaut ; il est absurde de voir les lois en latin, les charges vénales, la magistrature à l'encan,

---

(1) Rech. sur la vie et la mort.
(2) Ed. de Ronsard, in-12, 1597, t. I.
(3) I, III.
(4) I, XXXIII.

« quatriesme estat » et le pire ; il assène sur les robins tout son mépris de gentilhomme (1). Les rois eux-mêmes, ils ne sont que « compagnons des lois » et non leurs maîtres (2). Et néanmoins, vaille que vaille, il faut encore s'en tenir à la société telle qu'elle est constituée.

En effet, sur quels principes la réformer ? il n'y a point de principes. Que l'on se garde d'aller jamais au fond des choses, car on toucherait le néant. Une fois, qu'il a voulu scruter un peu plus loin, « questant toujours jusques à l'origine, il trouva le fondement si faible qu'il s'en faillit dégoûter » (3). Les lois sociales ne pourraient se fonder que sur celles de la conscience. Or, celles-ci, « que nous disons estre de nature, naissent de coutume » (4). Le cercle vicieux est clos, puisque les coutumes, on l'a prouvé, sont variables et contradictoires.

Chaos pour chaos, il vaut mieux, dira le sage, préférer celui qui nous offre un semblant d'ordonnance, et se tient en repos. Ce « sage », nom qui fit fortune, et qu'il renouvelait d'Horace, doit se vouer à une doctrine de philintisme dédaigneux ; il « doibt au-dedans retirer son âme de la presse, et la tenir en liberté et puissance de juger librement des choses ; mais quant au dehors, il doit suivre entièrement les

---

(1) I, XXII.
(2) I, III.
(3) I, XXII.
(4) I, XXII.

façons et formes reçues » (1). Bien clos dans ce refuge intime, il y réservera son sentiment véritable touchant ceux-là même dont le respect extérieur lui est imposé. « Nous devons obéissance à tous roys, ajoutait-il en marge de son premier exémplaire, mais l'estimation non plus que l'affection, nous ne la devons qu'à la vertu. » Car il persistait à garder son estime pour la vertu, son estime de l'honnête homme. On pourrait remarquer, peut-être, et sans risque de lui manquer, puisqu'il ne fuyait pas la chose, qu'il y a là une inconséquence de plus; mais il faut avouer que, cette fois, elle est heureuse.

V

Le meilleur du génie, chez Montaigne, n'est pas dans son invention, qui est mesquine trop souvent, pas plus que dans son incomplète philosophie; il est dans son style.

S'il est malaisé d'assembler la pensée, foncièrement analytique, d'un tel auteur, il est plus difficile encore de faire sentir tous les charmes d'une expression plus nouvelle et plus diverse mille fois que les idées où elle s'adapte. Montaigne est un de ces auteurs, les meilleurs du langage français, qui n'ont rien de professionnel, aucune empreinte de métier ni d'école; son parler est

(1) I, XXII.

tout sien, libre ainsi que son esprit même. En exprimer le charme, en prétendre trouver le secret, c'est croire que l'on peut fixer, par la description, la bouffée d'un parfum, les attraits d'un beau paysage. Cette langue fluide, aux grâces insensibles, dont quelque saveur se retrouvera chez un autre Périgourdin, chez Fénelon, elle a conservé, par sa magie, une jeunesse singulière aux *Essais*. Toujours frappante, même quand elle semble s'abandonner, plus experte dans les derniers livres, et nerveuse, alors, par endroits, d'un souple acier, le fugitif d'une impression, l'ambigu d'un doute s'y modèle, y reste fixé comme le trait franc d'une esquisse. Et cependant, les manuscrits le prouveraient, elle s'est trempée et reforgée sous un travail acharné, patient. Les hasards heureux de l'ébauche y sont réservés, tout auprès des repentirs laborieux où s'est fixé le caractère voulu, cherché.

Le style expressif, inauguré par Rabelais pour le XVI° siècle, reparaît ici chez un maître. Le vocabulaire est moins riche, quoique tout abondant encore et grossi de mainte conquête ; mais l'essentiel est maintenu, puisque la vertu supérieure de la langue nouvelle est conservée, accrue peut-être par un plus parfait emploi : le mot, incolore souvent, fade et flasque aux précédents siècles, a partout sa vie personnelle, sa physionomie, son accent : précieux trésor, dont la reconquête fera croire, dans notre siècle, aux trouvailles du romantisme.

Ce que vaut un terme « mis en sa place » et non point à la mode de l'Art poétique, mais suivant l'ordre du génie, la valeur d'un mouvement, d'un son et d'un tour dans la phrase, Montaigne l'a connu d'instinct, l'a pénétré par l'étude, et fait briller autant que pas un. Ce n'est pas seulement pour ses *Confessions*, pour son *Émile*, que Jean-Jacques l'imitera ; la révolution dans l'esprit est inséparable de la réforme dans le style.

Lui-même sentait tout le prix de son œuvre verbale ; car, quel est l'artiste inconscient ? Il ne faisait pas aussi bon marché des mots que des idées. « Qu'on ne s'attende point, disait-il, aux choses de quoy je parle, mais à ma façon d'en parler. » Maxime nouvelle en ce temps, et que son plein succès absout chez Montaigne.

Il était primesautier, et mettait ses lettres au-dessus de tous ses autres écrits. Peut-être était-ce une boutade (1) ? Du moins la verve originale anime-t-elle tout l'ouvrage, il le faut pour qu'il soit vivant. Mais il est nécessaire, aussi, que le travail, sans alourdir le premier ton, sans l'empâter, puisse tout reprendre et fixer une harmonie parfaite. Ce labeur plein de hasards, de traverses, de bonnes fortunes, Montaigne avait loisir de l'accomplir dans la vie solitaire et rustique où sa faculté personnelle se gardait, se développait. Il travaillait beaucoup

---

(1) V. *Lettres inédites de Michel de Montaigne*, etc., rec. par F. Feuillet de Conches. 1 vol, Paris, Plon. Cf. *suprà*.

au lit, comme Rousseau, comme Joubert ; — il travaillait encore à table : et surtout, musicien du style, il se plaisait à travailler (1) au pas cadencé du cheval, parmi les horizons connus. Il nous a dit que son père lui avait fait, dès la première enfance, une âme musicale ; épris naturellement d'un parler mol, rythmé, comment aurait-il pu mieux faire que d'aller se bercer l'esprit et former l'enveloppe de sa rêverie à travers champs, dans un mouvement régulier, au milieu des harmonies sourdes et pénétrantes qui s'élèvent par la campagne ?

La méthode même d'écrire, son allure quasi sans règles apparentes, faisait si bien corps avec le fond du talent, que, dans *l'apologie*, l'on voit le raisonnement, plus serré par places, faire aussitôt évanouir le charme du style ; la suite des idées, l'essai d'une trame logique semble dérouter l'exécution, elle s'alourdit, devient froide, et, par plus d'un endroit, pénible. On sent alors l'apprêt, dans cette forme d'ordinaire si habile, et l'on retourne contre l'écrivain ses paroles : « Personne n'est exempt de dire des fadaises : le malheur est de les dire curieusement. »

Non que, dans le cours ordinaire du style, il ne se marque çà et là les défauts d'un idiome encore mal assuré dans sa syntaxe et chancelant un peu dans des liens trop relâchés. Les phrases montrent

(1) III, v.

des attaches maladroites ; « si est-ce que encore y en a-t-il » (1). Malgré les efforts d'un critique contemporain pour remettre en vogue ces agréments du style, le génie du langage français demeurera rebelle à ces gentillesses, fussent-elles recherchées. Elles ont, chez Montaigne, l'atténuation d'être involontaires. L'ancienne édition montre plus sensible, avec sa ponctuation antique, ce que pouvait garder le style de lâché et d'impromptu. « A cette cause, y lisons-nous, *par ce que* les effects *et* exécution ne sont *aucunement en* nostre puissance, *et qu'il* n'y a rien *en* bon *escient en* nostre puissance *que* la volonté, en celle-là se fondent *par* nécessité *et* s'establissant toutes les règles *du* devoir *de* l'homme. »

Et ce n'est assurément point l'idée qui, trop complexe (2), pourrait expliquer ici la surcharge du style.

Mais, à côté de ces travers, son parler conserve les formes naïves ou provinciales, ces délicieux radotages d'une langue qui semble encore s'essayer et balbutier. Cet artisan, consommé d'ailleurs, écrit, par-ci par-là, « tout par tout », dont héritera La Fontaine ; il lui échappe de laisser « ma hésitation » (3), « cett'humeur, un'aisée », comme s'il vivait au XVᵉ siècle. Dans la première forme, le livre

---

(1) I, v, dernier §.
(2) I, vii.
(3) I, x.

portait des « esplingues »; Mademoiselle de Gournay, femme correcte, imprime « épingles ». Au reste, Montaigne lui-même allégeait, corrigeait dans le sens de la mode nouvelle ; il affaiblissait quelquefois (1); il supprimait les ricochets qui faisaient cahoter la phrase sur un *de*, sur un autre *de*, suivis par maint autre *de* encore. Quelquefois, s'oubliant à parler d'abondance, il amenait, par revanche, quelque confusion au style expressif du premier texte.

Ce sont là querelles de regrattier, où se plairaient les *fripiers d'écrits*, de Molière, tant honorés pour l'heure. La langue des *Essais*, en son harmonie générale, est la clarté même et l'aisance, et l'éclat doux, également nuancé. La construction plus régulière laisse la phrase ondoyer dans son ampleur périodique; sans souffrir, comme naguère et chez les plus grands du siècle, qu'elle reste flottante ou lâche. En ceci comme en tout le reste, Pascal, cet acharné ratureur, et les mérites capitaux du xvii° siècle, sont préparés et viendront à bien, grâce à Montaigne. Les plus fameux ne se feront jamais faute de s'échapper à l'occasion dans une forme équivoque. La Fontaine se donne l'aise d'écrire : « Je me souviens de », et La Bruyère a corrigé mainte édition où s'étale un « se faire moquer de soi » qu'il n'eut garde de supprimer.

Le grec n'a presque point de part dans les élé-

---

(1) I, IX. « Merveilleuse » pour « monstrueuse » (1588). etc.

monts dont Montaigne forma son style. « Pindarus, a qu'on me dict », écrivait-il (1), ne lisant guère les auteurs grecs dans l'original. Mais le latin, qui avait été pour lui la langue « paternelle », sinon maternelle, le latin, dont il regorgeait, a marqué de son empreinte sa langue autant que son esprit. Outre la forme même et la coupe de périodes, il se trouve emprunter le genre des mots, leur aspect, les manières de lancer la phrase (2). Sans aucune prétention d'ailleurs, et sans la moindre prévention aussi contre les provincialismes populaires, après la plus noble citation, il dira fort bien « fortune les punit de mesme pain en soupe ». Le Petit-Pont, avec les harengères dépeintes par des Périers, les Halles, chères à Molière, le Port-au-foin, visité de Malherbe, voilà ses assises quand il vient à Paris ; c'est là qu'il mène son langage pour l'enrichir. Dans son pays, le terroir l'empreint ; il confesse « qu'il pourra bien estre que les personnes délicates et curieuses y remarquent quelque traict et ply de Gascogne » (3). Le mot crû ne lui fait pas peur, et, lorsqu'il vient de nommer en trois lettres un mot sonore, il n'a garde de s'excuser : « Il faut laisser aux femmes cette vaine supers-

---

(1) I, xxii. Il était pourtant capable de flairer l'apocryphe dans l'*Axiochus* alors attribué à Platon. Il citait Horace de mémoire (Sat. I. IV. 731) et le changeait.

(2) « Art elle-mesme. » — « Fraîle. » — « Nouveaux affaires ». — « A peu que y, etc.

(3) *Lettres à son père*, II, éd. J.-V. Leclerc.

tition des parolles » (1). Cinquante ans plus tôt, l'on n'aurait même pas songé qu'il y eût là besoin de la moindre explication (2).

Cette verdeur lui donnait une qualité trop peu commune, l'aversion profonde, tyrannique, pour les mots enflés, pour le genre oratoire ou prétendu tel. Il se sentait plus varié dans ses effets, plus sobre et plus sûr de lui-même, usant d'une familiarité qui relevait sa bonhomie, la rendait à propos piquante ; il cisclait l'arête fine de son style ; il se complaisait à mêler, dans le cours tranquille des périodes, par ressaut, une sentence brève, qui saillait en relief. Son parler s'adaptait aux personnages mis en scène. L' « imperatoria brevitas », la brièveté souveraine du Romain, animait la harangue prêtée au duc de Guise (3). Cette énergie se concentrait, dépassait les tours d'adresse pour monter jusqu'au plus viril, au plus hardi (4). C'était la fière prose de France, faite à tout jamais pour la lutte, pour l'attaque, pour la victoire, « ces braves formes de s'exprimer, si vives et si profondes » (5).

La phrase, au besoin, se faisait très elliptique,

---

(1) I, XLIX.
(2) Il reconnaissait en lui-même ce que plus tard Fénelon lui pardonne, des « gasconnismes » Certains de ces mots ont disparu, d'autres se conservent : « bossé, bossu » ; « bénévolement » s'arrête au XVIIe siècle ; « bande », au XVIIe ; « batelage » va jusqu'à Voltaire.
(3) I, XXIV.
(4) I, II. — II. XI et XXIII.
(5) III, V.

tournait court, ou prenait des chemins perdus, qu'il conviendrait de retrouver : « Je luy répliquay lors que j'aymois mieux suivre les effets que de la raison » (1). On dit maintenant « que la raison », et c'est confus ; « que de suivre la raison », et c'est pesant. Il forge, ailleurs, le verbe qui lui fait faute : « Il luy fallut *déprier* ses prières », « des âmes principesques » (2), et celui-ci, le plus rare : « semble-t-il pas que ce soit un sort *artiste* » (3).

L'un de ses termes favoris, et surtout en ses derniers livres, c'est le mot de « pinser ». Pincer la pensée, pincer l'adversaire dans la discussion, petit mot sec, et qui exprime assez bien une manière de sa pensée se raréfiant, et de son style se serrant. Il se prenait à introduire des abstractions inconnues encore dans le langage français. « On attache aussi bien toute la *philosophie morale* à une vie populaire et privée. » Ailleurs, il opposait « l'essence et l'apparence » (4). La langue du cartésianisme se formulait. Non qu'il se méprît sur l'instabilité des idiomes, et du nôtre, en particulier. Il craignait même, songeant au passé, que le parler dont il usait avec adresse et ferveur ne tombât en désuétude après cinquante années à peine (5). Ignorait-il, l'ouvrier

---

(1) I, xii.
(2) I, xi.
(3) I, xxxiii.
(4) III, ii.
(5) III, ix.

sans pair en son temps, combien il avait fait pour fixer les lois, préparer le triomphe, enrayer le changement et l'excès qui est décadence ?

La perfection de sa manière l'amenait au don le plus rare ; il atteignait cette invention, dans la phrase, qui semble mettre une magie subtile, et comme un chant inexprimé, sous tous les mots : « Puisque c'est le privilège de l'esprit, de se ravoir de la vieillesse, je luy conseille, autant que je puis, de le faire ; qu'il verdisse, qu'il fleurisse cependant, s'il peut, comme le gui sur un arbre mort » (1) !

A quels effets il arriva dans sa seconde période, celle de ses derniers livres, on le peut percevoir par une phrase comme celle-ci, qu'envieraient les plus subtils des artisans modernes : « Il m'advient souvent d'imaginer avec quelque plaisir les dangiers mortels, et les attendre ; je me plonge, la teste baissée, stupidement dans la mort, sans la considérer et recognoistre, *comme dans une profondeur muette et obscure qui m'engloutit tout d'un saut et m'accable en un instant d'un puissant sommeil, plein d'insipidité et indolence* » (2). Eclairs de génie, qui découvrent, à soixante années plus avant, le style de Blaise Pascal.

Il était vraisemblablement impossible de rien pousser au delà. Cette perfection, alors, ne pouvait être dépassée par un homme travaillant seul, pour

(1) III, v.
(2) III, ix.

lui-même, et, comme on dirait maintenant, par un amateur. Le reste de la réforme dans le langage devait échoir à de moindres esprits, mais à des gens de métier, ou à des cénacles ; pour triturer, bluter, épurer, puis enfin pétrir la langue et la compasser à l'usage du XVII³ siècle, restaient à venir les salons, les ruelles, l'Académie et Vaugelas (1), et Malherbe, et Balzac, et Voiture. L'histoire des variations capitales est presque close avec le français de Montaigne, et rien mieux que son illustre exemple ne pouvait inculquer ce goût nouveau du « bien écrit », caractère fondamental désormais du génie français, et l'un de ses plus certains mérites.

VI

L'influence de Montaigne, sur les écrivains qui ont suivi, fut presque universelle et toujours ostensible. Tandis que Rabelais, quitte à l'exercer plus intense et profonde, ne prenait la sienne que sur des esprits préparés et comme avides, le goût public tout entier se portait vers les *Essais*. On n'y cherchait pas une confirmation de ses propres tendances, comme font les admirateurs d'un écrivain dont la portée est clandestine ; chacun lisait à la pleine lumière, trouvait une philosophie commode, une bonne

---

(1) Né en 1585.

grâce séduisante, nul apprêt, nulle peine, et l'ample moisson d'un savoir qui épargnait à presque tous la recherche ou l'érudition personnelle.

Supposez qu'un homme de notre temps, au sortir des collèges, l'esprit encombré plutôt que meublé, n'ait jamais lu vraiment Montaigne, on ait appris le nom avec indifférence, et l'ait oublié comme un simple écho de distribution de prix ; par aventure, il s'est saisi des *Essais*; il lit, cette fois, avec l'allégresse de lire pour lui-même et à son plaisir, et, neuf dans son impression, suivant l'ondoyante pensée à travers ses mille replis, il reconnaît des mots connus, des pensées familières, il sent qu'il tient le lien même qui noue le plus étroitement le génie français au génie de l'antiquité. Son esprit se promène comme en des paysages connus. Cette phrase, elle est dans Pascal ; il a vu ceci dans Rousseau, voilà qui ressemble à Molière ; ce sceptique serait-il donc le «. maistre du chœur ? » Non ; mais tous tiennent de lui ; son doute même, son ironie, essentiels à l'esprit de la nation, font qu'il occupe les adversaires de sa pensée, autant et plus qu'il inspirera ses disciples.

Est-il bien sûr que le sourire de Montaigne n'ait pas été l'une des plus cruelles hantises qui aient tourmenté Pascal ?

Tout de suite, et dès son époque, il passait jusqu'à l'étranger. Shakespeare lisait les *Essais*, dans la traduction de John Florio. L'exemplaire est conservé, double relique, au British Museum. C'est dans les pièces qu'éclairait le couchant de sa vie, c'est dans *César*, dans *la Tempête*, que le créateur de *Hamlet*, rasséréné par l'art et le succès, imitait, traduisait presque certaines pages des *Essais* (1). Mais, et pour rester dans la tradition française, c'est surtout chez ses pairs, et même chez les esprits supérieurs au sien, que Montaigne a marqué son effet. Pierre Charron ne compte guère; il fallait être La Monnoye pour les mettre ensemble, et l'indulgent conseiller eût mieux fait de rimer un Noël patois ou de donner quelque pendant à la chanson de la Palisse (2). Il est assuré pourtant qu'un homme aimant « la propreté et le choix » devait avoir dans sa bibliothèque le traité *de la Sagesse* à côté des *Essais*. C'était par la flagornerie que Charron était parvenu jusqu'à l'hoirie de Montaigne; il lui nuisait, comme fera tout copiste malavisé; grossissant les défauts, rendant épaisses les nuances. Mais quoi? Bayle nous l'a bien dit (3)! il était docile et flatteur, c'était un plagiaire affectueux.

Le premier, chez les grands, qui montre un emprunt direct à Montaigne, c'est, à cheval sur les

---

(1) V. *Essais*, I, xxx, par exemple, et *the Tempest*, act. II, sc. 1. *Gonzalo* : « I'the commonwealth », etc. — On sait que le mot même d'*Essais* a donné son nom à tout un genre littéraire, et des meilleurs, en Angleterre.

(2) Lettre de la Monnoye à Leyrot, Bibl. nat. F. fr. mss. 12865, p. 873.

(3) Bayle, I, 852, éd. de 1720, et *Bulletin du Comité de la langue et de l'histoire*, etc., t. II, n° 5. — Malvezin, p. 143.

deux siècles, Mathurin Regnier. « A mesure qu'on prend le plaisir au vice, avaient dit les *Essais*, il s'engendre un desplaisir contraire à la conscience (1). » Et Regnier, qui s'y connaissait en remords de ce genre-là, s'écriait :

« Tant que je vivray,
Je croiray qu'il n'est rien au monde qui guarisse
Un homme vicieux, comme son propre vice. »

Pour tout le XVIIe siècle, les *Essais* furent l'œuvre d'initiation, par le goût de décrire l'homme, par cette minutieuse étude de caractères ; c'était l'analyse, nouvelle en ce temps, et c'était, aussi, dans son expression formelle, le culte de *l'honnête homme*, l'idéal moyen de gentilhommerie morale. Nul pourtant n'a décrié plus durement que fait Montaigne, cette connaissance de « l'homme » et ceux qui en font une « chose publique imaginaire » (2). Mais chaque siècle, comme aussi chacun des hommes, ne découvre-t-il pas dans les livres surtout ce qu'il y veut trouver ?

Par une autre tendance de sa philosophie, Montaigne avait encore préparé le mouvement d'esprit qui a suivi. Pour qui voulait la certitude, — et le XVIIe siècle l'a recherchée comme jamais, — il avait rendu nécessaire le coup de théâtre de Descartes ;

(1) II, v.
(2) II, xii.

il fallait réhabiliter l'esprit, et refaire, à rebours, les « dénombrements bien complets », restituer les éléments dissociés. Le doute était initial pour le cartésien ; la marche, inverse. Que le doute vînt à tomber dans une âme incapable des procédures patientes, avide de tenir le vrai, de s'assurer comme un refuge de croyance et de conscience ; et Montaigne, aimé, détesté comme un vice amoureux, va faire gronder le génie sibyllin de Blaise Pascal.

« Les philosophes, disait un analyste (1), sont plus anatomistes que médecins. Ils dissèquent, et ne guérissent point. » Allez parler d'anatomie au malade tout rugissant sous son mal. Le fer et le feu, pour Pascal, seraient les bienvenus. « Le mol oreiller du doute » est un blasphème, pour celui qui se coignait de clous aigus.

Ces « lectures de philosophie dont il s'occupait le plus » (2), Montaigne en faisait le fond. Non seulement *l'entretien avec Monsieur de Saci*, mais toutes les Pensées démontrent la suprématie de Montaigne sur Pascal. L'apologie de Raimond Sebond forme comme la trame de cette apologie du christianisme esquissée par le père du pessimisme. Si l'on peut, à propos de ce géomètre, user d'une comparaison scientifique, on oserait dire que Montaigne a fait la

---

(1) Rivarol.
(2) Le P. des Molets, *Mém. de litt. et d'hist.*, continuation, t. V, II⁰ partie. — Fontaine, *Mémoires*. — Havet, *Pascal*, p. XXIV-XXV et seq. 1852.

géométrie plane, où Pascal devait faire, lui, la géométrie dans l'espace. Esprit analogue à certains du moyen âge, et sur qui semble avoir pesé son enfance, à Clermont-Ferrand la ville noire, et l'ombre romane de Notre-Dame-du-Port, Pascal était pris par le vertige de l'éternité ; le spectre qui désola le moyen âge le poursuivait, et d'avance il concevait cette crainte du néant, qui fera dans l'âge moderne les seuls pessimistes sincères. C'est que rien, pour certaines âmes, n'est plus effrayant que l'assurance des sceptiques à la Montaigne ; Pascal ne s'est pas assez dit que pour écrire les *Essais* au milieu de troubles civils, dans les luttes religieuses, parmi les dangers ou les entraves, il a fallu quelque vaillance.

Il a vu seulement que Montaigne, tout épicurien qu'il est, « païen » (1), car il fait dire le mot à M. de Saci, traite de l'homme, rien que de l'homme, l'analyse sans lui marquer de but ni lui imposer aucun devoir. C'est faire à coup sûr un livre triste, que suivre une telle méthode. Car, dans les lettres comme dans la vie, qui vit pour soi, qui songe à soi, parle de soi, doit fatalement s'égarer, se diminuer, s'attrister, malgré l'apparence, et venir à souhaiter la mort.

Il serait, seulement, permis d'examiner si l'égoïste le plus raffiné reste bien l'épicurien soucieux de disposer sa vie suivant ses forces naturelles ? Ou si les

---

(1) *Ibid.*, XLIII.

plus fervents idolâtres du moi ne seraient pas ceux qui se torturent pour tirer, d'une brève carrière humaine, une éternité de bonheur, ceux qui s'affolent à poursuivre la foi? plaçant à gros intérêts, capitalisant leur martyre, et jouant à la loterie, par un pari, leur salut final?

Mais le point essentiel est que Montaigne ait fait place nette par sa critique subversive, et préparé le terrain vide, l'espace de ruines où Pascal pouvait édifier son temple chimérique de la croyance. C'est, aussi, que l'on trouve, à chaque fragment d'article, une trace où Montaigne a marqué son style, laissé quelque image, inspiré telle controverse. La « grâce de Dieu », qu'il avait nommée à trois reprises en dix lignes des *Essais* (1), est l'essence même des *Pensées*. La coupe même de la phrase, nouvelle au XVIe siècle, était reprise dans Pascal; en ces lignes-ci, par exemple : « J'ay veu ailleurs des maisons et des statues, et du ciel et de la terre ! ce sont toujours des hommes » (2), et dans cette comparaison : « l'homme... et non soy, mais tout un royaume, est... là-dedans... comme un traict d'une poincte très délicate », image faite pour ravir l'esprit géométrique de Pascal. « Les jansénistes, disait l'auteur des *Pensées*, ressemblent aux hérétiques (3). » Et les

---

(1) II, XII, p. 127, t. II, éd. Jouaust.
(2) *Essais*, III, IX.
(3) XXIII, 9, p. 294, éd. Havet.

uns comme les autres devaient dire 1) : « le pyrrhonisme est le vrai », dans l'ordre purement humain, parce qu'il préparait leur œuvre d'anéantissement devant la révélation divine (2).

Pour revenir dans le domaine des réalités plus terrestres, Molière offrirait aussi, dans bien des endroits, et sur plusieurs de ses conceptions, l'empreinte de Montaigne. Car, si les *Essais* ont eu cette curieuse fortune d'influer principalement sur les esprits les plus hostiles à leur genre, tels que Pascal et Jean-Jacques, il ne leur fut cependant pas interdit d'éveiller l'esprit d'un Molière ou d'un Montesquieu. La théorie du bon goût, celle-là même qui fit dire à un sceptique de ce temps-ci : « il faut être honnête homme et douter » (3), elle vient tout droit de Montaigne ; est-ce que Cléante n'a pas, aussi, lu quelque page des *Essais*, celle par exemple où se retrouvent ces paroles : « toute affectation, nommément en la gayeté et liberté françoise, est mesadvenante au courtisan ; *en une monarchie, tout gentilhomme doit être dressé au port du courtisan* » (4)? L'éloge de la *cour*, si cher à Molière, est là tout entier ; et Philinte, et les vieillards sages et clairvoyants qu'il oppose aux Arnolphe, aux Sganarelle et consorts. Chrysale même, ce bourgeois épais, a

(1) *Ibid.*, art. XXIV, I.
(2) Cf. *infrà*, Calvin.
(3) Mérimée.
(4) I, XXV. V. aussi I, L.

lu Montaigne, lui emprunte son meilleur trait, celui du haut-de-chausses (1), et mot pour mot. Il n'est pas jusqu'au sacro-saint Tartuffe qui ne sonne son entrée triomphale en se parant d'une habitude chère au pieux roi Louis IX, puisque Montaigne nous a dit comment « nous apprenons par tesmoing très digne de foy, que le roy S. Loys porta la *hère* jusques à ce que sur sa vieillesse, son confesseur l'en dispensa, et que tous les *vendredis* il se faisoit *battre les espaules* (c'est la *discipline*) par son prestre de *cinq chainettes de fer*, que pour cest effet il portoit toujours dans une *boîte* » (2). L'habile homme n'a pas eu loin à chercher: le « serrez ma haire avec ma discipline » est tout entier dans cette pieuse anecdote.

La Fontaine, et Boileau même, qui cumule l'emprunt d'Horace et de Montaigne, puisaient ici comme Molière (3). Mais c'est dans le xviiie siècle que se montrera l'empire croissant des *Essais*, sur l'esprit général, d'abord. D'où naquit l'ironie française, mieux que de Montaigne? Les traits rudes, un peu pesants, du xvie siècle, chez lui s'aiguisent et deviennent acérés, fins, pareils

---

(1) *Essais*, I, XXIV.
(2) I, XIV. Cf. encore : *Médecin malgré lui*. III. 1. pris au chapitre *De la Ressemblance des enfants aux pères*, et *Ecole des Femmes*. II, 6, pris au chapitre *De la Cruauté*.
(3) Et de mesme bouche souffler « le chaud et le froid »; cf. I, XXV; et « que sa conscience et que sa vertu reluysent en son parler, etc. », qui devient le « suivez donc la raison.... » La satire *sur la noblesse* est inspirée de même.

aux dagues ciselées. Par là Voltaire, par là l'époque où il trôna, procèdent de Montaigne; Voltaire avait reçu la tradition *d'épicurienne* gentilhommerie, dès les débuts, par la Société du Temple; dans sa seconde manière, il semble bien qu'il ait reçu Montaigne à travers Montesquieu, par la voie des lettres persanes (1721).

Fils tous les deux du même terroir, nés sous le même climat changeant, malgré les dissemblances d'œuvre, Montaigne et Montesquieu demeurent unis par des analogies secrètes (1). Dans ce chevalier d'Aydies, pour lequel il semble avoir dit : « je suis amoureux de l'amitié », Montesquieu montre son la Boëtie. La marche complexe de l'*Esprit des lois*, n'est-ce pas un peu la manière des *Essais*; et jusqu'à manquer un chapitre (2), dont le sujet est pareil à celui qu'a su mieux traiter la main légère de Montaigne? Le même amour de l'Italie et de Rome, l'urbanité stoïque, la passion des lettres antiques, la verve aussi, gasconne par ses incertitudes, ses boutades, avec un fonds philosophique, tant de ressemblances intimes dans les goûts et dans la pensée, devaient donner et ont donné au Président de Montesquieu la passion pour les ouvrages du Conseiller de Montaigne. « Il l'aime, a dit son dernier biographe, il le range parmi les grands poètes, il

---

(1) V. l'étude de M. Sorel sur *Montesquieu*. Hachette, in-12.
(2) *Des climats*.

s'en délecte, il s'en nourrit, et par moments il le ressuscite (1). » Et tout un parallèle peut s'établir, entre ces deux hommes dont l'un a confessé « qu'il n'avait point connu de chagrin qu'une heure de lecture n'eût dissipé », tandis que l'autre (2) nous déclare qu'il « a eu peu de pensées en sa vie qui lui ayent seulement interrompu le cours de son sommeil. »

Si l'*Esprit des lois*, malgré l'apparence, n'est pas fort loin du dessein même des *Essais*, il est difficile de trouver, hormis Pascal, une intelligence ni un caractère plus opposé à Montaigne que ne fut Jean-Jacques Rousseau ; mais aussi, depuis Pascal, jamais écrivain, parmi les premiers, n'a subi de Montaigne une influence littéraire aussi marquée. Les *Confessions*, tout l'*Émile*, au premier abord et de pleine évidence, n'auraient pas existé, du moins tels qu'ils furent faits, sans Montaigne (3). Les *Essais*, où l'abâtardissement de la noblesse dans le xvii° siècle était annoncé (4), nommaient par avance cet idéal du genre humain au xviii° siècle, « l'homme de la nature » (5). Est-ce Jean-Jacques, est-ce Montaigne, qui voit « un tel homme à cinq cents brasses au-dessus des royaumes et des duchez ? » Rousseau

---

(1) M. Sorel, p. 12.
(2) *Essais*, III, xiii.
(3) *Émile*, passim, et surtout iv, qui explique Montaigne : « Pour connaître les hommes, il faut les voir agir », etc.
(4) I, xliii, *Des lois somptuaires*.
(5) *Essais*, I, xlii.

ruminait-il le *Contrat social*, lorsque cette page lui tombait sous les yeux : « A l'advis d'Anacharsis (1), le plus heureux estat d'une police seroit où, toutes autres choses estant esgales, la précédence se mesureroit à la vertu et le rebut au vice » (2) ? Ou bien méditait-il dans les bois de Vincennes le *Discours sur l'inégalité*, serrant en sa poche cet exemplaire des *Essais* qui datait des Charmettes, puisqu'un bibliophile l'achetait, sur les quais, quatre-vingt-dix centimes, et y retrouvait de la pervenche (3) ?

« Il est croyable, disait Montaigne, qu'il y a quelques lois naturelles, comme il se voit ès autres créatures (4). » Retrouver ces lois, chose absurde et impossible selon lui : possible, naturelle et nécessaire, dit Rousseau. « Ne rien remuer », conseille Montaigne. « Tout refaire », répond Jean-Jacques : mais l'aurait-il pensé, sans la contradiction qui l'attirait à toujours reprendre le livre du gentilhomme sceptique, afin de l'écraser avec sa fougue de plébéien rebelle ?

Dans une préface inédite des *Confessions* que conservait la bibliothèque de Neuchâtel, Rousseau dit ceci de Montaigne, en tête de l'ouvrage même où

---

(1) Ceci est pour l'abbé Barthélemy.
(2) *Essais*, ibid.
(3) *Mém. d'un bibliophile*, par Tenant de Latour, Paris, 1861, in-12.
(4) II, xii.

il sait qu'il rappellera le plus les *Essais* : « Je mets Montaigne en tête de ces faux sincères qui veulent tromper en disant vrai. Il se montre avec des défauts, mais il ne s'en donne que d'aimables : il n'y a point d'homme qui n'en ait d'odieux. Montaigne se peint ressemblant, mais de profil. Qui sait si quelque balafre à la joue, ou un œil crevé du côté qu'il nous a caché, n'eût pas totalement changé la physionomie »(1)? Comme effet, le subtil poison distillé par Montaigne ne saurait agir au delà, dans une âme toute opposée.

Querelle vaine. Chaque auteur fait son œuvre ainsi qu'il lui plaît. Mais il n'est pas indifférent que tout le précédent siècle et jusqu'aux premières générations (2) du nôtre aient subi Montaigne à ce degré. Jamais peut-être un siècle n'aura vu le point central de la pensée changer, autant que le présent. Il serait injuste de croire qu'au xvi° siècle même le scepticisme ait eu l'empire, et lorsqu'on a lu Rabelais, cette pensée n'est plus viable. Ce serait même une vue bien légère, que de croire à la ressemblance de l'ironie rabelaisienne et du scepticisme de Montaigne.

De tout temps, et surtout dans les époques de grande activité intellectuelle, les esprits se sont par-

---

(1) *Bibl. universelle* et *Revue Suisse*, n° d'octobre 1850.
(2) Lamartine, *Corr. inédite*. Lettre à Guichard de Bienassis, t. I, p. 177. Furne et Hachette, in-8° : et tout le sensualisme de Mérimée, de Stendhal, qui est mi-parti de Montaigne et du baron d'Holbach.

tagés en deux classes profondément distinctes, quant aux théories sur l'essence même des choses : les uns suivent l'instinct naturel, qui proclame sans cesse à l'intelligence humaine son intime connexion avec les êtres et la chaîne des phénomènes dont elle est une partie et une résultante : ceux-ci croient à la science, à ses lois et à ses progrès. Rabelais leur appartient, car il n'a pas l'utopie étroite de je ne sais quelle « nature » inconnaissable et primitive, il accepte le réel, et ne raille jamais que les choses factices du monde, les illusions sociales. Les autres discernent surtout l'excès de confiance, l'aveuglement, qui mène l'homme à s'abuser, s'il veut embrasser cet infini dont il forme une parcelle infime ; et ceux-là, trop sensibles à des critiques assez vaines, bafouent la science et en détruisent le principe ; entre eux, Montaigne marche au premier rang, et le plus effectif peut-être de ces critiques, puisqu'il mêle, à son examen dénigrant, toutes les choses du train le plus courant, et pénètre en chaque matière afin de tout désagréger.

« L'os médullaire » de Rabelais est vide, à ses yeux : il ne croit à rien, qu'au néant de toute illusion humaine. Le rire lui plaît seulement parce qu'il est plus dédaigneux (1). Tout imprégné de Rabelais, il lui est aussi parfaitement contraire qu'il se peut

---

(1) I, LI.

Avec le don d'un pareil style, et cette pensée si aiguisée, il aurait eu place parmi ceux que Henri Heine nommait « les soldats dans la guerre de libération de l'humanité. » Il ne fut pourtant qu'un épicurien infiniment subtil, un sceptique de rare esprit, de caractère droit; le plus ambigu, le plus complexe des philosophes du second ordre, et, grâce aux vertus singulières de sa langue en pleine harmonie avec sa conception flottante, l'un de nos plus grands écrivains dans le premier siècle qu'ait vu la prose française. D'ailleurs, pour les plus hauts esprits, qu'il occupa, et sur toute une phase de la pensée en France, d'une influence desséchante, stérile, néfaste souvent.

Maintenant que l'esprit français, au contact des sciences nouvelles, au milieu de la genèse où s'éclôt un monde, a laissé les entraves factices d'une je ne sais quelle logique intellectuelle et morale, et le scepticisme avec elles, et toutes les doctrines mortes, il voit la nature, la vie, les œuvres de la terre, de la chair et de l'intelligence, avec l'impartial intérêt auquel il s'est accoutumé par la contemplation uniforme des phénomènes universels. Intéressant, comme tout autre théoricien de génie, Montaigne offre, comme tout autre, une étude, un enseignement: il ne saurait plus exercer nul effet direct sur les âmes. Il lui reste la force durable d'avoir incarné l'image d'une philosophie qui, pour n'être point supérieure, touche cependant assez avant dans les fondements des choses humaines, et, par là, mérite toujours, grâce surtout à l'expression dont il a su le revêtir, l'attention d'âmes plus vastes et d'esprits mieux disciplinés.

JEAN CALVIN

L'HOMME, SA VIE ET SON ŒUVRE.

I

Passer de Rabelais, de Montaigne même, à Calvin, c'est entrer brusquement, du plein soleil, ou de la lumière tamisée d'une bibliothèque, dans la pénombre glaciale d'un *temple* suintant de lugubre ennui : tel que cette église Saint-Pierre, triste centre du vieux Genève, sépulcrale et moisie. Pourtant la rebutante étude est nécessaire, la froide et roide doctrine manquerait à l'histoire des idées au xvi° siècle. A côté, au-dessous de l'humanisme épanoui, du dilettantisme sceptique, une foule d'âmes moyennes, d'esprits médiocres souvent alliés à de hauts caractères, s'agitait, demandait une règle que le catholicisme romain, trop vainqueur, ne donnait plus à tous, et surtout aux meilleurs d'entre les croyants. Incapables de délaisser l'asile des vieilles idées, incapables de pardonner les vices d'une religion vieillie, un compromis leur était nécessaire, qui changerait la forme de leur foi sans en tarir la source, leur donnerait l'illusion d'une réforme sans leur faire courir les aventures sacrilèges d'une révolution. Ce besoin fut tellement universel que le mouvement réformiste se propagea dans l'Europe presque entière, éclata presque simultané dans les nations diverses, avec une force que prennent les seules commotions sociales et religieuses. Les adeptes furent souvent dignes d'une cause meilleure; ils demeurent intéressants par l'ardeur de la vérité morale et le sentiment d'idéale conscience qui les anima souvent. Calvin, qui fut leur chef, en France, n'était pas le meilleur d'entre eux, et loin de là, ni le plus grand par l'âme; il le fut par son talent, par sa force de despotisme.

Jamais volonté ne brûla plus implacable et plus terrible que celle d'un écrivain destiné à maçonner la plus forte Bastille contre le vouloir humain et la valeur des œuvres humaines. Il fallait cette âpre puissance pour faire croître et maintenir la Réforme dans le pays de France; les peuples latins étaient le sol le plus rebelle pour une pareille doctrine; les races celtiques aussi, tant avides de mysticisme poétique et naturaliste. Stérile et nulle en Italie et en Espagne, la Réforme vécut en France, grâce à l'austère Tiers-État où devait s'implanter aussi le jansénisme; mais pour y végéter bientôt. Elle dura, surtout, par cette vitalité que lui avait donnée l'effort tenace et l'opiniâtreté organisatrice de Calvin; sans jamais entrer, au sol de la patrie française, ces racines qu'y jette un culte en rapport avec le génie et les instincts d'une nation.

L'existence de Calvin n'est pas féconde pour la connaissance de ses écrits, pour l'histoire de son talent. Ce n'est pas lui qui sait tirer profit de sa vie personnelle, ou de ses courses à travers le monde. Tel il se montre à son début, tel il demeure ; et l'esprit de dure scolastique formé à Noyon, à Paris, à Bourges, ni le temps ne le modifie, ni l'exil. Ferrare ou Nérac, Strasbourg ou Genève, tout passe autour de ce granit sans l'user et sans le polir, tout défile devant ces yeux tendus à l'idée fixe du dedans sans les attirer ni s'y réfléchir. L'œuvre factice naît, s'augmente à l'infini, livre sur livre, entre l'Ecriture, les Psaumes, le Nouveau Testament, les Pères et les écrivains de la Rome latine ; bibliothèque née d'une bibliothèque, où rien de vivant n'apparaîtrait pour nous, si les passions éphémères des hommes ne s'y marquaient par le sarcasme et par l'injure qui viennent enfieller sans cesse ces pages du controversiste.

Pour la science moderne, faite à ne considérer les formes variées des religions qu'au seul point de vue historique, la tentative de Calvin est intéressante deux fois : par sa portée sociale d'abord, et pour avoir donné le branle d'ensemble au plus important mouvement qui ait précédé la Révolution française ; comme, aussi, par sa parenté, plus étroite encore qu'on ne l'a pu croire, avec cette doctrine du jansénisme où Louis XIV lui-même sentait s'achopper son omnipotence. On peut s'éloigner de cette règle, sourire de cette exégèse si hardie pour son temps, si démodée aujourd'hui et surannée : qui veut comprendre l'esprit de la vieille France, durant le XVIᵉ siècle où la France nouvelle s'y travaille déjà, devra s'arrêter à Calvin, pour si peu d'attraits qu'il conserve ou de profit qu'on puisse prendre une âme de l'heure présente.

Dans le temps où nous vivons, les derniers sursauts de vie que gardent les cultes expirants, ils les doivent à l'esprit seul de miséricorde et de charité. Tant est vraie, dans l'évolution des idées comme dans celle des individus, cette loi qui fait reparaître au déclin de la vieillesse les caractères et les impressions du premier âge : accord hybride et sans portée profonde entre les tendances mystiques et le libre examen, plus irrationnel que le dogme, plus sec et plus tranchant que la raison, le réformisme n'a plus rien à nous dire. L'empreinte qu'il a donnée au génie français n'est pas effacée, mais on peut l'étudier avec la haute indifférence et la froideur qui conviennent pour les doctrines dont l'action désormais est nulle.

II

Comme la plupart des réformateurs, Calvin fut

formé par l'Eglise (1). Son père, Gérard Cauvin, d'une famille de mariniers picards, était devenu greffier en l'église de Noyon et bourgeois de la ville. Homme acariâtre et énergique, d'esprit intraitable et brouillon, il présageait, par ses démêlés avec le chapitre, le caractère militant de son fils Jean : celui-ci naquit, le second de six fils et filles, à la date du 10 juillet 1509, dans l'ombre de cette cathédrale de Noyon qui semble emplir et écraser la petite cité vieillotte.

Le sang colérique et l'esprit têtu de la Picardie couvaient dans l'enfant qui sortait de la lignée des bateliers taciturnes, façonnés, dans leur bourgade du Pont-l'Evêque-sur-Oise, aux monotones labeurs de la navigation fluviale. Le clergé voyait de bon œil la famille de son greffier, et des bénéfices échurent aux fils de maître Gérard. Après en avoir profité, Jean, déjà hors du premier âge, fut envoyé à Paris, en août 1523, dans le détestable collège des *Capettes*, où lui fut donnée une empreinte de scolastique et d'incurable pédantisme (2).

Pendant qu'il se formait, ou se déformait, sous les doctrines surannées, Noyon-la-Sainte sentait passer

---

(1) Sur la jeunesse de Calvin et sa vie, Cf. Abel Lefranc, *La Jeunesse de Calvin*, Paris, 1888, in-8°, et articles du même dans la *Grande Encyclopédie*. — De Bèze, *Vie de Calvin*, Ed. Reuss et Franklin. 1864 — Sayous, *Etudes littéraires sur les écrivains français de la Réformation*. — Les ouvrages d'Audin (2 vol. 1856), — de Puaux (1 vol. 1856), sont des livres de parti-pris.

(2) V. J Quicherat, *Hist. de Sainte-Barbe*, t. I, *passim*.

une première haleine de la Réforme, et Gérard Cauvin se posait en adversaire frondeur des pouvoirs capitulaires. L'orage que le fils devait faire gronder si haut et si longtemps, s'amassait et se préparait dans l'esprit du père. Mais si Jean partageait avec toute l'ardeur de sa race les ressentiments paternels, épousait avec la passion controversiste de son sang les querelles religieuses, il se taisait, se contenait encore, en 1533, comme il avait subi déjà, la tête basse, les verges de Jean Standonck à Montaigu ; polémiste la plume en main, mais disciple du bon Panurge quant à son horreur naturelle des coups, du péril et du martyre. Au moment où l'écolier quitta Paris pour revenir à Noyon respirer dans l'air natal les dissensions et la haine, un Espagnol, d'âge sérieux, don Inigo de Loyola, pénétrait dans la capitale pour y armer aussi son génie délétère et son despotisme. Ce vieux mont latin de Sainte-Geneviève, où, suivant le dicton, « la colline était aiguë, les dents aiguës, l'esprit aigu », — sans compter les verges, — voyait les deux fondateurs extrêmes, d'une doctrine au demeurant pareille, passer aux côtés l'un de l'autre avant d'aller plier le monde au joug de leur force stérile.

Paris et ses collèges avaient moulé l'esprit de Jean Cauvin sur les dogmes barbares des théologies, que Rabelais traitait de « mathéologies » (1). Pour parfaire

---

(1) Proprement « ριεndulουτlogies », ματαῖς.

l'œuvre des règles latines et des formules pédantesques, il restait une source inépuisable de commentaires vétilleux et de formalisme : c'était le Droit de cette époque. L'étudiant ne manqua pas cette occasion de s'imbiber aux méthodes du rude esprit romain : terriblement laborieux, il prit licence à Orléans, puis vint chercher à Bourges l'enseignement d'Alciat ; il y trouva les doctrines du luthéranisme, déjà révélées à son esprit inquiet par Olivétan, et qui lui furent exposées avec plus de précision par Melchior Wolmar, l'ami de la reine Marguerite. Ce fut au savant suisse que l'étudiant picard emprunta sa science du grec et surtout de l'hébreu. Bientôt délivré, par la mort de son père, de cette contrainte que la famille impose souvent au talent, il s'adonna tout entier aux humanités, qui formèrent définitivement son style, et imprégnèrent son esprit, naturellement docile aux modèles classiques. Mais le droit lui avait laissé le goût des études arides, la méthode pour s'y conduire, et l'appareil dialectique qui donne à tous les songe-creux d'un esprit travaillant à vide, l'apparence de la raison et le ton de la vérité.

Jean Cauvin, pour le nommer une dernière fois du nom qu'il va quitter, sentait que les études de la science et de la philologie le tiraient vers leur centre véritable, vers Paris ; il y revenait en 1531. Une tradition qui s'est conservée entre gens d'un vieux quartier désigne encore la masure qu'il habita ;

c'est, dans une sordide rue jouxtant le Panthéon, un pignon qui flanquait l'ancien collège de Fortet, rue des Sept-Voies, aujourd'hui rue Valette (1). Le toit pointu, l'étroite fenêtre à guillotine, les arcs-boutants vermoulus apparaissent pour l'heure, dégagés par la pioche des démolisseurs, qui ont donné tant d'espace aux vents du nord-est. C'est dans ce réduit que Calvin prit conscience de son rôle, et, d'intelligence avec les luthériens et les Zwingliens, préparait « la moisson du Seigneur (2) ». Il se répandait dans le monde sans y rien donner de lui-même : sa vie était dans la chambrette où les livres amoncelés donnaient à son âme inflexible une convenable pâture. Cinquante années plus tard, le plan de la Sainte Ligue se formulait dans ce même collège, le conseil des Seize y tenait ses assises, tout près du toit où Calvin était venu méditer les leçons de Pierre Danès.

En avril 1532 paraissait le commentaire du *De Clementiâ*, qui montrait l'humaniste encore dans le théologien. Dès lors, *Joannes Calvinus* s'appelait pour tous *Jean Calvin*. Sa volonté s'affirma dans l'ardeur de propager son livre, dans son zèle à faire la publicité qui répugne si souvent aux plus hauts es-

---

(1) Au numéro 21.
(2) Cf. Quicherat, *loc. cit.*, t. I, ch. II, p. 18, et ch. XXI, p. 213. — Duboulay, *op. cit.*, V et VI, 250 et suiv., et Lebœuf, *Hist. de la ville et du dioc. de Paris*, éd. Cocheris, II, 601, 702. — Lefranc, *op cit.*, p. 89.

prits. Exact, méticuleux, tenace et vaniteux, tel il était, tel il demeura jusqu'à sa fin. Bientôt sa logique rectitude le mena jusqu'au terme de l'examen ; sans choc, sans angoisse, cet esprit roide abandonna la foi qui ne satisfaisait plus ses instincts. Le fanatisme raisonné le jeta dans sa voie nouvelle. Le Réformateur était né.

Le siècle venait de produire le premier de ceux que le plus hautain des sceptiques nomma « ces pédants secs » (1). Armé de critique, par cet Olivétan dont le génie pénétrant s'accroissait dans les solitudes des Alpes, Calvin trouvait en soi seul la rigueur et la lumière crue qui lui faisaient voir son chemin et l'y maintenaient malgré tout.

Orléans, le Berri, Noyon, la Saintonge, Paris, où son intrusion dans les querelles de Sorbonne l'avait mis en quelque péril, Nérac, où Lefèvre d'Etaples le salua restaurateur du royaume de Dieu, Poitiers, furent des étapes dans cette existence inquiète où se lançait l'homme « amoureux d'ombre et de repos » (2), mais plus amoureux de pouvoir tyrannique. *L'Institution chrétienne* se préparait cependant. Tout à coup, Calvin revenu à Paris, l'affaire des placards contre la messe éclate le 19 octobre 1534 ; le roi perd toute indulgence pour les réformés, Amyot s'enfuit à Bourges, Marot s'enfuit à

---

(1) Chateaubriand, *Mém. d'outre-tombe*, V, 450.
(2) Préface des psaumes : « umbram et otium semper amavi ».

Ferrare : Calvin, nullement entiché d'héroïsme, se sauve à Bâle. Sous un nom d'emprunt, il y vit dans un travail acharné, dans une absolue solitude; le livre capital naissait. Et le 23 août 1535, s'écrivait la dernière page de cette *Institution chrétienne*, code et formulaire de la Réforme, exemplaire de la prose française dans la controverse, qui donnait largement raison à cette parole de Goëthe (1) : « les seules œuvres de durée sont les œuvres de circonstance. »

(1) L'*Histoire des Variations* est là pour la corroborer.

L'ŒUVRE ET L'ESPRIT (1).

III

Sans la puissance de sa personnalité qui lui donnait tout ensemble le talent d'écrivain et la force de despote, Calvin n'eût été qu'un luthérien comme tant d'autres, pas beaucoup plus schismatique en somme que nombre d'entre les réformés. Sa grandeur, qui devait venir de son caractère et de son tempérament, fut de contracter en une masse compacte les éléments un peu épars du protestantisme français, de pousser jusqu'à son extrême la doctrine théologique déjà professée par Luther (2).

---

(1) Sur la vie et l'esprit de l'œuvre, cf , outre l'ouvrage cité de Th. de Bèze, son *Discours contenant en bref l'histoire de la vie*, etc., 1564. — Jacques Desmay, *Rem. sur la vie de Calvin*. (*Arch. curieuses de l'hist. de France*, t. V.) — Papire Masson, *Vita Calvini* — Florimond Rémond, *Histoire de la naissance, progrès et décadence de l'hérésie en ce siècle*, t. VII, ch. x. — Mignet, *Etablissement de la Réforme*. etc. *Mém. hist.*, 1854. Paris, Charpentier, III° mém. — *Grande Encyclopédie*, t. VIII, p. 1011 à 1021, etc. — Paul Janet, *La science politique*, II, III, ch. III, p. 122 et suiv , éd. de 1872. — V. aussi *Hist. du calvinisme et celle du papisme*, etc., par M. Jurieu Rotterdam, 1683, 4 vol., et *Petits traitez de Calvin*. Genève, 1566, in-fol., etc.

(2) V. Luther, *Opera latina*, I, p. 55, 56, et tout le *De libertate christiana*.

N'ayant rien de l'esprit fougueux et généreux qui animait le réformateur allemand, il devait porter aussi loin que pas un catholique ce pharisaïsme scolastique qu'il reprochait aux docteurs de l'Église romaine; mais ce pharisaïsme même, ces instincts de tyrannie et d'inquisition, firent de lui le fondateur d'une théocratie homogène, d'un gouvernement redoutable.

Des voix amies avaient conseillé à Calvin, dans la période des labeurs encore sans renommée, de suivre la trace du doux et du modéré Mélanchton; proposer à l'étudiant picard l'exemple du judicieux conciliateur, offrir à celui qui devait écrire l'*Institution* et les *Traités des reliques* et *des Scandales*, l'auteur de l'*Epitome philosophiæ moralis*, comme guide et comme modèle, c'était le méconnaître dans sa nature même, à un degré, avec une plénitude d'erreur et d'aveuglement, qu'il est donné aux seuls amis, aux maîtres, à la famille, d'atteindre aussi parfaitement. L'esprit religieux et politique de Mélanchton était situé tout justement aux antipodes de la route qu'allait poursuivre Calvin (1).

Rien ne mordait sur un esprit cuirassé d'orgueil et de formalisme comme était celui de Jean Calvin. Il a pu changer des passages dans l'*Institution*: ces détails n'importent pas. Sa vie a pu l'amener à réaliser son rêve de théocratie, d'autocratie: rien de

---

(1) Cf. *Opera Melanchtonis*, éd. Bretschneider, t. XII.

plus fort ne sortira de son cerveau, rien de plus précis que les pages où le réfugié de Bâle a fixé son dogme et sa loi. Pour qui veut connaître Calvin, l'*Institution chrétienne* seule le montre, et tout entier. Le reste appartient aux recherches de l'érudit ou du disciple.

Il est notable seulement que cette dure intelligence mit à effet tous ses principes, quand le pouvoir lui fut remis. Servet et Gentili sont là pour le prouver. « L'autre pape » (1), comme l'appelèrent ses amis et ses ennemis, se croyait infaillible dès ses premières joutes; il garda le ton d'un oracle, avec ceci de plus, qu'il fit exécuter rigoureusement ses sentences, quand le roc génevois lui eut donné, après bien des secousses, sa tribune et son piédestal.

L'*Institution chrétienne* fut publiée d'abord en latin. On s'en douterait presque, à voir l'allure du style et l'ampleur audacieuse de la phrase, assise sur la pierre ferme. On s'est émerveillé (2) que la prose de controverse soit ainsi sortie tout armée, dans sa forte maturité, sans bégaiement presque et sans faux pas, de la main du Réformateur. L'école où il avait tenu son talent explique la cause de cette virilité; s'il a (3) le dessein de suivre « la seule Escripture » quant à l'esprit, il est trop évident que

---

(1) De Bèze, *De hæreticis a civili magistratu*, etc Rob. Estienne, 1553.
(2) Michelet, *La Réforme*, préface, p. XII.
(3) *Conf. de la foy.*

la Rome latine lui a dicté la forme de ses plaidoyers. Il entremêle aux Pères et à l'Evangile, dans ses citations innombrables, les écrivains de l'antiquité ; pas les meilleurs, il est vrai, ni dans leurs plus parfaits ouvrages : Sénèque, dans ses moindres traités, Cicéron avec le *De Natura deorum*, font figure auprès de saint Paul ou de saint Chrysostome. Mais enfin, jusqu'au bout, Calvin reste celui qui débuta par l'imitation d'un livre de sophiste latin.

Le parallèle entre Luther et Calvin, tout l'essentiel aussi de la dispute, est dans Bossuet, et quant au fond de la doctrine, au point de vue religieux, personne, je pense, ne songe à réveiller les mânes du fougueux Père Maimbourg ou du sectaire Jurieu. Plus que pas un polémiste, du reste, Calvin ressemble, pour les yeux des incroyants, à ceux qu'il combat. Il peut dire, avec un Jean de Wesel : « le pape n'est qu'un singe revêtu de pourpre, l'huile consacrée n'est pas meilleure que celle qu'on mange en cuisine. » Il peut méconnaître le fond de l'instinct populaire, jusqu'à se montrer radicalement iconoclaste (1) : il est, au fond et au tréfonds, le premier des polémistes qui prolongèrent jusque dans le XVIII° siècle leurs intarissables querelles ; il prêche même la doctrine qui sera le mieux pareille

---

(1) *Inst. chrét.*, I, XI et XII. Kant « regardait le catholicisme comme très conséquent, et la défense de lire la Bible comme la clef de voûte de tout l'édifice » Cousin, *Fragm. de philosoph. contemp.* I, p. 31.

à celle dont le xvii° siècle voudra pénétrer le catholicisme.

Car son livre n'est qu'un long prêche ; ce code du dogme, cette encyclopédie massive de la religion et des choses ecclésiastiques, ce n'est, avec une faiblesse d'argumentation toute chrétienne et toute classique, qu'un commentaire prolixe de l'Epître ix° de saint Paul aux Romains (1). Cette apologie de l'arbitraire surnaturel, de la volonté de Dieu, du « ciel », comme dira Tartuffe, cette négation du libre arbitre, de la philosophie et de la raison, rien n'y manque pour ressembler aux sermons du temps, rien, pas même l'outrecuidance, pas même l'injure, pas même les plaisanteries ramenées de la rue et les brocards ramassés dans le ruisseau.

Il ne doute pas un instant que la main de Dieu ne conduise sa main, tandis qu'elle abaisse cette porte de fer entre l'esprit humain et l'horizon d'espérance et de liberté. Dans les pages qu'il adressait au roi de France et que l'on tient pour son chef-d'œuvre, il se place et place les siens en compagnie d'Hélie, du Christ, et des Apôtres. Du christianisme, il a perdu, plutôt il n'a jamais connu cette maxime (2) que « la joie est l'effet de la charité. » C'est la terreur qu'il institue, au nom de la contrainte ; mais il l'institue avec toute la superbe d'un prophète, d'un docteur,

---

(1) 10-23.
(2) S. Thomas.

d'un apôtre, d'un pontife : « Permettons donc à l'homme chrestien.... » voilà le ton dont il énonce ses sentences (1). Devenu chef d'une étroite démocratie, dans ce froid carrefour des Alpes, il l'instituait en une machine de servilité, d'oligarchie. Son autorité, jusqu'au bout, pesa comme un carcan d'acier; sa lutte contre les douleurs aiguës d'un tempérament formé de bile ardente ne faisait qu'exaspérer son despotisme.

Lorsqu'il mourut, calomnié, comme tous les ennemis du dogme, par de prétendus témoins oculaires (2), il n'avait ni fléchi, ni fait fléchir un seul instant le joug qu'il avait façonné sous ses tenailles inflexibles.

IV

C'est à la chrétienté tout entière que s'adressait le nouvel apologiste : catéchisme de la foi, son livre devait courir partout, et pénétrer jusqu'aux plus humbles, au moyen de cette langue commune dont

---

(1) *Inst. chrét.*, III, XXI, 8, p. 621 de l'éd. in-4° de 1562 : « que je suis », et *ibid.* § 4, *ad fin.*, p. 623 : « par quoy, quiconque, etc. »

(2) Qui lui attribuaient une maladie honteuse; à quoi l'auteur d'une *Histoire catholique de notre temps*, Simon Fontaine, répliquait : « On a tenu des propos infâmes de la vie de Calvin, lesquels, s'ils estoient vrais, donneroient argumens irrécusables de l'extrême besterie de ceux de ce pays-là ». (1558, in-8°, p. 192, v°.)

il se décidait à le revêtir, et que sa doctrine imposait au sacerdoce même. « Je l'ay accommodé, disait-il, à la plus simple forme d'enseigner qu'il m'à esté possible (1). » C'était une « Somme » (2) destinée à « comprendre en un brief recueil la Somme de la doctrine évangélique » (3). L'abrégé ne pouvait tarder à être répandu en langue française, par la main même de l'auteur, car « principalement il vouloyt par ce sien labeur servir aux François; desquels il en voyoit plusieurs avoir faim et soif de Jésus-Christ, et bien peu qui en eussent reçu droite cognoissance » (4).

Il admettait naturellement comme indiscutable, et en bloc, l'Ecriture Sainte. De ce premier postulat, d'une révélation par les textes réputés divins, il tirait une certitude inébranlable. L'Ecriture est sa source, puisqu'elle est « l'escholle du Saint-Esprit » (5). Hébraïsant remarquable pour son époque, Calvin n'avait pas un instant songé à ces discussions d'authenticité, de valeur respective entre les textes, qui occuperont un Spinosa, et, après lui, feront naître tant de critiques. C'est le scepticisme qui fit la véritable exégèse.

Dans un retour à l'esprit juif représenté par l'Ecri-

---

(1) Préf. au roy, p. 1.
(2) *Ibid*, p. 2.
(3) III, xix, p. 554.
(4) Préface au roy.
(5) III, xxiv, 621.

ture et par saint Paul, c'est le Dieu dominateur, omnipotent et terrible, maître absolu des destinées, qui est, chez Calvin, le seigneur unique et souverain. Tout vient du « décret de Dieu », nous n'obtenons rien que par « libéralité de Dieu (1) », par « l'élection gratuite de Dieu », par son « bon plaisir », par « ce que bon lui semble ». Et sur ces matières, l'homme ne peut ni ne doit enquérir. Une aveugle soumission est le premier de ses devoirs.

Le principe de notre condition est le péché originel ; « Adam a ruiné tout son lignage par sa révolte » (2). Le libre arbitre n'est qu'un leurre, les philosophes antiques avaient tort de le vouloir démontrer, et, quand les Pères de l'Eglise l'ont maintenu, les Pères mêmes se sont trompés (3). La voie possible du salut comprend trois étapes ; il faut : « cognoistre Dieu, sa volonté paternelle envers nous, *et sa faveur, en laquelle gist* notre salut, et comment il nous faut régler nostre vie selon la règle de sa Loy (4) ».

Le Père est la source du salut ; le Fils, l'intermédiaire de la Rédemption : le Saint-Esprit contient le moyen de rendre la Rédemption efficace ; ce moyen nous demeure secret ; d'où suit, par une marche logique, la prédestination et la grâce ; car nous ne

---

(1) III, XXI, I. 619-620.
(2) II, IV, 144.
(3) *Ibid*, 152.
(4) II, II, 18, 104.

savons rien; il importe seulement de faire pénitence directe en face de Jésus-Christ, « seul prêtre » (1). Dans la forme et les procédés, ce théologien procède par « ces dénombrements bien complets » que vantera plus tard Descartes ; il divise et subdivise ses chimères avec toute la fausse logique, trop familière, durant trois siècles, à l'esprit français.

Il faut avoir subi la lecture du II° livre pour savoir quelle impression de puérile outrecuidance laisse un pareil commentaire des « desseins de Dieu ». Il ne sied plus de se lancer dans la discussion; ce serait entrer sans profit dans un fourré d'épines sèches. Parfois le ridicule est franc ; le théologien s'affirme confident assuré de Dieu « justicité souveraine ». Il connaît et il apprécie « le style de Dieu »(2). Quant aux adversaires de sa pénible sophistique, ils ne savent que « gergonner, japper contre Dieu » (3). Chemin faisant, il les relève, « çà et là, comme le portera l'ordre de la dispute » (4). Mais tout pivote sur un point, le dogme de la Providence conçue dans le sens étroit du mot, de la prédestination fondée sur une conception stricte du péché originel (5).

Cette doctrine de la prédestination et de la grâce

---

(1) III, IV, 4, 412, et ch. II, *passim*.
(2) II, XVI, 3, 825.
(3) P. 137-139.
(4) II, 3, 142.
(5) I, XV, surtout 7, 8, p. 108 et 109.

était flottante dans les esprits. On l'a vue chez Montaigne. Elle repassera, de saint Augustin et du Calvinisme, à Jansénius. Calvin n'avait eu qu'à ouvrir Luther pour s'en pénétrer, mais saint Paul et toute une partie de l'apologétique byzantine eût suffi. La tournure de son esprit fit seulement qu'il lui donna une forme plus rigoureuse encore, et poussa, jusqu'au delà même des bornes, le paradoxe d'un effréné stoïcisme théologique. Le pari que proposait plus tard Pascal, il le considère comme devant être tenu, sans discussion ; et la gageure est poursuivie avec une continuité froide ; la liberté se trouve méthodiquement annihilée comme pouvoir, et, comme devoir, complètement faussée et déviée. A chaque page, les maximes sans réplique se formulent : « la grâce est nécessaire comme la clarté du soleil à nos yeux........ nous n'avons rien que notre péché » (1). Et, à chaque instant, intervient une masse de textes, d'où l'on tirerait aussi bien le pour et le contre, pour peu qu'on se refusât à prendre le fil que tend l'auteur afin de diriger l'esprit dans ce « labyrinthe du libre arbitre », comme disait l'école au moyen âge. Le plus rigoureux des logiciens allemands devait se perdre aussi, dans ces méandres, et n'est-il pas curieux de voir un Emmanuel Kant ne pouvoir résoudre la question, au point de vue philosophique,

---

(1) I, II, II, 25, 170.

sans en reculer la solution dans les mêmes abîmes du néant, où l'éloigna la théologie ?

Seulement, la philosophie n'est jamais, en principe et de parti pris, hostile à telle ou telle solution. Calvin, dès l'abord, affirme le propos d'anéantir la liberté. L'homme est un bâton dans la main de Dieu, « *sicut baculus* ». De par la loi des origines, il est sous le faix d'un déterminisme suprasensible, comme l'on dirait aujourd'hui, et il y est inconsciemment, sans aucun moyen d'en sortir par ses forces propres.

C'est la démonstration par l'absurde, si prompte à réveiller l'esprit endormi, comme une sensation extrême, un palais blasé. Ce serait presque la « fatalité mahométane », le vieux sophisme paresseux contre lequel s'insurgeait bientôt Leibnitz, — si le devoir de lutter, aveuglément il est vrai et sans espérance certaine, mais de lutter enfin, n'était maintenu par un retour de subtilité triomphante.

Car cette doctrine qui semble aboutir au « *perindè ac cadaver* », dans l'ordre moral (1), exhorte à l'œuvre cependant et à l'action. Non que le réformateur donne quelque attrait ni quelque horizon à l'effort ; c'est le terrorisme qu'il institue, avec ce ton de hautaine menace si familier à l'Écriture Sainte : « Dieu, dit-il, en nous *ordonnant* par la *loy* ce qui est de faire, si nous échappons le *moins du monde*, nous *menace* du *jugement* de *la mort éternelle*, et nous

---

(1) III, xv, *ad fin*, p. 529.

tient là enserrés, comme s'il devait *foudroyer* sur nos têtes. » (1).

Mais le désir de mériter le nom de l'*Institution chrétienne* fait que le progrès vers le Christ et par le Christ vient donner quelque atténuation à cette rigueur, un sens à cette existence dénuée. La partie la plus solide peut-être, et la moins surannée, du livre, est la manière dont Calvin a conçu et dont il expose la progression possible de l'homme par la Rédemption, et les phases de la renaissance morale où peut l'amener la grâce de Christ (2).

Non qu'il cesse un seul instant d'agir en sophiste, puisqu'il proclame que « la foy gist en la cognoissance de Dieu et de Christ, non pas en la révérence de l'Eglise » (3), comme s'il ne requérait pas lui-même pour ses paroles une « révérence » identique à celle que réclame l'Eglise, et ne donnait pas pour certaine son interprétation de l'Ecriture et des Evangiles !

Le nœud de la doctrine, il a pris soin de nous le marquer, c'est de rabattre entièrement toute confiance chez l'homme : « Il nous faut forcément arrester à ces deux poinctes : Le premier est qu'il ne s'est jamais trouvé œuvre d'homme fidèle qui ne fust damnable si elle eust esté examinée selon la rigueur du jugement de Dieu. Le second est que

---

(1) III, II, 1, 350.
(2) V. surtout III, III, 9, 393.
(3) III, II, 3, 352.

quand il s'en trouverait une telle (ce qui est impossible à l'homme), néantmoins qu'estant polluc et souillée par les péchés qui seroient en la personne, elle perdroit toute grâce et estime. *C'est ici le principal poinct de la dispute que nous avons avec les Papistes, et quasi le nœud de la matière* » (1).

C'était en effet le lien inextricable où sa logique factice enserrait l'âme humaine, lui arrachant la certitude du rachat par les bonnes œuvres, la possibilité de gagner la paix à l'aide de la confession. Il faut avoir sans doute une bonne conscience, l'intégrité du cœur; il faut s'adonner de toute sa force au bien ; mais, les œuvres du bien accomplies, il faut élever sa pensée au-dessus, plus loin encore, ne plus les considérer, n'espérer qu'en la miséricorde de Dieu aidée par Jésus-Christ (2). Telle est la *liberté chrétienne*. Et c'est l'oraison, faite par chacun en la seule présence de Christ et dans la langue vulgaire du pays auquel le fidèle appartient, c'est l'oraison humble et sincère qui donne accès, en bonne disposition d'abnégation et de néant, à la médiation de Jésus-Christ. Christ est l'*avocat* entre l'homme et Dieu ; mot juridique, fort bien fait pour toute cette doctrine aux airs procéduriers (3).

Attaquée dans son principe, dans la méthode de

---

(1) III, XIV, 11, 516.
(2) III, XIX, 554 et suiv.
(3) III, XXII, 17, p. 585, 601.

rédemption, dans la confession, dans la prière, l'Eglise romaine l'est plus fortement encore dans le dernier livre qui traite *des moyens extérieurs ou aides à salut.*

Ici, le réformateur trace le cadre de la véritable Eglise selon son cœur : elle se résume dans la prédication par les ministres de la parole de Dieu, et dans les sacrements. Les ministres sont les hommes choisis qui portent le nom de pasteurs (1). Leur sacerdoce est un retour à la primitive Eglise ; du moins Calvin le prétend ainsi, par une déduction prolixe où s'entassent les textes. Les docteurs et ministres de l'Eglise, modestement qualifiés de « lieutenants et ambassadeurs de Dieu » (2), sont placés par Dieu « pour faire le guet en l'Eglise » (3). Elus par un suffrage à plusieurs degrés, auquel participent les trois ordres de l'Etat, mais où le clergé demeure prépondérant (4), ils doivent à ce mode d'élection, conforme à la vraie tradition que le papisme a renversée, leur autorité indiscutable. Quant à la prépotence d'un siège sur tous les autres, c'est un scandale que le siège romain donne sans aucune autorité valable, c'est une « monarchie (5) par laquelle toute liberté a été opprimée et toute

---

(1) IV, i et ii.
(2) IV, iii, 1, 711.
(3) IV, iii, 6, 715.
(4) *Ibid.*, 12, 728 et p. 730.
(5) P. 747, 753.

équité confuse... sous ces tyrans spirituels » (1).

Il faut abolir les moines, les couvents, les vœux (2), contraires à l'esprit chrétien. Il convient de restituer les sacrements dans leur pureté, contrairement à ce que « gazouillent » les Papistes (3), et surtout de détruire les sacrements du rite catholique, car ils sont « contrefaicts » (4).

L'ordre selon Christ est établi de manière à distinguer le royaume des âmes, qui échappe à toute puissance civile, et celui du corps, auquel le gouvernement est nécessaire. Quant à la forme même de ce gouvernement, à la « police », Calvin n'a point de préférences nettement marquées : « le principal, dit-il, gist en circonstances » (5). La loi morale, l'équité, forment les bases communes à tous les peuples (6). La loi doit être le plus possible conforme à l'Ecriture, et la conscience des citoyens se modeler sur l'Evangile (7) : il suit de là que le portrait du magistrat idéal est purement d'un théocrate (8). La conclusion de cette doctrine politique, qui montre une fois de plus combien la Réforme était peu novatrice et révolutionnaire dans

(1) P. 779, 793 et suiv.
(2) P. 815.
(3) XVII, 80, 943.
(4) XVII, p. 987.
(5) XX, 8, 1004.
(6) XX, 15, 1011.
(7) P. 1013.
(8) P. 1017.

l'ordre civil, se résume dans le conseil d'obéissance. « Obéissance et louange à Dieu », c'est la dernière sentence où se clôt le livre ; c'est la Somme de cette Somme.

Telle est cette lourde machine, forte par la cohésion de ses parties, et par le poids accablant d'un esprit extraordinairement opiniâtre. Elle a pour nous cet intérêt, d'avoir massé toute la doctrine de la Réforme, d'en avoir exagéré jusqu'à l'extrême tous les caractères ; c'est le monstre du dogme. Elle repose sur un postulat semblable à ceux de tous les traités *de la Connaissance de Dieu* ou de *l'Existence de Dieu*, ni plus solide ni moins médiocre. Elle n'en diffère pas plus par la méthode logicienne que par les arguments. Elle est seulement plus amère, et dénuée de toute onction. Quant au fond, c'est toujours le même esprit tranchant (1), les mêmes arguments ressassés, péniblement repris des compilations déistes de l'antiquité telles que le *De Naturâ deorum*. C'est la même méthode, commune à tous ces *Génie du Christianisme* sans poésie, et qui commence par considérer comme démontrée l'existence de Dieu, puis affirme que l'homme le connaît et doit le révérer, pose ensuite l'existence du péché, la nécessité du salut, la véracité de l'Ecriture et l'obligation de se conformer, pour se racheter, aux textes révélés par le Saint-

---

(1) « Quoy qu'il en soit, c'est icy un poinct résolu, etc. ». I, III, 3, 7.

Esprit. La principale originalité, chez Calvin, est d'avoir jeté, sur toute cette friperie d'école, force théologie scolastique, et d'avoir mis en relief la prédestination, la grâce, tout ce qui pouvait écraser le libre arbitre, sans songer peut-être assez à ce qu'une telle doctrine fait du problème du mal, et, en dépit de toutes les assurances sur le péché originel, à quel rôle elle asservit ce Dieu qu'elle prétend célébrer et magnifier dans sa grandeur.

Si la discussion de Calvin est sermonnière et tracassière, sa logique souvent filandreuse et son développement pâteux, lorsqu'il parle en docteur et ne sent point d'adversaires en face de lui, son inébranlable certitude en lui-même et son génie colérique le pressent, l'animent et lui donnent une puissance nouvelle lorsque la discussion devient directe. Son style alors s'échauffe et s'emporte. Il a dans la controverse le premier des appuis, qui est la foi dans son irréfragable autorité : « Toutes fois, conclut-il sans trêve, je pense tellement avoir abattu mes adversaires, que nul n'aura plus à douter » (1). Lorsque l'on se croit de la sorte docteur unique et vrai prophète, les adversaires sont par essence des méchants et des malfaiteurs.

Aussi les pourchasse-t-il, avec une ténacité scolas-

---

(1) IV, XI, 8, 821. Son infaillibilité vient d'une « saincte vocation » (Au lecteur, éd. de 1560). V. aussi le passage : « Combien que Dieu ait du tout attaché mon cueur... », etc. ; « il m'a donné ceste charge et office d'enseigner ».

tique, sous une pluie de sarcasmes familiers et pédants tout ensemble. Il a cette pesanteur brutale du coup, qui l'assène, et ces trouvailles dans la satire, qui sentent le Gaulois du terroir. L'Ecriture, dont il regorge, les Pères, et le langage populaire ou populacier s'entremêlent dans cette terrible ferraille qu'il secoue sur ses ennemis. La faiblesse de l'argument se déguise sous le torrent des horions et le retentissement de cette massue: ceux qui ne pensent point comme lui, il les exècre et les méprise jusqu'à la mort, jusqu'à leur mort inclusivement. Ne sont-ils pas « agités de pure rage », et n'abat-on pas les bêtes enragées (1)? « Ces je ne sçais quels acariatres », il se demande s'ils ont « quelque goutte d'honnesteté », ce sont des « chiens qui grondent » (2). Parlant en propre personne au roi de France, il va traiter devant Sa Majesté très chrétienne « la messe, les pèlerinages, le purgatoire, de fatras ». De Bèze, son disciple, préparera bien la Saint-Barthélemy par une apologie des supplices. Tous les fanatiques ne sont-ils pas du même crû? ils s'entre-brûlent, et c'est fort bien fait.

Parfois, le vrai style gaulois arrive, à force d'imagination dans l'invective, la seule manière qu'il ait connue d'être inventeur. Le « tout pour le ventre » de Rabelais, voici son pendant: « Ils vivent tous

---

(1) I, IX, 1, p. 38.
(2) I, XIII, p. 47, 63, 75 : « iniques, canailles, meschants, infects »; ce sont ses termes de combat.

d'un pot. » L'accoutumance aussi des textes hébreux, de cette Bible où tant de littératures se sont renouvelées, amène des comparaisons frappantes. « En temps de tonnerre, si un homme est au milieu d'un champ en la nuit, par le moyen de l'esclair il verra bien loin à l'entour de soy, mais ce sera pour une minute de temps : ainsi cela ne luy servira de rien pour le conduire au droit chemin ; car ceste clarté est si tost évanouie, que devant que d'avoir peu jetter l'œil sur la voye, il est derechef opprimé de ténèbres, tant s'en faut qu'il soit conduit. Davantage, les petites gouttes de vérité que nous voyons esparses aux livres des philosophes, par combien d'horribles mensonges sont-elles obscurcies » (1) ? La familiarité devenait heureuse, la naïveté, pittoresque : « Davantage, par les biens qui distillent du ciel sur nous goutte à goutte, nous sommes conduits comme par petits ruisseaux ». Puis, à la plénitude austère, à la solidité, venue de la grandeur biblique, se mêlait l'abstraction parfois, et cette phrase que n'eût pas désavouée le plus médiocre marchand de phrases pieuses : « Envoyer efficace d'illusion à ceux qui n'ont point reçeu la dilection de vérité, pour les faire croire à mensonge » (2) ; c'était là du jargon et du galimatias triple.

Mais, en ceci, les mérites sont très supérieurs aux défauts, et le tour de force demeure surprenant

(1) II, 18, 164.
(2) Préface.

dans sa réussite, d'avoir ainsi tout d'une pièce introduit la période et le nombre latin dans la prose française. La netteté de son attaque plairait aussi, la saveur de son style, la nerveuse âpreté du ton, si les idées n'étaient rebutantes par leur pauvreté prétentieuse, par ce terrorisme jéhoviste que tel commentaire sur les commandements nous montre comme exaspéré (1), prétendant « accabler nos âmes d'horrible désespoir ». La terreur est, comme l'injure, essentiellement monotone; dans les petits traités comme le *traité des Reliques*, où la verve l'emporte, la raillerie fait tout passer. Mais dans l'*Institution*, si longue, si uniformément tendue d'esprit et de ton, la fatigue arrive bientôt, et, sous la répétition des mêmes procédés extrêmes, le dégoût lui succède.

Sûr de lui-même, Calvin trouvait toujours qu'il ne parlait point assez longuement. Il se complaisait à sa prose, et son insistance prolixe lui paraissait brièveté. Il dit, à la page quatre cent huitième d'un in-quarto qui mesure mille vingt-trois pages compactes en texte menu : « Mon conseil n'est pas de poursuivre le tout, de peur que ce présent *livret*, lequel je tasche de restreindre, ne croisse en trop grande longueur » (2). Le *livret* acquérait la taille de ces massives éditions, si religieusement respectées

---

(1) II, VIII, 13, p. 209, 235 et suiv.
(2) III, IV, 1.

sur les rayons les plus lointains des bibliothèques publiques. Ce qu'il appelle « briefvement expédier » (1), c'est écrire vingt-huit paragraphes en formidables pages. Tant sa haine contre l'esprit catholique est insatiable, et s'il l'eût laissée débrider, se serait faite interminable en son flot écumeux et gris, pareil aux bourbes d'un torrent limoneux vomi des montagnes, et, comme l'Arve ou les Lutschine, à la fois brûlant et glacé.

Plus d'une page montre à plein la puérilité de cette théologie (2), plus d'une, aussi, la lourdeur de cette ironie : « Cette messe, dit-il, par exemple, est comme une Heleine pour laquelle les ennemis de la vérité aujourd'hui bataillent en si grande crudélité, en si grande fureur, en si grande rage. Et vrayement c'est une Heleine avec laquelle ils paillardent ainsi par spirituelle fornication... » (3). Et cette gaîté de régent qui se complaît en lui-même continue ainsi, tout ornée de ces grâces particulières qui sentent la crasse de collège et la poudre des in-folio vermiculés. Quelquefois niais dans la dispute (4), il retrouve le style de Bourges ou d'Orléans, la langue aride du droit, et façonne sa prose aux sévères agréments de l'acte notarié (5). Les rouages de la phrase grincent, la contexture en

(1) IV, XII, 828.
(2) I, XIV, 2, 85, 16, 94.
(3) P. 1196, éd. de Lyon, 1565.
(4) II, IV, p. 142, 3.
(5) II, XVII, 3 : « Or, que Jésus-Christ », etc.

apparait, toute noueuse et mal agencée : « Derechef il est à noter, pour ce que non seulement ce nous est chose difficile, mais surmontant toutes nos forces, et hors de nostre faculté d'accomplir la loy comme il est requis : si nous ne regardons qu'à nous, et ne reputons que ce que nous avons mérité, et de quelle condition nous sommes dignes, qu'il ne nous reste une seule goutte d'espérance : mais comme poures gens rejettés de Dieu, sommes accablés en damnation » (1). Empêtré dans les grosses chaînes de la période latine, traînant les débris de la trame lâche et mal formée qui fut celle de l'ancienne prose française, ce style fléchit aussi plus d'une fois sous les entités théologiques, et sombre dans l'amphigouri : « En premier lieu, j'appelle Personne, une résidence en l'essence de Dieu, laquelle estant rapportée aux autres est distincte d'avec icelles d'une propriété incommunicable. » (2). La manière de procéder sent l'école ; les *or*, les *car*, les *pourtant*, jouent le maître rôle dans la déduction. Les mots arrachés du latin, plutôt que transplantés, foisonnent : « contemnement, expositeur, proème, contumelie, caviller, impugner », cent autres. Et le genre même des noms est tel, plus d'une fois, qu'il a coutume dans la langue romaine. (3).

Il semble donc abusif de dire, tout bien réfléchi,

---

(1) III, II, I, 851.
(2) I, XIII, 6, 62.
(3) « lequel erreur », III, II, 34, 379. et IV, 22, 427, etc.

quand on a les pièces en main, que Calvin porta tout à fait à la perfection possible la prose de discussion : il lui a fait parcourir un long chemin, sans être exempt des vices graves qui suivaient les auteurs secondaires de ce temps comme de toute autre époque, sans non plus s'élever au rang où plane l'invention seule et le génie de création dans la pensée ou dans le verbe. Admirable régent du style, d'une efficacité soutenue, mais régent enfin, et, par là, souvent mesquin, guère fécond.

V

Si la force et la fermeté du style n'en font pas oublier les taches et les gaucheries, c'est bien pis, lorsque l'on songe à résumer l'impression qui reste de cette pensée stérile et morte pour jamais. Exemplaires singuliers d'un état violent, et par là même essentiellement passager, de l'esprit français, monuments de la prose française dans un temps où pareil effort lui semblait interdit, ces livres n'ont d'autre génie que l'effort même dont ils témoignent ; ils vivent par l'éclat brûlant de cette volonté humaine, qu'ils nient si obstinément. Durs, inféconds comme les rocs. Vestiges d'une tentative de Renaissance dans la foi, dans ce qui peut le moins renaître sans espoir et sans charité ; contrefaçon dans la croyance, aussi peu viable que fut heureuse l'imitation, la Renaissance, dans la sphère des arts.

Pour bien mesurer la distance d'un pareil esprit à l'esprit philosophique, il conviendrait de relire le moins connu, le plus admirable peut-être des ouvrages de Spinosa, le *Traité théologico-politique* (1). Moins d'un siècle après la mort de Jean Calvin, le philosophe de La Haye commencera le viie chapitre de son livre par ces paroles d'une assurance aussi souveraine, et bien autrement auguste et ferme, que toutes celles du réformateur : « Tout le monde a dans la bouche que l'Ecriture sacrée est le verbe de Dieu, fait pour enseigner aux hommes la vraie béatitude et la voie du salut. Mais en réalité il en est tout autrement ; car le vulgaire ne semble avoir cure de rien moins, que de vivre suivant les préceptes de l'Ecriture sacrée, et nous voyons presque toutes gens aller vendant leurs propres commentaires pour le verbe de Dieu, sans avoir autre étude, sinon, sous le prétexte de religion, de forcer le reste des hommes à penser avec eux » (2).

---

(1) V. par exemple le ch. XIII, p. 184, éd. Bruder, IIIe vol. et éd. van Vloten, t. I, p. 530 sqq. etc. XV.

(2) *De interpret. Scripturæ*, éd. Bruder, III, 103. et éd. Van Vloten, t. I, p. 459.

TABLE DES MATIÈRES

                                      Pages.

AVANT-PROPOS.   I

FRANÇOIS RABELAIS.

    I. — L'homme et sa vie.   1
   II. — L'œuvre et l'esprit. 97

MICHEL MONTAIGNE.

    I. — L'homme et sa vie. 191
   II. — L'œuvre et l'esprit.. 229

JEAN CALVIN.

    I. — L'homme, sa vie, son œuvre. 304
   II. — L'œuvre et l'esprit.. 314

www.ingramcontent.com/pod-product-compliance
Lightning Source LLC
Chambersburg PA
CBHW050800170426
43202CB00013B/2501